Ernst Dümmler

Gesta Berengarii imperatoris Beiträge zur Geschichte Italiens am Anfang des zehnten Jahrhunderts

Ernst Dümmler

Gesta Berengarii imperatoris Beiträge zur Geschichte Italiens am Anfang des zehnten Jahrhunderts

ISBN/EAN: 9783743471559

Hergestellt in Europa, USA, Kanada, Australien, Japan

Cover: Foto ©ninafisch / pixelio.de

Weitere Bücher finden Sie auf **www.hansebooks.com**

GESTA
BERENGARII IMPERATORIS

BEITRÄGE

ZUR

GESCHICHTE ITALIENS

IM

ANFANGE DES ZEHNTEN JAHRHUNDERTS

VON

ERNST DÜMMLER

HALLE

VERLAG DER BUCHHANDLUNG DES WAISENHAUSES

1871

WILHELM VON GIESEBRECHT

ZUM

IV APRIL 1871

IN

TREUER VEREHRUNG

ZUGEEIGNET

Vorwort.

Den Kern des nachfolgenden Büchleins bildet eine neue Ausgabe des bekannten, bereits fünfmal abgedruckten Panegyricus Berengarii, welche überflüssig erscheinen müsste, wenn nicht der Text neu verglichen und die für das Verständnis unentbehrlichen Glossen zum erstenmale vollständig hinzugefügt worden wären. Einige der Zeit nach nahe stehende Stücke, das umfänglichste darunter die von Bianchini in einem Veroneser Codex entdeckte Verteidigungsschrift für die Weihen des Papstes Formosus, schliessen sich, z. Th. ungedruckt, gleichfalls auf handschriftlicher Grundlage daran an. Ausgehend von dem Bestreben, diese für ihre Zeit nicht zu missenden Quellen gründlicher als bisher zu erläutern und zu würdigen, habe ich mehrere einleitende Abschnitte vorangestellt, welche über ihren nächsten Zweck hinaus eine Reihe selbständiger kritischer Erörterungen, vorzugsweise für die Geschichte Berengars, enthalten und zu meinen früheren Arbeiten über diesen Zeitraum, dessen lückenhafte Kunde eine eigentlich geschichtliche Darstellung kaum gestattet, eine Ergänzung bilden. Zur weiteren Vervollständigung schien es wünschenswerth, am Schlusse als Zugabe eine kurze Uebersicht der Urkunden Berengars und seiner Nebenbuhler um die italienische Königskrone anzufügen. Ausführlichere Regesten würden noch von ungleich grösserem Nutzen gewesen sein, aber sie giengen über den Plan dieser kleinen Schrift hinaus und es ist ja

überdies wohl der Hoffnung Raum zu geben, dass dieselben in nicht allzu langer Frist sei es durch Sickel sei es
durch die Erben des Böhmer'schen Nachlasses auf erschöpfende Weise werden geliefert werden. Ebenso wenig
mochte ich an diesem Orte von meinen über die Zeit
Berengars hinausreichenden Studien Gebrauch machen,
welche ich um andrer Arbeiten willen zunächst verlassen
muss, um später bei günstigerer Gelegenheit darauf
zurückzukommen.

Es ist mir eine angenehme Pflicht, den Bibliotheks-
vorständen, welche meine Anliegen stets mit der grössten
Zuvorkommenheit gefördert haben, hier öffentlich meinen
wärmsten Dank auszusprechen, namentlich dem Director der
Marciana in Venedig, Hr. Abbate Giuseppe Valentinelli, und
dem Bibliothekar des Domcapitels von Verona, Monsignore
Graf Carlo Giuliari. Möchten sie und andre, die mir ihren
Beistand geliehen, aus den Ergebnissen vorliegender Schrift
entnehmen können, dass der Wissenschaft wenigstens einiger
Vortheil aus ihrem freundlichen Bemühen erwachsen ist.
Haben gleich die politischen Wege Deutschlands und Italiens
sich neuerdings völlig geschieden, so wird doch auch ferner-
hin die eng verbundene Geschichte beider Länder zum
grossen Theile als ein gemeinsames Gut von den Forschern
diesseit wie jenseit der Alpen gepflegt werden müssen.

Halle im Januar 1871.

E. Dümmler
Professor der Geschichte.

Inhalt.

Die Handschrift und Ausgaben der Gesta Berengarii.

Das Mittelalter schöpfte im Ganzen seine geschichtliche Kunde sowohl der ferneren wie der näheren Vergangenheit nur aus einer sehr beschränkten Zahl von Quellen, die immer wieder ab- oder ausgeschrieben wurden. Manche andre dagegen, zu praktischem Gebrauche minder geeignet, zumal dichterischer Art, blieben so unbeachtet, dass sie, nirgend erwähnt, vielleicht bloss durch besondere Gunst des Geschickes in einem einzigen Exemplare auf eine wissbegierigere Nachwelt gelangten. So ist es mit dem Gedichte auf Karl den Grossen und den Papst Leo der Fall, so mit den Werken der Nonne Hrotsvith, mit Benzo's Lobgedichte auf Heinrich IV und mit der prosaischen Lobrede eines Unbekannten auf denselben König, so auch um vieler andrer Beispiele zu geschweigen, mit den „Thaten des Kaisers Berengar." Die einzige Handschrift dieses Werkes, nach dem Urtheile von Pertz [1] dem eilften Jahrhundert angehörig, taucht zuerst in Padua auf, wie eine auf der letzten Seite (f. 22ᵛ) angefügte Bemerkung [2] deutlich beweist:

Librum hunc canonicis regularibus Lateranensibus in monasterio diui Ioannis Baptistę de Viridaria Paduę agentibus uir uenerabilis ac deuotus Christi sacerdos et bonarum artium cultor gręce latine hebraice ęque peritissimus D. Petrus Montagnana optima fide pietatis studio proque salute adscripsit atque donauit, quem quisque legens proficiat primum, deinde sit gratus.

---

[1] Monumenta Germaniae Scr. IV, 190: codex unicus qui supersit manu saeculi XI in membranis exaratus. [2] Zuerst mitgetheilt von Morelli Bibliotheca manuscripta I, 364.

Ein Priester Pietro Montagnana, der einer im fünfzehnten Jahrhunderte blühenden Paduanischen Gelehrtenfamilie zugehört,[1] vermachte also löblicher Weise diese Handschrift dem in einer abgelegenen Strasse seiner Vaterstadt befindlichen Kloster S. Giovanni di Verdara. Dass dies im J. 1478 geschah, können wir aus der ausdrücklichen Angabe desselben in einer Reihe andrer Handschriften schliessen, die er dem nämlichen erst zu Anfange des Jahrhunderts begründeten Stifte gleichfalls bestimmte.[2]

Man erfuhr von diesen Schätzen zuerst 1639 durch Jacob Philipp Thomasini's Bibliotheca Patavina manuscripta, in welcher die Paduanischen Sammlungen ganz kurz aufgezählt werden und darunter auch der Gesta Berengarii Imperatoris mit Anführung des ersten Distichons gedacht wird.[3] Der Däne Joh. Rhodius bei seinem längeren Aufenthalte in Padua und Nicolaus Heinsius lernten beide das Gedicht aus der Handschrift kennen, die der erstere sogar für Lucas Holstein in Rom copierte,[4] und citierten es, dieser in seinem Claudian 1650, jener zum Scribonius Largus 1653.[5] Kaum war das erstere Werk dem berühmten französischen Geschichtsforscher und Hofhistoriographen Adrien le Valois, dem der Herausgeber es überschickt hatte, in die Hände gefallen, als die vereinzelte Erwähnung des noch ungedruckten Dichters bei ihm die grösste Begier erweckte, denselben vollständig zu besitzen.[6] Er drängte Heinsius so lange, ihm eine Abschrift davon zu besorgen, bis dieser den Wunsch des Freundes durch den Hamburger Philologen Lucas Langermann erfüllte: über Upsala erhielt Valois im Januar 1654 die ersehnte

---

[1] Vgl. Giuseppe Vedova Biografia degli scrittori Padovani, Padova 1832, I, 613.   [2] Valentinelli Bibliotheca manuscr. ad S. Marci Venetiar. 1, 87, 207, 225, 239, 250, 267; II, 25, 43 u. s. w.   [3] Biblioth. Patav. manuscr., Vtini 1639 p. 28: Gesta Berengarii Imperatoris carmine descripta cum glossis in 4° u. s. w.   [4] Schreiben des Rhodius an Heinsius vom 19. April 1652 bei Burmann Sylloge epistolarum V, 457.
[5] Claudianus ed. Burmann p. 663 n. 66: vetus auctor de gestis Berengarii ineditus; Scribonius Largus ed. Rhodius p. 53: in membranis Patavii.
[6] S. ausser der Vorrede des Valesius die Briefe desselben vom 15. Merz 1651, 13. Merz, 5. Juni 1652 und 29. Januar 1654 bei Burmann a. a. O. p. 702—705: Carmen est si non elegantia certe vetustate venerandum et dignum quod edatur atque ab historiae studiosis evolvatur.

Copie, welche ein deutscher Begleiter Langermanns unter dessen Augen angefertigt hatte.

Auf Grund dieser ziemlich zuverlässigen Abschrift, welche von den Glossen nur einige Proben gegeben zu haben scheint, veröffentlichte Valois zu Paris 1663 die erste Ausgabe zugleich mit dem Gedichte Adalberos von Laon auf den König Robert von Frankreich. [1] Zu dem an einigen Stellen, nicht immer glücklich, verbesserten Texte fügte er eine reiche Fülle erläuternder Anmerkungen und namentlich ausser der Einleitung eine ausführliche Untersuchung über die Geschichte des Kaisers Berengar. Die gleich bei dem ersten Einblicke gefasste Ansicht, dass man es zwar mit einem Schmeichler, aber doch mit einem durchaus gleichzeitigen und wohlunterrichteten Autor zu thun habe, hielt er darin fest. Freilich hatte auch Heinsius [2] das Alter der Handschrift dem der Abfassung des Gedichtes gleichgesetzt.

Auf Valesius beruhten völlig die folgenden Ausgaben oder vielmehr Abdrücke. Leibniz, der den Stammvater der Este von unserem Dichter (II v. 98) erwähnt glaubte, [3] wiederholte 1707 in seinen Braunschweigischen Geschichtschreibern den Text mit einigen selbständigen Noten, [4] indem er den gelehrten Ballast des ersten Herausgebers grösstentheils über Bord warf. Diesen sowie die wenigen Zusätze Leibnizens nahm Muratori 1723 in seine Ausgabe vollständig wieder auf: er sah auch gelegentlich den Codex in Padua, doch nur um zu bemerken, dass Heinsius ihn zu alt gemacht habe. [5] Ebenso unselbständig ist der von

---

[1] Carmen Panegyricum de laudibus Berengarii Augusti et Adelberonis episcopi Laudunensis ad Rotbertum regem Francorum Carmen ab Hadriano Valesio historiographo regio e veteribus codicibus eruta ac notis illustrata. Parisiis sumtibus Johannis du Puis, in vico Iacobeo ad Coronam auream MDCLXIII. Cum privilegio regis. 8° 334 S. 9 Bl.
[2] ante annos saltem DCC scriptum. [3] Diese von Valesius überkommene Ansicht verwarf er jedoch später selbst wieder s. Annales imperii ed. Pertz II, 115. [4] Leibnitius Scriptores rerum Brunsvicens. illustrationi inservientes, I, 235 — 256. [5] Muratori Script. rer. Italicar. II, 1, 371 — 414; s. p. 373: eumdem et ego ibi (sc. Patavii) adhuc adservatum proxime praeteritis annis inspexi; neque is ... mihi visus est annorum minime septingentorum.

1 *

Bouquet 1752 im achten Bande seiner Sammlung gegebene Text, der, abgesehen von dem Leben Berengars, das er fortliess, das bisherige Material mit einzelnen Nachträgen zwar, doch in wesentlich verkürzter Gestalt seinen Anmerkungen einverleibte.[1]

Einige Jahrzehnte später (1782) wurde das Stift S. Giovanni di Verdara (dessen Gebäude gegenwärtig als Caserne dienen) aufgehoben und die werthvolleren Handschriften, von denen vorher schon manches zerstreut worden war, nach Anordnung der Venetianischen Regierung von dort 1783 in die Marciana verpflanzt. Hier gab zuerst der Bibliothekar Jacob Morelli 1802 wieder Nachricht über den Codex, den er in das zwölfte Jahrhundert setzte, theilte eine nicht erschöpfende Collation seines Neffen Bettio zu dem Texte des Valesius mit und einige weitere. Proben der Glossen.[2] Als Pertz gegen Ende des Jahres 1821 die Handschriften der Marciana für die Zwecke der deutschen Quellensammlung durchmusterte, verzeichnete er auch die unsrige, in der Absicht sie später für die neue Ausgabe zu vergleichen.[3] Dazu aber kam es nicht, da weder er selbst Venedig wieder besuchte, noch auch Johann Friedrich Böhmer den ihm gewordenen Auftrag einer neuen Vergleichung im J. 1840 ausführte.[4] So leicht zugänglich der Codex auch gewesen wäre, so brachte dennoch der Herausgeber der Monumenta Germaniae (1841) im vierten Bande der Scriptores wesentlich wieder den alten Text,[5] an einigen Stellen durch Morelli's Verdienst verbessert, und es fehlte nach wie vor der grösste Theil der Glossen. Vervollständigt wurde nur der Nachweis der Entlehnungen aus den alten Dichtern, doch blieb auch dafür eine reiche Nachlese übrig.

Die nachfolgende Ausgabe beruht auf der von mir im September 1869 und nochmals im Merz 1870 genau verglichenen Handschrift. In der zwölften Classe (Poetae) Nr. 45 besteht sie aus 22 gezählten Blättern und einem Vorsatzblatte in Quarto,

---

[1] Bouquet Recueil des historiens des Gaules VIII, 103 — 130.
[2] Iac. Morellii Bibliotheca manuscr., Bassani 1802 t. I, 363 — 370 vgl. Hermes herausgeg. von Hübner I, 390.   [3] Pertz Archiv für ältere deutsche Geschichtkunde IV, 156 (vgl. 226), VI, 301.   [4] S. die Briefe Böhmers vom 17. Mai, 12. Juli 1840 bei Janssen Böhmers Leben II, 300, 304.   [5] Scriptores IV, 189 — 210.

in einem neueren Lederbande. Während die Schrift im übrigen
wohl noch in das eilfte Jahrhundert zu setzen ist, sind das
zwei und zwanzigste und das Vorsatzblatt mit dem Titel, beide
von viel weisserem, glattem und dünnem Pergamente ohne ge-
zogene Linien, offenbar später, vermutlich im fünfzehnten Jahrhunderte ergänzt, wie andrerseits auch gerade f. 1 durch Ab-
reibung und Feuchtigkeit an mehreren Stellen gelitten hat. [1]
Die Glossen stehen theils zwischen den Zeilen theils an den
Rändern oft mit verweisenden Zeichen versehen. Dass nicht der
Abschreiber sie erst hinzugefügt, sondern dass er sie bereits in
seiner Vorlage vorgefunden hat, dürfte aus den mancherlei
Schreibfehlern darin mit Sicherheit hervorgehen, sowie aus dem
Umstande, dass sich bei ihm einige an einen falschen Ort ver-
irrt haben. [2] Dieselbe jüngere Hand vielleicht, welche den Text
ergänzte, hat auch manche orthographische Verbesserungen darin
vorgenommen und namentlich die i vielfach durch Striche bezeichnet. Die griechischen Worte der Ueberschriften und Glossen
sind meist mit grossen griechischen Buchstaben, bisweilen auch
mit lateinischen geschrieben. Die nachlässige und kleine Schrift
der Glossen ist nicht überall leicht zu lesen, völlig unleserlich
war durch Abschaben gerade die oberste auf f. 1 aus zwei längeren Zeilen bestehend, und einige Lücken mussten auch in
mehreren folgenden bleiben.

[1] Heinsius bemerkt noch von der Aufbewahrung in Padua, dass er
illud in arca tineis ac blattis expositum se invenisse (s. sein Schreiben
an Scheffer bei Burmann Syll. V, 57) und weiterhin: Si codex qui exi-
guus nec ceterorum more catenula pluteis alligatus erat subductus esset
ab aliquo u. s. w. (Vorrede des Valesius). Die Ansicht Morelli's, dass
Montagnana selbst die letzte Seite facile usu detritam abgeschrieben habe,
halte ich daher nicht für unwahrscheinlich, wiewohl die der älteren nachgeahmte Schrift sich von der mit rother Tinte an den untern Rand der
Seite geschriebenen Bemerkung unterscheidet. [2] Die zu I, 61 gehörige Glosse Multi enim — perierunt stand ursprünglich auf der folgenden
Seite (f. 3), wo der Schreiber sie selbst wieder getilgt hat. Die lange
Glosse über forum am oberen Rande von f. 3 muss doch wol auf I, 62
bezogen werden. Ganz ohne Verweisung steht am oberen Rande von f. 5
die Glosse Duo iunxit u. s. w., die ich zu I, 175 gesetzt habe. Zweimal
dieselbe Glosse findet sich zu I, 50, IIII, 92.

Der Verfasser der Gesta Berengarii und sein Werk.

Ueber Person und Herkunft des Dichters bleiben wir leider gänzlich im Unklaren. Dass er ein Italiener (d. h. Langobarde) war, geht aus seiner ganzen Gesinnung deutlich hervor, die den Franken und den schwatzhaften Burgundern entschieden abgeneigt ist und keinen Spott von ihnen ertragen will, [1] wie er auch Arnolf und seine Deutschen als Barbaren bezeichnet (III, 147, 159). Einer ähnlichen Geringschätzung der Nordländer, die daneben allerdings kühn und hart genannt werden (III, 8, 10, 57), begegnen wir auch bei manchen andern italienischen Schriftstellern. Irgend eine oberitalienische Stadt, Padua oder auch Verona, könnte, wie Valesius [2] vermutete, die Heimat des Dichters gewesen sein: jener Ort, weil dort die Handschrift seines Werkes zuerst auftaucht, dieser als der Lieblingsaufenthalt Berengars, aber es sind dies blosse Möglichkeiten. Als einen alten Mann, der die jüngeren zur Nacheiferung aufmuntern will,

[1] S. namentlich I, 53, 54, 259 (mit der Glosse), II, 200, welche Stellen Wenck (die Erhebung Arnulfs S. 64) schon berücksichtigt hat. Ueber die Burgunder vgl. Liudprand. Antap. II c. 60 (wo superbissimis in der Freisinger Handschrift steht), III c. 44, V c. 6 (Burgundiones enim garrulos esse voraces ac imbelles), c. 18 und dazu Dändliker in Büdingers Untersuch. zur mittl. Gesch. I c. 1 c. 208; Donizo Vita Mathildis I c. 1 v. 132, c. 12 v. 955 Burgundi bruti (Scr. XII, 355, 370); über den Gegensatz zu Franken und Deutschen Antap. I c. 16, 21, III c. 14, 15, wo auch von höhnisch herausfordernden Worten erzählt wird, c. 51. Auf die von Giesebrecht (Gesch. der deutschen Kaiserzeit I, 553) besonders betonten Worte Teutonico ritu (II, 84) ist deshalb gar kein Gewicht zu legen. weil sie aus Vergil stammen. [2] S. seinen Brief bei Burmann Sylloge V, 704 (a poeta aequali aetatis Berengarii senioris Patavino aut Veronensi) und die Vorrede (Muratori Scr. II*, 375).

führt er sich selbst ein:[1] für seinen geistlichen Charakter spricht ausser seiner gelehrten Bildung auch die der Geistlichkeit bewiesene Hochachtung.[2] Der Glossator legt ihm, der selbst auf seine Dürftigkeit anspielt (Prol. v. 17), Reisen nach Gallien bei,[3] über deren Anlass und Zweck sich nichts ermitteln lässt.

Sehr ausgedehnt für jene Zeit müssen seine Studien gewesen sein:[4] er kennt und benutzt nicht bloss die römischen Dichter wie Vergil und Statius, dessen Thebais er am stärksten plündert, Juvenal und Terenz, Prudentius und Sedulius, sondern er kann auch, wie die Ueberschrift des Prologes und des ersten Buches beweist, des Griechischen nicht ganz unkundig gewesen sein.[5] Auch weiss er sich in dem heroischen wie in dem elegischen Versmasse mit Leichtigkeit zu bewegen und sein Ausdruck ist zwar oft etwas dunkel und gesucht, im Ganzen aber doch rein. Er war also einer jener „Philosophen,“ welche, wie Atto von Vercelli[6] klagt, als Schulmeister angehende Bischöfe in die heidnische Weisheit einzuführen pflegten.

Noch klarer würden wir über den Umfang der Gelehrsamkeit unseres Autors urtheilen können, wenn wir annehmen dürften, dass der Dichter und sein Scholiast eine und dieselbe Person wären, wie Valesius[7] und nach ihm z. Th. Pertz mut-

---

[1] S. die Schlussworte IIII, 203—208 vgl. Prolog. v. 26.   [2] Dahin gehört seine Scheu, die Bischöfe zu nennen, die wider die Kirchengesetze an dem Kriege theilnahmen (II, 103), sowie der Glaube an die wunderbare Macht des geistlichen Gebetes (III, 166 flg.).   [3] S. I, 17 und die Glossen zu I, 15, 16.   [4] Valesius schreibt a. a. O.: Comparationes saepe ex Virgilio et Statio aliisque magni nominis poetis excerptas operi suo inseruit, ut tum omnia iciunia scriptoribus et paupertatis suae sibi consciis licebant.   [5] Sicherlich zu viel sagen die Worte von Pertz (Scr. IV, 190): vir Graecarum aeque atque Latinarum litterarum peritus. Den Homer (Prol. v. 3, IIII, 201) kennt er gewis nur dem Namen nach.   [6] Attonis libell. de pressuris ecclesiastic. Pars II (opp. ed. Burontius p. 339): qui vereri ab omnibus debuerant ipsos etiam scholasticos timent. Nam quemadmodum olim sancti praesules a paganorum ritibus recedentes iniurias et verbera ab infidelibus illata sustinuerunt, sic et isti rursus eadem patiuntur, ut paganorum regulis possint erudiri. Et nec indoctos elevaro metuunt ad cathedram et rursus elevatos disciplinae philosophorum submittere non formidant.   [7] Muratori Scr. II[a], 408 n. 37: Quas ego glossas a vetere aliquo grammatico vel potius ab ipsomet poeta

masste,[1] während Morelli [2] der entgegengesetzten Ansicht war.
Auch der Glossator versteht Griechisch und macht davon nicht
seltenen Gebrauch, er ist im Vergil, Horaz, Juvenal, Terenz
gut belesen, kennt Sidonius Apollinaris und Boethius, beiweitem
am häufigsten aber schöpft er seine Weisheit aus Servius, dem
Erklärer Vergils, aus Isidors Etymologien, endlich auch aus dem
Mythologen Fulgentius und den Grammatikern Priscian, Donatus
und Martianus Capella. [3]   Die in dem Gedichte besungenen Verhältnisse sind ihm genau vertraut, wie die leider nur selten
hinzugefügten werthvollen geschichtlichen Erläuterungen beweisen.
Ueberall erprobt sich der Scholiast als ein zuverlässiger Führer.
Wenn er daher der Dichter selbst nicht ist — auch Abbo von
St. Germain und Ekkehart von St. Gallen haben ja ihre eigenen
Verse glossiert [4] —, so müsste er wenigstens ein Zeitgenosse,
vielleicht ein Freund desselben gewesen sein und kann uns neben
ihm, der sich mit der grössten Bescheidenheit nur als einen
unter vielen hinstellt (Prol. v. 13, 14), zum Zeugen [5] für den

nostro adiectas esse puto, quemadmodum Abbo auctor poetae nostro fere
aequalis in libris suis de obsidione Luteciae se fecisse profitetur ; p. 409
n. 42, 45 glossae hoc est poetae ipsius verba; p. 411 n. 52 glossator id
est panegyristes ipso ni fallor, trotzdem wollte er sie meist fortlassen,
quod maiore ex parte nullius ponderis momentique essent, aber sie würden ihn vor manchem Misverständnis bewahrt haben.

  [1] Scr. IV, 190: quarum pars ipsi poetae tribuenda est.   [2] A. a. O.
p. 368: quas (sc. glossas) ab alio, quam ab eius auctore profectas
esse censeo . . utrumque autem litteras Graecas aliquatenus novisse
satis apparet.   [3] Diesen Autor erklärte unter Otto I zu Wirzburg
Stephan von Novara (Othloni Vita S. Wolfkangi c. 4, Scr. IV, 528) und
Gunzo von Novara brachte eine Handschrift desselben aus Italien mit
(Gunzonis epist. bei Martene Coll. ampliss. I, 304, 308), wie er auch u. a.
mit Statius und Fulgentius sich vertraut zeigt (eb. 297, 300, 307). Einige
der Citate habe ich nicht nachzuweisen vermocht: eine interessante Stelle
des Hieronymus zu II, 88, eine Beziehung auf Martianus zu II, 154
und einen zu II, 185 angeführten Vers, endlich zu IIII, 19 eine mir
räthselhafte Erwähnung Juvenals.   [4] Auf Abbo hat schon Valois verwiesen, über Ekkehart IV von St. Gallen s. meine Abhandlung in Haupts
Zeitschr. f. deutsches Alterth. XIV, 1 flg.   [5] Ein andrer Zeuge findet
sich unter einer Urk. vom 2. Juli 920 (Tiraboschi Storia di Nonantola
II, 104): Signum manibus suprascriptis Iohannes clericus qui professus
fuit nescire se scribere.

unverächtlichen Zustand der classischen Studien Italiens im Anfange des zehnten Jahrhunderts dienen. Es ist sogar möglich,
dass das Gedicht dazu bestimmt war mit Hilfe der Glossen in
den Schulen gelesen zu werden. [1] Bemerkenswerth ist in diesen
wie in dem Texte das Ueberwiegen der antiken Erinnerungen,
neben denen kaum ein paar biblische Anspielungen [2] vorkommen,
wie ja auch in dem italienischen Volke jener Zeit selbst unter
der christlichen Hülle noch starke Reste des heidnischen Götter-
glaubens fortlebten. [3]

Gehen wir von dem Verfasser zu seinem Werke selbst über,
so tritt uns darin eine seltsame Mischung von Unrichtigkeiten,
ja Entstellungen des Thatbestandes entgegen und andrerseits von
einer so genauen Kunde der Einzelheiten, einem so lebhaften
Antheil an den Dingen, wie man nur bei einem mitfühlenden
Zeitgenossen voraussetzen darf. Wie sollte auch in späteren
Zeiten Jemand auf den Gedanken gekommen sein, gerade diesen
Fürsten zu besingen, dessen vielbestrittene Regierung an rühm-
lichen Thaten oder dauernden Erfolgen so gar wenig darbot und
der, da er, selbst ein Emporkömmling, keine männliche Nach-
kommenschaft hinterliess, die als Erbe seiner Macht sein Ge-

---

[1] Giesebrecht (De litterar. studiis apud Italos p. 12) bemerkt: et
ipsum hoc carmen in usum scholarum adhibitum fuisse, vetera quae addita sunt scholia demonstrare videntur. Bei Donizos Leben der Gräfin
Mathilde war dies wenigstens die Absicht (I, 54; Scr. XII, 354).
[2] S. die Glossen zu II, 9 und III, 215, 222. Merkwürdig ist der zu
I, 172, II, 74 vorkommende Ausdruck in elte: vgl. dazu Diez Etymolog.
Wörterbuch der Roman. Sprachen s. v. elsa, elso, wo zu den Belegen
auch das in dem Testamente des Markgrafen Eberhard von Friaul (Dachery
Spicileg. XII, 491—93) ein paarmal vorkommende hilcis gefügt werden
konnte und zu IIII, 143 das aus dem Ahd. abgeleitete faldistuolo, das in
alle romanischen Sprachen übergegangen ist (s. Diez a. a. O. s. v. faldi-
storio). [3] Ausser den bekannten Stellen Liudprands, wonach das Volk
die Buhlerinnen des Königs Hugo dearum nominibus benannte (Antap.
IV c. 13) und Johann XII beim Würfelspiele die heidnischen Gottheiten
anrief (Hist. Ottonis c. 10, 12) vgl. besonders die Predigten des Bischofs
Atto von Vercelli, worin dieser von der Feier des 1. Januar, 1. Merz, von
Johannis und Petri spricht und die zumal bei den Bauern an diesen Ta-
gen fortbestehenden heidnischen Gebräuche rügt (Attonis sermones III, XIII
bei Aug. Mai Script. vet. VI[b], 13—15, 32).

dächtnis hätte erneuern können, von den nachfolgenden Ge-
schlechtern sehr rasch vergessen wurde. Dass sein Enkel Berengar II
aber, wie einige annehmen wollten,[1] die Abfassung veranlasst
haben möchte, ist um des willen ganz unwahrscheinlich, weil
jeder Hinweis auf diesen Familienzusammenhang in dem Gedichte
fehlt. Die Verdrehungen des wirklichen Sachverhaltes, die ab-
sichtlichen Verschweigungen müssen demnach daraus erklärt werden, dass der Verfasser, der ja kein Geschichtschreiber sein
wollte, von seinem dichterischen Standpunkte aus ein freies
Schalten über die Thatsachen zur Verherrlichung seines Helden
für nicht minder erlaubt als erforderlich hielt.

Die Richtigkeit dieser Auffassung zugegeben, welche die
Prüfung des Einzelnen noch weiter zu bewähren hat, so müsste
die Vollendung des jedenfalls aus Einem Gusse entstandenen
Werkes zuvörderst nach der Kaiserkrönung Berengars[2] um den
Anfang Dezember 915 angesetzt werden, mit der es schliesst,
aber vor dem Tode desselben[3] am 7. April 924, weil er ja aus-

---

[1] S. gegen Valesius Muratori (Annali d'Italia z. J. 916), vor dem
schon Antonio Pagi in Bezug auf die Verwechselung von Arnolfs Römerzügen urtheilte (Critica ad Baronium III, 759): hic tamen error gravior
est, quam ut ab auctore aequali admitti potuisse videatur, für Leibniz
(Ann. imp. II, 144) dagegen ist er autor contemporaneus (de quo Pagius
dubitare non debuit) et collocalis. [2] Die Krönung ist nach Lupi (Cod.
diplom. Bergomas II, 99) zwischen dem 22. November und 8. December
915 anzusetzen vgl. Forschungen für deutsche Gesch. X, 290, wo die
entscheidende Urkunde jetzt vollständig abgedruckt ist. Nur das Chronic.
Casauriense (Dachery Spicileg. V, 398; Muratori Scr. rer. Ital. II^b, 822)
von Köpke (Pertz Archiv IX, 95) irrig verdoppelt, gibt für die Krönung
das Jahr 916. Constantin (De admin. imp. c. 26 p. 115) meldet ohne Jahr
καὶ εἰςελθὼν ἐν Ῥώμῃ ἐστέφθη. Zu der zuletzt noch von Ficker (Forschungen zur Rechtsgesch. Italiens II, 356) gebilligten Annahme, dass
Berengar Ostern 916 gekrönt worden, gab eine Stelle unseres Gedichtes
(IIII, 162) Anlass, an welcher aber nicht vom Ostertage, sondern nur
überhaupt vom Sonntage die Rede ist, wie Düret (bei Kopp Geschichts-
blätter aus der Schweiz I, 301 A. 4) ganz richtig bemerkte.   [3] Flodoardi ann. 924; Liudprand. Ant. III c. 2 (wo der Tod irrig von dem
Brand von Pavia gesetzt wird), Necrol. Modiciense (Frisi Memorie di
Monza III, 113) VII Id. Apr. obiit Berengarius imperator anno ab in-
carn. 924. Dass B. noch am Leben war, erhellt namentlich aus Prol.
v. 23—26, IIII, 41, 42, 208.

drücklich noch als lebend und regierend angenommen wird. Damit stimmt gut die vorsichtige Zurückhaltung, mit welcher der Dichter (IIII, 3, 92) auf die am 8. Merz 925 verstorbene mächtige Markgräfin Bertha von Tuscien [1] hindeutet, ohne sie zu nennen. Der letzte Endpunkt lässt sich noch näher dadurch begrenzen, dass sicherlich das Gedicht nur vor der Erhebung des Königs Rudolf II von Burgund gegen Berengar zu Anfang des Jahres 922, in seiner gegenwärtigen Gestalt verfasst werden konnte, weil durch jene die anerkannte Herrschaft des Kaisers ein sehr baldiges Ende nahm und sich von ihrem Sturze nicht wieder zu erheben vermochte. Anspielungen auf spätere Ereignisse fehlen gänzlich.[2] Die Wahrscheinlichkeit spricht überhaupt dafür, dass die Abfassung kurze Zeit nach der erwähnten Krönung, dem Höhepunkte der Erfolge Berengars, also vielleicht schon 916 statthatte.

Man kann zweifeln, wie der Dichter sein Werk, das mit Einschluss des Prologes aus 1090 Versen (IIII, 206) besteht, selbst benannt habe. Die bisher übliche Bezeichnung Panegyricus Berengarii ist eine Uebersetzung des dem ersten Buche vorangestellten griechischen Titels und sachlich vollkommen zutreffend. Ueberliefert aber ist in der Handschrift, wenn auch nicht von dem ersten Abschreiber, Gesta Berengarii imperatoris, das eben deshalb und weil es dem mittelalterlichen Sprachgebrauche völlig entspricht — man denke an Hrotsvithas Gesta Oddonis und an die Gesta Heinrici imperatoris metrice —, doch wohl den Vorzug verdient.

[1] S. ihre Grabschrift aus Lucca (Fiorentini Memorie di Matilda ed. Mansi p. 396, Bouquet Recueil des Gaules IX, 105). Liudprand (Antap. III c. 18) erzählt dem Zusammenhange nach ihren Tod etwas zu spät.
[2] In den auf den nachmaligen Markgrafen Alberich bezüglichen Worten (II, 27) prole supinus vermutete Muratori (Annali d'Italia z. J. 910) eine Anspielung auf seine später berühmt gewordenen Söhne Johann XI († 935) und den Patricius Alberich († 954), aber jener war nur sein Stiefsohn, dieser im J. 889, von dem dort die Rede ist, sicherlich noch gar nicht geboren, denn er erscheint 932 noch als ein Jüngling.

Herkunft und Erhebung Berengars.

Das Lobgedicht auf Berengar umfasst im Ganzen einen Zeitraum von etwa acht und zwanzig Jahren, da es von seiner Wahl [1] zu Anfang des J. 888 bis auf seine Salbung in Rom Ende 915 reicht. Keineswegs aber bezweckt der Dichter ein vollständiges Bild seiner Regierung zu geben, so gut er über dieselbe unterrichtet gewesen sein mag, vielmehr wird lediglich dargestellt, wie Berengar die Krone gewann und wie er sie glücklich und siegreich wider alle minder berechtigte Nebenbuhler behauptete, um endlich durch die Hand des Nachfolgers Petri die höchste Weihe zu erlangen. Friede und Glück des Volkes entspringt aus seiner rechtmässigen Königsherrschaft dann wie mit Nothwendigkeit. Alles was der Verherrlichung des Helden in dem angedeuteten Sinne nicht unmittelbar dient, bleibt unberücksichtigt: wir erfahren weder etwas von seinem früheren

[1] Die urkundlichen Daten scheinen mir ungenügend, den Zeitpunkt der Wahl genau zu bestimmen: nach B 1322 würde Berengar vor dem 4., nach B 1330 vor dem 9. Januar 888 die Regierung angetreten haben, nach B 1304 dagegen nach dem 6. Januar. Von Privaturkunden, die nach der Meinung Sickels (Beiträge zur Diplomatik I, 22) überhaupt nicht in Betracht kommen sollten, spricht die bei Lupi Cod. dipl. Bergom. II, 102 abgedruckte dafür, dass er nach dem 26. Dec. 887 König wurde, Urkunden bei Moriondi Monum. Aquensia I, 1 und Muratori Antiq. It. V, 525 dafür, dass er vor dem 2. und 11. Jan. 888 es wurde, für welche letztere Zeitgrenze auch Barsocchini (Memorie di Lucca V^b, XVII) sich entscheidet, eine Urkunde bei Campi Storia di Piacenza I, 478 führt wieder auf einen Zeitpunkt nach dem 2. Jan. und eine andre bei Giulini Memorie di Milano II, 475 nach dem 11. Januar 888. Es liesse sich also mutmasslich an Sonntag den 30. Dec. 887 oder 6. Jan. 888 etwa denken.

Leben[1] in der Mark Friaul noch von der Art seines Regimentes, weder von den unrühmlichen Kämpfen gegen die Ungern noch von der Familie Berengars. Es erscheint ganz zufällig, dass der Name jenes Volkes auch einmal genannt (II, 49) und von der Königin Berthila angedeutet wird,[2] wie sie durch Untreue gegen ihren Gemahl nicht ungestraft der herrschenden Zügellosigkeit ihren Zoll entrichtet habe (II, 79).

Werth legt unser Dichter für die Berechtigung seines Helden vor allem auf dessen Verwandtschaft mit dem karolingischen Hause (I, 20), da er ja durch seine Mutter Gisela ein Enkel Ludwigs des Frommen und der Kaiserin Judith war.[3] Ausser Kaiser Karl III werden daher auch Arnolf und Ludwig der Blinde als seine Stammesvettern ausdrücklich hervorgehoben (III, 4, 14, IIII, 5, 53). In der That bildet dieser Zusammenhang Berengars mit dem karolingischen Geschlechte einen Vorzug vor sei-

---

[1] Dass Valesius (bei Muratori p. 390 n. 15) die Stelle des Gedichtes I, 183 fälschlich auf das J. 883 bezogen hat, worin ihm Pertz u. a. nachgefolgt sind, lehren jetzt die Glossen.   [2] Berthila wird urkundlich zwölfmal von 889 bis 910 als Fürbitterin genannt (B 1293, 1301, 1306, 1320, 1322, 1330, 1333 — 35, 1337, 1340, 1341 dilectissime coniugis nostrique regni consortis Berchtile precibus), ihr Tod müsste mithin zwischen 910 und 915 angesetzt werden. Ihre Nachfolgerin Anna wird zuerst 920 genannt und lebte noch 936 (B 1363, 1371, 1398). Töchter Berthilas, welche als domna nostra gloriosissima Byreila regina auch in Fürbitten zu Monza vorkommt (Frisi Memorie di Monza III, 66) waren, nach den beiden Grossmüttern benannt, Gisla (s. weiter unten) und Berhta als Aebtissin der Klöster St. Julia zu Brescia und S. Sistò zu Piacenza zwischen 915 und 952 nachzuweisen (B 1300: Berchtam religiosissimam monasterii sanctae Iuliae abbatissam dilectamque filiam nostram, 1354, 1373, 1411, 1430, 1497; Muratori Antiq. Ital. I, 369, V, 483, Tiraboschi Memorie Modenesi I, 97).   [3] Agnelli lib. pontificalis, vita Georgii I (Muratori Scr. rer. It. II ª, 185); Genealogia Francor. ymperat. (Scr. IX, 303); Gislas Urkunde, in der sie Karl den K. ihren Bruder nennt (Dachery Spicil. XII, 500); Ann. Xantens. 866: Everwinus gener Ludewici regis. In den Ann. Fuld. Pars V a. 883, 886, 896 heisst Berengar ein Verwandter Karls und Arnolfs (Scr. I, 398, 403, 411). Sedulius nennt in einem Gedichte an Eberhard v. 19 Kaiser Ludwig als Grossvater seines Sohnes (Wiener Jahrbuch für vaterländ. Gesch. I, 181) s. auch J 2731. K. Hugo nennt die Aebtissin Berta seine consanguinea (B 1373), denn ihre Grossmutter war die Halbschwester seines Urgrossvaters (Lothars I).

nem Gegner Wido, der zwar von ebenso altem fränkischen Adel
stammte, wie die Karolinger selbst, aber nicht zu ihrer Sippe
gehörte.[1] In seinen Urkunden pflegt daher auch Berengar, wenn
er seiner Vorgänger auf dem Throne gedenkt, sie als seine
Blutsverwandten zu rühmen.[2] Eine seiner ersten Urkunden bestätigt der Kaiserin Engelberga, der Witwe seines Oheims und
Herrn Ludwigs II, alle ihre an S. Sisto zu Piacenza überwiese-
nen Besitzungen,[3] während sein Gegner Wido bei seiner Kaiserkrönung keinen Anstand nahm, derselben zwei ihr gehörige
Klöster in Pavia zu entziehen, um sie seiner Gemahlin Ageltrude
zu übertragen.[4] Schon Ludwig II war in offener Feindschaft
gegen das aufsässige Widonische Haus gestorben und Karl III
versuchte 883 nochmals dasselbe aus seinen Marken zu verdrängen.[5]

Völlig von der Wahrheit entfernt sich unser Dichter, indem
er Karl III selbst auf dem Sterbebette in voller Machtvollkom-
menheit Berengar sich zum Nachfolger wählen lässt,[6] in ähnlicher Weise wie nachmals Konrad Heinrich I erkor. Was der

---

[1] Dass Wido nicht mit den Karolingern verwandt, hat Wenck (Erhebung Arnulfs S. 93 — 98) klar erwiesen. Die von mir (Gesch. des Ostfränk. Reiches II, 326 A. 72) früher angeführten Worte der Herzogin
Ida von Salerno, Gemahlin Waimars I: ego sum ex regali stegmate orta
(Scr. III, 541) beziehen sich darauf, dass sie die Schwester des Markgrafen Wido IV von Spoleto war (Chronica S. Bened., Scr. III, 204) und
folglich dem königlichen Hause der Widone angehörte.   [2] So nennt er
gleich in seiner ersten Urk. vom 21. Merz 888 Karl III seinen senior et
consobrinus s. ferner B 1289, 1294, 1310, 1320, 1357; Muratori Ant. It.
I, 369 u. s. w.   Auch Johann VIII schrieb ihm (Mansi Coll. concil.
XVII, 73): Dilecto filio Berengario glorioso comiti regia prosapia orto
und Karl III nennt ihn affinitate nobis coniunctum (B 928).   [3] Muratori
Ant. It. VI, 337: Illudowicus gloriosus olim imperator auunculus et senior
noster.   [4] S. die Urk. vom 21. Febr. 891 Forschungen für deutsche
Gesch. X, 275, 277 und vgl. damit die Urk. Arnolfs vom 12. Juni 889
(B 1055), worin er Engelberga u. a. dieselben Klöster (Papiae vero monasterium S. Marini .. necnon monasterium Reginae, in quibus sanctae-
moniales domino famulantes commorantur) bestätigt.   [5] S. meine Ostfränk. Gesch. I, 713, 780, II, 20, 219 — 221, 229.   [6] Die Ann. Vedast.
887 (Scr. II, 203) setzen die Worte: Berengarius etiam regnum Italiae
usurpat zwischen die Nachrichten von der Absetzung und dem Tode Karls III.

abgesetzte Kaiser vor seinem Tode (13. Januar 888) noch ver-
fügte, danach fragte Niemand und vor seiner Absetzung dachte
er sicherlich nicht an eine solche Bestimmung. Aller Wahrscheinlichkeit nach ist Berengar gerade so wie Wido nicht erst
durch den Tod, sondern schon durch die Ohnmacht des leiden-
den und entthronten Kaisers zu seiner Erhebung bewogen worden. Möglich wäre es aber immerhin, dass sogar er selbst, der
nur wenige Monate vor dem Sturze Karls den Hof noch besucht
hatte, [1] um eine gegen den allmächtigen Erzkanzler Bischof
Liutward von Vercelli begangene Gewaltthat durch reiche Geschenke wieder gut zu machen, sich später auf eine derartige
angebliche Verfügung desselben berief. Insofern wenigstens hat
die Auffassung des Gedichtes einen gewissen Schein für sich, als
allerdings der Markgraf von Friaul, wie er von jeher ein Anhänger der ostfränkischen Linie gewesen, so auch im Gegensatze
zu Wido auf der Seite des letzten karolingischen Kaisers gestanden hatte. [2] Mit Recht aber stellt der Dichter übereinstimmend
mit dem Chronisten Regino [3] die Bewegung, der sein Held die
Krone verdankte, als eine allgemeine, für das ganze Franken-

Von Wido steht es fest, dass er nur die erstere abwartete. Das Wahldekret Widos (Leg. I, 555) scheint allerdings Berengars Erhebung erst
auf den Tod Karls folgen zu lassen.
 [1] Zu Waiblingen im April 887 s. meine Ostfränk. Gesch. II, 276.
An diesen Besuch erinnert zur Erklärung des Dichters schon Leibniz
(Ann. imper. II, 97).   [2] Ueber sein Auftreten im J. 875 s. Andreae
Bergomat. chron. c. 18. Im J. 876 soll Boso Berengarii Everardi filii
factione die Tochter Ludwigs II, quae apud eum morabatur gefreit haben.
(Hincmari Rem. ann. 876, Scr. I, 499), was auf ein näheres Verhältnis
des letzteren zur kaiserlichen Familie schliessen lässt. In Karls Umgebung erscheint er namentlich im J. 880 — 881 (s. B 923, 924, 928, Mon.
Hist. patr. I, 62) als vertrauter Rathgeber vgl. meine Ostfränk. Gesch. I,
183, 221, 276.   [3] Chronic. a. 888. In den hierauf bezüglichen Worten:
sed quia inter ipsos (sc. principes Francorum) aequalitas generositatis
dignitatis ac potentiae discordiam augebat, nomine tantum caeteros
praecellente, ut eius dominio reliqui se submittere digna-
rentur: multos enim idoneos principes ad regni gubernacula moderanda
Francia genuisset, nisi fortuna eos aemulatione virtutis in
perniciem mutuam armasset ist Justin (lib. XIII c. 1, 2) copiert,
wie Muratori (Scr. II*, 389 n. 10) bemerkt, Pertz übersehen hat.

reich geltende dar, als einen grossen Abfall, in welchem nur
die deutschen Stämme an der Erbfolge festhielten.

Um die Sache Widos als die schlechtere, ihn zu einem
unbefugten Anmasser der Krone zu stempeln, wird noch der weitere Kunstgriff angewendet, dass er durchaus als ein Fremdling,
ein Franke erscheint, [1] der mit fremden Kräften den einheimischen Fürsten Berengar von dem rechtmässig eingenommenen
Throne stossen will. In dieser Auffassung liegt nur eine halbe
Wahrheit, denn fränkischer Abkunft waren beide Nebenbuhler,
beider Familien, seit einem halben Jahrhunderte ungefähr in
Italien eingebürgert, hiengen noch durch vielfache Bande mit
den andern Theilen des Reiches zusammen und suchten an ihnen
einen Rückhalt. Erst Widos Grossvater Lambert, [2] Graf der
brittischen Mark und Abkömmling eines alten austrasischen Ge-
schlechtes, das den h. Lutwin, Erzbischof von Trier, als seinen
Ahnherrn verehrte, wurde durch seine Parteinahme für Lothar
gleich andern Anhängern desselben nach Italien verpflanzt, wo
seine Söhne und Enkel im Besitze der Marken Spoleto und Camerino und gestützt auf ein starkes Gefolge fränkischer Vassallen [3] eine sehr mächtige, nach Norden wie nach Süden hin einflussreiche Stellung einnahmen. Zu ihrer zahlreichen Sippschaft
in Westfrancien [4] gehörte der vornehmste Metropolit des Reiches,

---

[1] S. I, 115, 139, 229, 267, II, 4. 13, 150, 192, 204, 210, III, 10,
38, 128, 150, 210.   [2] Diese Abstammung hat am vollständigsten Wüstenfeld entwickelt (Forschungen zur deutschen Gesch. III, 383) vgl. dazu
meine Ostfränk. Gesch. II, 18, wo ich einiges berichtigt habe. Wüstenfeld (S. 387) betont auch den Zusammenhang Widos mit Burgund, von
dem wir weiter unten reden, hat aber, wie die Glosse beweist, die Worte
Lemanno milite in III, 59 misverstanden. Zu den Zeugnissen über die
frühere Geschichte des Hauses kommt jetzt noch ein Capitulare Lothars
von 846, worin er c. 11 Witonem inlustrem comitem mit andern Bevoll-
mächtigten nach Benevent sendet (Sitzungsber. der Wiener Akademie 46).
[3] Zu den andern Stellen vgl. auch Lupus Protospatar. 894 (Scr. V, 53):
exierunt Graeci de Benevento in mense aug. per Francos (d. h. durch
Wido IV). Kaiser Lambert heisst bei Auxilius (s. meinen Auxilius und
Vulgarius S. 95) rex Francorum.   [4] Diesen Zusammenhang bezeugen
Erchempert (Hist. Langob. c. 79), Ann. Vedast. 888, Liudprand. Ant. I
c. 17 und vorzüglich Flodoard in den Briefen Fulkos (Hist. Rem. IV c. 3, 5
p. 437, 459 ed. Lejeune), sowie in den Versus de pontificib. Rom. (Ma-

Erzbischof Fulko von Reims (883 — 900), ein gewisser Rampo u. a. Noch in Lamberts, des Kaisers, Grabschrift [1] wird seine vornehme fränkische Abkunft gerühmt.

Berengars Grossvater Unruoch steht unter den angesehensten Männern am Hofe Karls des Gr., [2] sein Vater Eberhard empfieng die Mark Friaul unter Ludwig dem Frommen, [3] behielt aber zugleich eine Anzahl von Gütern sowohl in Schwaben, wie ganz besonders in den Gauen an der Maas. Wenn der Dichter (I, 55) ihm eine Vorliebe für Italien nachrühmt, so ist es allerdings richtig, dass er seine Kräfte vorzugsweise diesem Lande gewidmet, aber er vergass doch keineswegs des Zusammenhanges mit der alten Heimat: mit Männern, wie die Bischöfe Raban von Mainz, Hinkmar von Reims, Hartgar von Lüttich befreundet, gründete er auf seinen niederländischen Besitzungen im Sprengel von Noyon die Abtei Cysoing, in welche er 854 die Gebeine des heiligen Papstes Calixtus übertrug [4] und in der er

billon Acta. sanct. III[b], 599, 604, 605): Lambertum augustum Folconis carne propinquum; Lamberto induperatori sibi carne propinquo.

[1] Herausgegeben von Wattenbach in den Forsch. f. deutsche Gesch. XI: Sanguine precipuo Francorum germinis ortus | Lambertus fuit hic cesar in orbe potens.   [2] In einem Gedichte des Sedulius an ihn heisst er v. 8 Hunroci proles vgl. das Jahrb. für vaterländ. Gesch. I, 185. Eberhards Bruder, Markgraf Berengar von Gothien, erscheint auch 825 als Graf von Brioude in Auvergne (Dachery Spicil. XII, 104, B 374).   [3] In der gleichzeitigen Translatio S. Callisti (Acta sanct. Bollandi Oct. t. VI, 444) c. 4 heisst es von ihm: ea igitur tempestate fuit vir nobilissimus Francorum natalibus oriundus nomine Everardus qui ducatum Foroiuliensem . . sub glorioso principe Lothario Ludovici piissimi imperatoris filio .. nobiliter administravit. Er erscheint 846 unter den italienischen Grossen (Capitulare Lothars ed. Maassen) und tritt auch in einer Urkunde Ludwigs II für Venedig vom 23. Merz 859 als Fürbitter auf (per Everardum dilectissimum ducem) in den Abhandl. der bayr. Akad., hist. Kl. IX, 392. Ich weiss nicht, weshalb Bluhme Eberhard noch immer zum Markgrafen von Rätien macht (Leg. IV p. XLI), womit er nie das mindeste zu thun gehabt hat.   [4] Transl. S. Callisti (a. a. O. p. 443 — 446), aus welcher Quelle der von mir früher angeführte Alberich, wie Wilmans bemerkt (Pertz Archiv X, 232), erst geschöpft hat. Das Chron. Turon. (Martene Coll. ampl. V, 975) nennt statt Eberhard seinen Sohn Radulf, den Flodoard (Hist. Rem. IV c. 1, 2, 6 p. 425, 431, 474) als Eberhards Nachfolger und Erben kennt. Im Umkreise von Cysoing lagen der Familie

auch 864 oder 866 seine letzte Ruhestätte fand, nachdem er
in Italien sein Leben beschlossen hatte. Während andre von
den Kindern Eberhards und Gislas, namentlich ihr Sohn Rudolf,
der Abt von Cysoing, und eine der Töchter ihren Wohnsitz im
westfränkischen Reiche nahmen,[1] folgte ihm in seiner italienischen Mark der älteste Sohn Unruoch und nach dessen frühzei-
tigem Tode[2] unser Berengar, den wir seit 875 mindestens in
dieser Stellung nachweisen können.

Wenn hiernach die beiden Thronbewerber Franken waren
und viele Vettern jenseit der Alpen besassen, so trat allerdings
Wido mit seinen Ansprüchen erst dann hervor, als Berengar
schon gewählt war. Er kehrte — wovon unser Gedicht nichts
weiss — von einem vergeblichen Versuche aus Westfrancien
oder vielmehr aus Burgund zurück, nachdem Odo, ein Verwandter Berengars,[3] ihm dort zuvorgekommen und wurde ausser
von den Bewohnern der Marken Spoleto und Camerino, die in
unserem Gedichte Tyrrhener (I, 84, 145, II, 22, 268) oder
Etrusker (III, 125, 210) heissen,[4] hauptsächlich von seinem

---

gehörige Besitzungen zu Somain en Ostrevent, Fives (bei Lille), Annap-
pes, Gruson, Camphin. Das Testament Eberhards ist zu Musestre an dem
Flusse Sile unterhalb Treviso ausgestellt.

[1] Hucbold, ein Tochtermann Eberhards machte Fulko von Reims
Cysoing umsonst streitig s. Flodoard a. a. O., auch I c. 7, IV c. 8 p. 50, 492.

[2] Diesem Unruoch schreibt Rubeis (Mon. eccl. Aquil. p. 431) fälschlich eine Stiftung seines Vorgängers Erich († 799) zu Sacile zu. S. über
ihn Andreas Bergom. chron. c. 13, 15; Gislas Urk. von 874 (Dachery
Spicil. XII, 497), worin sie ihres Sohnes Unroch gedenkt; Ann. Fuld.
S. IV a. 887 erwähnen filiam Unruochi comitis propinquam imperatoris
als Nonne zu Brescia. Aus dieser Angabe schloss Pertz (Scr. IV, 189)
irrig, dass Unruoch 887 noch am Leben war, aber sogleich nach dem
Tode K. Ludwigs II (875) tritt Berengar bereits als Markgraf von Friaul
auf, ebenso erscheint er in Briefen des Papstes Johanns VIII aus den
J. 878 und 879 (J 2355, 2419, 2421, 2455), in deren letztem er aufge-
fordert wird den Bischof Stephan von Comacchio zu beschützen.   [3] Nach
einer nur im Auszuge und fehlerhaft überlieferten Urk. Berengars für
Tours, die auf Bitten Rotberti specialiter abbatis propinqui quidem nostri
ausgestellt ist (Phil. Labbé Eloges histor. des roys de France p. 492).
K. v. Kalckstein, Robert der Tapfere hat diese Verwandtschaft nicht erörtert.

[4] Andre Beispiele für die Bezeichnung der Spoletiner als Tusker s.
in meiner Gesch. des Ostfränk. Reiches II, 19 A. 46. An den Markgrafen

westfränkischen, zumal burgundischen Anhange unterstützt. Es lag daher in der That sehr nahe, sein Unternehmen wie einen Einbruch, einen Eroberungszug der Gallier nach Italien aufzufassen, welche, wie das später durch die Anhänger des burgundischen Hugo geschah, die Einheimischen aus dem Besitze ihrer Güter und Lehen verdrängen würden (I, 177), Berengar hingegen als den Verteidiger des vaterländischen Bodens. Freilich mussten dann seine Beziehungen zu Deutschland entstellt oder verschleiert werden und noch weniger hätte seine erst in spätere Jahre fallende Freundschaft mit den Magyaren zu dem Bilde eines nationalen Königs gepasst.

Dass Berengar zu Pavia gewählt und gekrönt worden — vielleicht durch den Erzbischof Anselm von Mailand —, ist zwar sonst nicht überliefert, aber doch an sich durchaus glaublich.[1] Die seinen Gefährten in den Mund gelegte Besorgnis, er möchte andern Theilen des Frankenreiches vor Italien den Vorzug geben,[2] wäre freilich eine sehr unbegründete gewesen, da er ja nicht einmal in Italien es jemals zu einer recht festen und bleibenden Herrschaft gebracht hat. Auf das Vorbild Rudolfs von Hochburgund und Odos von Westfrancien konnte sich Wido bei seiner Bewerbung um die italienische Krone allerdings beziehen, denn ihre glückliche Erhebung gieng der seinigen voran und beide leiteten sie, wie er, ihr Geschlecht nicht von den Karolingern ab.[3]

Adalbert von Tuscien ist deshalb nicht zu denken, weil er diesen Kämpfen parteilos fern blieb. Auch Liudprand (Ant. I c. 17) sagt: Cammerinos atque Spoletinos fiducialiter ut propinquos adit.

[1] Zu Pavia wurde im Febr. 876 Karl der K. gewählt und ebenso in aula Ticinensi 889 Wido, sowie im Oct. 900 Ludwig der Blinde. [2] Vgl. über das richtige Verständnis dieser Stelle Wenck Erhebung Arnulfs S. 74 Anm. 127. [3] Wenn Rudolf II Bertae gloriosissimae abbatissae consanguineae nostrae, der Tochter Berengars, S. Sisto bestätigte (B 1497), so rührt diese Verwandtschaft daher, dass ihre Urgrossmutter Judith die Schwester seines Urgrossvaters Konrad war.

Die Schlachten Berengars und Widos.

Die beiden Schlachten zwischen Berengar und Wido füllen
die zweite Hälfte des ersten und das ganze zweite Buch aus.
Leider gestattet die grosse Dürftigkeit der übrigen Quellen für
diese Zeit, die meist ganz im Allgemeinen von zwei blutigen
Treffen sprechen, nicht, den Erzählungen unseres Dichters näher
nachzugehen. Die erste Schlacht wird, nicht ganz mit Unrecht,[1]
als ein Sieg des Helden dargestellt, die zweite als ein zwar sehr
heftiger, aber unentschiedener Kampf, den zuletzt der Anbruch
der Nacht beendigte. Dass der schliessliche Erfolg Widos nicht
ausdrücklich eingestanden wird, darf man dem Sänger um so
weniger übel nehmen, als der fremde Beistand, dessen Berengar
gleich nachher bedarf, die Wahrheit errathen lässt. Bei der
Schilderung einzelner Vorfälle copiert er stark seine antiken
Vorbilder und vieles kehrt in andern dichterischen Schlacht-
beschreibungen ganz ähnlich wieder. [2] Am meisten Beachtung
verdient die Vergil und Statius nachgeahmte Aufzählung der bei-
derseitigen Führer und ihrer Mannschaften, die jedoch erst für
die zweite Schlacht gegeben wird.

Von Gallien aus über die Alpen lässt der Dichter Wido
zuerst herbeiziehen und er deutet an, dass derselbe durch Bitten
oder Drohungen (I, 83, 131) manche von den bisherigen An-

[1] Nach dem zuverlässigen Erchempert (Hist. Langob. c. 82): Spolia
autem caesorum a Berengario recollecta sunt, wogegen das Zeugnis Liudprands (Antap. I c. 18): Berengarius fugam petiit, triumphum Wido obtinuit, sowie die unbestimmte Aussage der ann. Vedast. 888: semperque
victor extitit und das Wahldekret Widos (Leg. I, 555): bis iam fuga lapsi
nicht in's Gewicht fällt. [2] S. die Nachweisungen von Pannenborg hinter dem Carmen de bello Saxonico ed. Waitz p. 78.

hängern seines Gegners zum Abfalle verlockt habe.[1] Namen
werden hier nicht genannt, doch erfahren wir aus dem zweiten
Buche (v. 42), dass die Grafen Magemfred (von Mailand),
Evrard[2] und Sigifrid zu der Entscheidung mitgewirkt haben.
Berengar, der Widos Scharen schon einmal vergeblich erwartet
hatte, empfieng in Verona die Nachricht seiner Annäherung, an
dem Orte, an welchem er am liebsten zu verweilen pflegte.
Alles übrige ausser dem Ausgange gibt kaum irgend einen that-
sächlichen Anhalt. Ohne Zweifel waren auch die Kräfte, die für
den zweiten entscheidenden Zusammenstoss aufgeboten wurden,
ungleich bedeutender und dieser deshalb mehr der Verherrlichung würdig.

Wie die Gallier d. h. die Franken schon vorher vornehmlich als Widos Helfer erschienen sind, so nicht minder bei seinem zweiten Feldzuge.[3] Die öftere Hervorhebung der Burgunder (I, 269 gL, II, 161, III, 20, 59) erinnert uns daran, dass
gerade in diesem Lande Wido zuerst durch den sehr mächtigen
und einflussreichen Bischof Geilo von Langres[4] zum Könige ge-

---

[1] Liudprand. Ant. I c. 17: Berengarii etiam partibus faventes ut in-
fidos pecuniarum gratia adquirit. [2] Wir kennen einen Grafen Eberhard,
dessen Vassallen Kaiser Lambert 896 im Gau von Tortona beschenkt (Mon.
hist. patr. Chart. I, 79), sowie einen andern salischer Abkunft, den Sohn
von Ludwigs II Pfalzgrafen Boderad, der eine Schenkung an die St. Ju-
stina in Piacenza macht (Campi Hist. di Piacenza p. 478). In einer Gerichtssitzung zu Pavia vom Merz 900 erscheinen neben den Bischöfen von
Novara, Turin und Tortona die Grafen Eurardus et Gotefredus, jener
wohl mit dem obigen identisch (Mon. patr. Chart. I, 97). [3] Nach den
ann. Vedast. 888 gieng Wido nach Italien cum his qui se sequi delibera-
verant, als seine Wähler aber erscheinen vorher pauci vero ex Burgundia.
Auf das Zuströmen fremder Scharen weist das achte der Wahlcapitel Widos
hin (Leg. I, 555): Quicumque ab exteris provinciis adventantes depreda-
tiones atque rapinas infra regnum hoc exercere presumunt u. s. f., vgl. die
folgenden Capitel 1 (eb. 556). [4] Geilo, Sohn des Grafen Geilo, früher
Abt von Tournus, sodann Bischof von Langres (879—887, † 28. Juni
nach dem Necrol. Flaviniac.) wusste sowohl für sein Kloster (Dachery
Spicil. XII, 551, J 2280, 2281, 2335, B 1443, 1845, 1846) wie für sein
Bisthum (B 1855, 983, 984, 993, 1011, 1012; Forschungen f. deutsche
Gesch. IX, 420—424, 431) von Karl dem Kahlen, Ludwig dem Stamm-
ler, Karlmann, Boso, Karl III und Papst Johann VIII sich Schenkungen
und Gewährungen in reicher Fülle zu verschaffen.

krönt worden war und also eben dort manchen Anhang, vielleicht auch durch Verwandtschaft, besessen haben muss. Von hier stammte der an erster Stelle genannte Anskar, im westfränkischen Reiche von 879 bis 887 nachzuweisen [1] und zwar als Graf des Gaus von Ouche bei Dijon, später, seit 891 mindestens, [2] zum Danke für seine Leistungen erster Markgraf von Ivrea und einer der vertrautesten Rathgeber Widos und Lamberts. Durch Misverständnis unseres Gedichtes hat man ihn sogar zu einem leiblichen Bruder desselben machen wollen, während es jetzt vielmehr mit Beihilfe der Glossen klar wird, dass Anskar einen Bruder Wido mitgebracht hatte, [3] der, gleichfalls aus der Mitte

[1] Anskars Herkunft hat Wüstenfeld (Forsch. f. deutsche Gesch. III, 421) zuerst erwiesen: im Frühlinge 879 schickten die Anhänger der Söhne Ludwigs des Stammlers mit dem Bischofe von Orleans Goiramnum ac Anscherum comites als Gesandte an Ludwig den jüng. nach Verdun (Hincmari ann. 879, Scr. I, 511), in einer Urk. Karlmanns vom 6. Merz 883 (B 1860) heisst es Theodericus (von Autun) et Anscharius comites ambasciaverunt; in einer Urk. vom 15. Jan. 887 beschenkt Karl III den Probst Otbert von Langres tam ex Milonis quam ex Anscarii comitum honoribus und zwar lagen diese Güter in comitatu Lingonico und in comitatu Oscarensi villa quae Fiscinis nuncupatur ex iamdicti comitis Anscarii honoribus mansus unus u. s. w. (Forsch. z. deutschen Gesch. IX, 422). Papst Johann IX beruft sich im Mai 899 auf sein Zeugnis über die 887 stattgehabte Wahl des B. Argrin v. Langres: iam enim olim per Anscharium comitem dilectum filium nostrum hoc ipsum cognoveramus, qui se in hoc facto graviter errasse humiliter confessus est (J 2704; Mansi Coll. conc. XVIII, 202). Dass Anskar den salischen Franken angehörte, lehren Urk. seines Enkels Berengar (Forsch. z. d. Gesch. X, 313, B 1419), der sich dazu rechnet. Ein unzweifelhaft gefälschtes Testament des Bischofs Atto von Vercelli von 946 will Anskar von dem Hause des Königs Desiderius herleiten (Mai Script. veter. nova coll. VI[b], 3).   [2] Anscherius marchio erscheint als Widos Rathgeber zuerst in 2 Urk. für Ageltrude vom Tage seiner Kaiserkrönung (Forsch. z. d. Gesch. X, 275, 277) vgl. meine Ostfränk. Gesch. II, 379.   [3] Das Misverständnis der früheren Forscher hatte schon Wüstenfeld (a. a. O. 419) erkannt und berichtigt, aber er begeht einen neuen Irrthum, indem er, durch eine falsche Emendation von Valesius verführt, Anskar mit dem v. 158 genannten Alcher zusammenwirft. An diesem Namen war, ebenso wie an Oshar v. 174, nichts zu ändern: lässt sich doch auch unter Berengar ein (von diesem verschiedener) Graf Alkerius oder Alcharius nachweisen (B 1303, 1323).

der burgundischen Grafen hervorgehend,[1] in der Schlacht seinen Tod fand. Als seinen Ueberwinder nennt der Dichter, sich selbst widersprechend, das eine Mal Walfred (v. 148), das andre Mal Albrich (v. 190).

Auf Anskar und Wido mit ihren 500 Mann folgen, sonst nicht weiter bekannt, Gauslin mit 300 Reitern, Ubert mit 200 Mann, welcher letztere für seine Spötterei gegen die Italiener mit blutigem Tode büssen sollte. Zu den Westfranken dürften auch Otho [2] und Milo [3] gehören, die beide nur erwähnt werden, um zu erzählen, wie sie fielen, da gerade Träger ihres Namens dort häufig nachzuweisen sind.

An die gallischen Bundesgenossen Widos schliessen sich in der Aufzählung die Spoletiner, seine alten Getreuen an. Von Alberich, der nur mit 100 Mann kam, wird angedeutet, dass er nachmals (seit 898 etwa) selbst Markgraf von Camerino werden sollte,[4] und zwar, was wir nur hier erfahren, durch Ermordung seines Vorgängers Widos (IV) auf einer Brücke der Tiber. Nach der Glosse verwundete er im Kampfe Berengar,[5]

---

[1] Ein burgundischer Graf Wido, vielleicht der unsrige, der ja (v. 150) von den Ufern der Seine gekommen sein soll, ist zwischen 877 und 882 zu ermitteln s. Karls II Capitel von Quierzy c. 31 (Leg. I, 540), Urk. Karlmanns zw. 879 und 881 (Quantin Cartul. de l'Yonne I, 108), Schreiben Johanns VIII von 879 (J 2525) und Urk. Karls III von 882 (Forsch. z. d. Gesch. IX, 414), wo überall der gleiche gemeint zu sein scheint. Dass Wüstenfeld einen andern älteren Wido irrig mit diesem zusammenwirft (a. a. O. S. 405, 429) habe ich schon früher bemerkt (Ostfränk. Gesch. II, 364 A. 2). [2] Diesen hielt Wüstenfeld (a. a. O.) für Anskars Bruder und liess sich dadurch verleiten beide nach Anjou zu versetzen. [3] Ein Graf Milo kommt neben Anskar in der zuvor angeführten Urk. Karls III von 887 vor. [4] Liudprandi Antap. II c. 48, III c. 44; Benedicti Chronic. c. 29; Urk. Berengars für Farfa (B 1360) vom J. 920, worin eine Schenkung des Albericus marchio in der Grafschaft Fermo erwähnt wird; Urk. bei Fatteschi Duchi di Spoleto p. 298, 299 mit widersprechenden Daten; bei Muratori Scr. rer. It. II^b, 951 kommt im Nov. 910 Waldepertus vicecomes Alberici marchionis vor. Ein Alberich als Getreuer Widos in einer Urk. vom 14. Sept. 892 (B 1279). Wido IV wird zuletzt im J. 897 genannt (Chron. S. Benedicti, Scr. III, 202, 204 vgl. Wüstenfeld a. a. O. 430), in welchem er Benevent an Radelchis räumte. Eine frühere falsche Lesung der Glosse machte ihn zum Gevatter Alberichs. [5] Von einer sonst nicht bekannten Verwundung B.s bei Fiorenzuola erzählt Constantin (De adm. imp. c. 26 p. 116).

wovon das Gedicht selbst (II, 254) nichts meldet. Ein schöner Mann und löwenkühn verdrängte er später die Saracenen vom Garigliano und gewann Hand und Herz der Senatorin Marozia. Unbekannt sind Raginer und Wilhelm mit seinen 300 Genossen, Hubald dagegen, der Vater des späteren Markgrafen Bonifacius von Spoleto, wird auch von Liudprand [1] zum J. 893 als ein Vorkämpfer Widos gerühmt, als welcher er einem die Italiener verspottenden Baier blutig heimzahlte. Er scheint dennoch seiner Abkunft nach zu den salischen Franken gehört zu haben. Zu den Tyrrhenern wird ein Hildebrand gezählt, dem es im Verlaufe der Schlacht gelang, Berengar selbst durch einen Speerwurf am Schenkel zu verwunden, wofür jener ihm zum Lohne die Lippen spaltete. Vielleicht dürfen wir an einen in diesen Jahren nachweisbaren tuscischen Grafen des gleichen Namens denken, [2] wie auch oben daher Bonifacius stammen mag. [3]

Aus dem oberen Italien endlich kämpfen mit 3000 Mann drei Grafen, von denen nur der erste uns etwas genauer bekannt ist. Magimfred, Graf von Mailand und Pfalzgraf Widos, [4] stand bei diesem in hohem Ansehen, auf Arnolfs zweitem Römerzuge aber ergriff er wie schon auf dem ersten dessen Partei und forderte dadurch nach dem schnellen Zusammensturze der deut-

---

[1] Antap. I c. 21, II c. 66. Am 7. Mai 936 erwarb dominus Bonifatius comes filius bone memorie domini Vbaldi comitis durch Tausch von dem Kloster Nonantola Güter in der Grafschaft Florenz (Tiraboschi Storia di Nonantola II, 115). Willa, die Tochter des Markgrafen Bonifacius, vermählt mit dem Markgrafen Hubert von Tuscien (Petri Damiani op. 57 c. 3), lebte nach salischem Rechte (s. die Urk. bei Vghelli It. sacra III, 35, 39). Irrig mit unserem Hubald wirft Leibniz (Ann. imp. II, 123) K. Ludwigs II Pfalzgrafen Huepald zusammen.   [2] In den Ann. Fuld. 894 wird Hildibrandus unter den vornehmen Markgrafen neben Adalbert genannt und nach Liudprand (Antap. I c. 39) lehnt sich Ildeprandus praepotens comes mit Adalbert gegen Lambert auf. In Lucca kommt schon 857 ein Graf Hildebrand vor.   [3] Ein Bonifacius auf der Seite Widos wird in v. 94 angedeutet, vielleicht der Bruder des Markgrafen Adalbert von Tuscien, den wir aus der Stiftungsurkunde von S. Caprasio (Muratori Antichità Estensi I, 210) und aus den Ann. Fuld. 894 kennen.   [4] S. über ihn meine Ostfränk. Gesch. II, 377, 378, 414, 423. Aehnlich wie in der (früher falsch gelesenen) Glosse heisst er bei Liudprand (Antap. I c. 38, 42) Magimfredus.

schen Herrschaft Lamberts Rache gegen sich heraus. In Mailand im Sommer 896 belagert und zur Ergebung gezwungen erlitt er durch die Grausamkeit des Siegers, wie unser Dichter andeutet, die Todesstrafe, während sein Sohn Hugo und sein Schwiegersohn geblendet wurden. Nicht sicher zu ermitteln ist der zweite Graf Evrard (vielleicht von Tortona), von dem in einer (früher falsch interpungierten) Stelle gemeldet wird, dass er auf der Flucht vor den ungrischen Pfeilen nachmals verdurstete. Ohne Zweifel ist hier der im August 899 unternommene, durch ein volles Jahr fortgesetzte Verheerungszug der Ungern gemeint,[1] auf welchem unter vielen andern vornehmen Opfern auch Bischof Liutward von Vercelli fliehend sein Leben endete. Noch unklarer bleibt uns der dritte von diesen Führern, Sigifrid, von dem die Glosse verräth, dass er vergeblich in einer hochgelegenen Burg an oder in einem See sich königlicher Nachstellung zu entziehen suchte.[2]

An der Spitze der Genossen Berengars steht mit 3000 Mann der Held von der Etsch,[3] Graf Walfred von Verona, einer seiner vertrautesten Räthe, der gleichwohl später zu Arnolf übergieng und als Markgraf von Friaul im J. 896 starb. 1500 gepanzerte Reiter führen die drei Brüder der Königin Berthila, die Söhne Suppos und Berthas,[4] Adalgis, Wifred und Boso, wie

[1] S. über diesen Zug meine Ostfränk. Gesch. II, 505 — 507 und namentlich Regino (a. 901): innumerabilis multitudo ictibus sagittarum periit, quam plurimi episcopi et comites trucidati sunt. [2] Wahrscheinlich ist in der Glosse für das unbekannte multis, worin man einen Ort vermuten möchte, montis zu lesen. Die Erwähnung des Sees erinnert an die Inseln Comacina oder S. Giulio. Schwerlich dürfte an den von 892 bis 904 vorkommenden Pfalzgrafen Sigifrid, zugleich Grafen von Mailand und Piacenza zu denken sein. [3] Dass der heros Athesinus v. 158 Walfred ist und nicht, wie Wüstenfeld (a. a. O. S. 420) annahm, Alberich, beweist jetzt die Glosse vgl. über ihn, der von 876 — 896 auftritt, meine Ostfränk. Gesch. II, 183, 314, 414, 423 und unten. [4] Es fällt auf, dass Ber. in einer Urk. vom 12. Mai 890 (B 1294) dem Huuroch consanguineus noster filius quondam Supponis incliti marchionis Güter in der Grafschaft Parma bestätigt, die K. Ludwig II 863 (B 659) Suppo selbst geschenkt, da gerade unsre Glosse diesen Namen unter den Söhnen Suppos übergeht, aber sie will ja auch nur die drei aufzählen, die die Schlacht mitmachten. Ein Graf Adelgis von Reggio (Adelgisi illustris comitis et

die Glosse sie nennt, herbei. Sie gehören einem schon lange
hochangesehenen, dem Hause der Widonen, wie es scheint,
nebenbuhlerischen Geschlechte an: ihr Vater, ein Vetter der
Kaiserin Engelberga, erscheint als der vornehmste Rathgeber
Ludwigs II, der ihn 869 als seinen Gesandten an den Hof von
Konstantinopel schickte und ihm nach der Absetzung des Markgrafen Lambert 871 die Mark Spoleto übertrug. Als Karl der
Kahle nach seiner Kaiserkrönung diese dem früheren Inhaber
zurückgegeben, wurde Suppo mit der Grafschaft Turin entschä-
digt, seine Familie scheint sonst besonders in der Gegend von
Parma, Piacenza und Reggio begütert gewesen zu sein und hieng
mit Berengar vermutlich schon vor der angedeuteten Verschwä-
gerung verwandtschaftlich zusammen. [1]

Unbekannt bleiben uns die beiden deutschen Brüder Leutho
und Bernard, die mit je 600 Reitern zum Heere stossend doch
auch eine recht ansehnliche Hilfe aus dem Auslande darstellen.
Man wird ihre Heimat am ersten in Schwaben oder Baiern

dilecti fidelis nostri) kommt in einer Urk. Berengars von 890 vor (B 1295).
Die Mutter der Brüder domna Berta que fuit relicta quondam Supponi
qui fuet comes in einer Urk. von Parma von 888 (Tiraboschi Mem. Modenesi I, 63) und im Juli 902 machte Berta devotissima ancilla Christi
sancte religionis induta filia bone memorie Wifredi comiti ex genere Francorum et relicta quondam Suponi que profiteor me ex nacione mea legem
vivere Salica eine Stiftung an S. Antonin in Piacenza (Boselli Storie Pia-
centine I, 288). Dass Wifredus comes eiusdem comitato Placentino, der
im Sept. 911 vorkommt ihr (nach dem Grossvater benannter) Sohn war
(Boselli I, 290), ergeben Urk. Berengars und Rudolfs von 921 und 922
(B 1366, 1492), wodurch diese dem Domstifte von Parma res illas quas
Berta dignae memoriae comitissa et Wifredus filius eius comes .. contra-
diderunt bestätigen. Eine Schenkung derselben Berta quondam comitissa
an das Domstift von Reggio bestätigten Hugo und Lothar 942 (B 1410).
Einen Streit des B. Peter von Reggio mit dem Grafen Wifred entschied
Berengar 912 (B 1346).

[1] Vgl. über Suppo meine Ostfränk. Gesch. I, 690, 780, 839, II, 20,
82, 92, 178, 184. Suppo wird als lebend zuletzt 882 genannt, Bertha
als Witwe zuerst 888. Eine frühere Blutsverwandtschaft vermutet Muratori (Ant. It. I, 284) nach B 1294 sowie aus dem Namen Unroch. In
dem Chronic. Casaur. l. III (Muratori Scr. rer. It. II[b], 800) heisst er
Suppo Piceni comes, qui et dux inscribitur, in imperatoris exercitu ful-
gidus.

suchen — in jenem Lande hatte Eberhard Besitzungen [1] —, doch befremdet es, dass Berengars niederländische Sippschaft sich völlig fernhielt. Ueber Alberich mit seinen 500 Mann, der fast durch Widos Hand erlegt worden wäre, und Berard mit seinen 300 haben wir nur Vermutungen [2] und noch dunkler sind Bonifacius und Azo, [3] sämtlich jedoch im oberen Italien zu suchen.

Erst mit Odelrich, einem geborenen Schwaben, dem späteren Pfalzgrafen des Königs, gelangen wir wieder auf festen Boden, denn er ist zwischen den Jahren 911 und 920 in einer ganzen Reihe von Urkunden als ein einflussreicher Vertrauter Berengars nachzuweisen, [4] den er namentlich auch auf seinem Krönungszuge nach Rom begleitet zu haben scheint. Seine Laufbahn fand jedoch einen schimpflichen Abschluss, als er im J. 921 sich mit Adalbert von Ivrea, dem Grafen Gislebert von Bergamo,

---

[1] Nach dem Testamente Eberhards erbte Unroch quidquid in Langobardia et in Alamannia praeter Balguinet (Dachery Spicileg. XII, 490), nach einer Urk. Gislas von 869 hatte auch Berengar Antheil an den Gütern in Galliis (eb. 498). [2] Bei der Wahl Karls des K. in Pavia Febr. 876 (Leg. I, 532) wirkte ein Graf Alberich (wahrscheinlich von Mailand t. die Urk. von 874 bei Muratori Ant. It. V, 987) ebenso wie ein Berard mit. Den obigen hält Wüstenfeld (a. a. O. S. 420) für den Vater eines Markgrafen Almerich, der an der unteren Etsch begütert war. Ein italienischer Graf Berard kämpfte auch 882 gegen Boso s. meine Ostfränk. Gesch. II, 210. [3] Die Nachbarschaft Odelrichs würde auf die Lage von Este passen, alles übrige ist Vermutung. [4] Eine Urk. für Nonantola vom 28. Oct. 911 ist die erste, die per Odelricum nostrum karissimum fidelem et nobilem virum erbeten wurde (B 1345), doch erscheint er schon vorher als Odelricus vassus et missus domni regis am 30. Aug. 908 mit dem Grafen Ingelfred von Verona zu Gericht sitzend, desgl. mit demselben als O. illuster marchio et missus domni imperatoris im Januar 918 (Tiraboschi Stor. di Nonantola II, 97, 99). In einer Urk. für Bertha vom 27. Aug. 917 ist Odelricus illuster marchio sacrique palacii nostri comes et dilectus fidelis noster Fürbitter (Muratori Ant. It. I, 369), ähnlich in mehreren andern aus diesem und den nächsten Jahren (Affò Storia di Parma I, 323, B 1358, 1359; Forsch. f. d. Gesch. X, 291; de Dionysiis De Aldone et Notingo episc. p. 101; B 1361 — 1364 interveniente Odelrico gloriosissimo marchione nostro). Oefter begegnet er uns als Königsbote Gericht haltend, so zu Pavia April 915 (Mon. Hist. patr. I, 120) und zu Lucca Nov. 915 als Ber. partibus Romam iret (Muratori Ant. It. I, 487), zuletzt 921 zu Massa Fiscaglia in der Romagna, vgl. Ficker Forsch. zur Rechtsgesch. Italiens I, 322, III, 42.

denen bald auch Erzbischof Lambert von Mailand sich anschloss,
gegen seinen Herrn verschwor und den König Rudolf II von Burgund nach Italien einlud.   Bei einem Ueberfalle durch die
Ungern, deren Beistand Berengar angerufen, wurde Odelrich in
den Bergen bei Brescia erschlagen, [1] während seine Gefährten
in Gefangenschaft geriethen.   Der Titel Markgraf, welcher ihm
häufig beigelegt wird, kann wohl nur auf Friaul bezogen werden, [2] weil unser Dichter ihn ausdrücklich an das Adriatische
Meer versetzt.   Dazu wollen freilich die Iberer (v. 101) schlecht
passen, die man dem Zeugnis der Glosse gegenüber nicht in
Abaren ändern darf, wie Valesius vorschlug, um so weniger als
der Name Avaren für Ungern in Italien kaum vorkommen
möchte und die Erwähnung der Ungern im J. 889 überhaupt
eine verfrühte sein würde.   Es bleibt daher nur übrig, an die
Saracenen zu denken und an ihre bis in den innersten Winkel
der Adria ausgedehnten Raubzüge. [3]

Ausser diesen Kampfgenossen Berengars nennt der Dichter
gelegentlich noch Erard und Oshar (168, 174), beide von Wido

---

[1] Liudprand. Ant. II c. 57: Odelricus palatii comes qui ex Suevorum
sanguine duxerat originem, 58 — 61.   Lamberts Einsetzung Ende Sept.
921 bestimmt den Zeitpunkt, sowie andrerseits das Eingreifen der Ungern,
die im Febr. 922 bis Benevent vordrangen (Chron. S. Bened., Ann. Benevent. 922, Scr. III, 175, 206 vgl. Lupus Protospatar. 920, Scr. V, 53),
während Flodoard die Auflehnung gegen Berengar nach dem am 28. Jan. 922
erfolgten Tode des Bischofs Drogo von Tull erzählt.   [2] Noch in
B 1371 von 923 wird die marchia Foroiulii erwähnt, für deren Vor-
steher man mit Liruti (Notizie del Friuli III, 253) nach Odelrich den
Markgrafen Grimald halten möchte, weil er als Fürbitter für den Patriarchen von Aglei und andre Bewohner jener Gegenden auftritt (B 1368
—1370), allein beide werden 917 zugleich mit diesem Titel bedacht
(B 1358: Grimaldus et Odelricus gloriosissimi marchiones et amabiles consiliarii nostri) und gehört deshalb Grimald vielleicht nach Istrien.   [3] Von
Eberhard heisst es (Dachery Spicil. XII, 495): qui Sclavos fortes Numi-
das Maurosque feroces | saepe triumphavit, interfecit, spoliavit und 875
wurde namentlich Grado bedroht und die Inselstadt Comacchio ausgeplün-
dert s. meine Abhandlung über die Slawen in Dalmatien (Sitzungsber. der
Wiener Akademie XX, 403), aber diese Saracenen kamen von Creta. Wie
reimt sich dazu das von dem Scholiasten erwähnte Ligurien, das allerdings damals spanische Saracenen von Garde-Fraînet aus heimsuchten?
Irgend eine Verwechselung muss hier vorliegen.

durchbohrt und die Brüder Umfred [1] und Arduin (209, 223, 230),
sonst unbekannt, verschweigt aber welche Bischöfe sich wider
das Kirchengesetz den königlichen Heerscharen angeschlossen
hatten. [2]

[1] Valesius las diesen Namen irrig Wifred.　[2] Ein Beispiel eines
solchen ist Hevrard von Piacenza, für den die Kaiserin Ageltrude sich bei
Lambert verwendete, weil er, der in nostra expeditione cum suis saepis-
sime fideliterque sudabat, ab imperiali magnificentia debitum recompen-
sationis officium augustaliter decenterque iam iamque sortiri mereretur
(Campi Storia di Piacenza I, 473). Der strenggesinnte Atto von Vercelli
urtheilt (an Waldo, opp. p. 317): nam armis defendi, depraedatione vel
devastatione vindicari, praeda ditari vel homicidio vel detruncatione timeri,
non sacerdotum sed daemonum est. Desgleichen verwirft er (De pressuris ecclesiast. P. 1 p. 328) auf's entschiedenste den gerichtlichen Zweikampf
für Geistliche, quibus prohibitum est armatorum cuneis vel etiam publicis
spectaculis interesse.

Berengars Beziehungen zu Arnolf und Lambert.

Dass nach dem unglücklichen Ausgange der zweiten Schlacht mehrere Jahre hindurch Wido und Lambert, beide zu Kaisern gekrönt, allein regierten und ihr überwundener Gegner, nach Friaul zurückgeworfen, ohne alles Ansehen war,[1] verschweigt unser Dichter natürlich, um sich im dritten Buche sogleich zu den Unternehmungen von deutscher Seite zu wenden. Hatte er vorher nur auf ein Bündnis Berengars mit Deutschland leise hingedeutet (II, 104), statt zu melden, dass dieser im November oder December 888 zu Trient sich der Oberhoheit des deutschen Königs Arnolf unterwarf,[2] so sieht er den Zweck der von dorther erfolgten Züge nun auch lediglich in der seinem Helden zu gewährenden Unterstützung. Berengar leitet daher ihre Bewegungen. Seine Angaben über die erfolglose Sendung Zwentibalds, des späteren Königs von Lothringen, den er dem

---

[1] In dem Wahldekrete Widos (Leg. I, 555) heisst es von B.: illi superveniente perspicuo principe Widone bis iam fuga lapsi ut fumus evanuerunt vgl. meine Ostfränk. Gesch. II, 365. Bischof Wibod von Parma spricht in seinem vom 5. Juli 892 datierten Testamente (Affò Storia di Parma I, 311 flg.) nur von der marchia Berengarii. Aus dem J. 890 sind nur 2 in Verona ausgestellte Urk. B.s bekannt, aus dem J. 891 und 892 gar keine, von 893 eine von und für Verona (B 1294 — 1296). Darauf dass er sich auch dort nicht mehr sicher fühlte, scheint der Panegyrist (III, 14) hinzuweisen. Zu weit aber geht wohl die Angabe der Ann. Vedast. 888: cumque Berengerum e regno fugere compulisset, sowie Reginos: Berengarium regno expulit. [2] Ann. Fuld. 888. Der Ausdruck nilque ei antequaesiti regni abstrahitur ist allerdings sehr unbestimmt, doch spricht die Wahrscheinlichkeit für ein Vassallenverhältnis ähnlich dem Berengars II zu Otto s. meine Ostfränk. Gesch. II. 325.

Verse zu Liebe Sinbald nennt, gegen Pavia stimmen im Wesent-
lichen, nämlich darin, dass es zu einem wirklichen Kampfe mit
Wido gar nicht kam, mit Liudprands Berichte überein,[1] wenn
auch bei diesem die Begründung eine ganz andre ist. Ein andrer
als ein Zeitgenosse würde diesen mislungenen Versuch überhaupt
kaum erwähnenswerth gefunden haben.

Arg entstellt und am meisten geeignet, unser Vertrauen
völlig zu untergraben, ist die nachfolgende Erzählung von Arnolfs
Eingreifen in den italienischen Thronstreit. Seine beiden Rom-
fahrten aus den J. 894 und 895 bis 896, von denen freilich
nur die zweite an ihr Ziel gelangte, die erste schon in Piacenza
abbrach, werden in Eine zusammengezogen, auf der der deutsche
König, der Oberlehnsherr Berengars, in unwürdiger Weise fast
bloss wie ein abhängiges Werkzeug desselben handelt. Von den
Ereignissen dieser beiden Züge wird die Erstürmung und Plün-
derung von Bergamo (2. Febr. 894), die Entsetzen ringsum verbreitete und noch lange in der Erinnerung des Volkes haftete,
in völliger Uebereinstimmung mit den andern Quellen besungen,[2]
die ebenfalls das schreckliche Ende des Grafen Ambrosius her-
vorheben. Begründet ist auch, dass Wido das Feld räumte und
den deutschen Kriegern nirgend offen entgegen zu treten wagte.
Die Einnahme Roms (im Februar 896)[3] lässt der Dichter gegen

[1] Antap. 1 c. 20, 21. Hier stehen sich beide Heere gegenüber, aber
es kommt nur zu einem vereinzelten Zweikampfe zwischen Hubald und
einem Baier vgl. Dändliker in Büdinger's Untersuchungen zur mittl. Gesch.
1, 65. Der Bach Vernavola oder Vernacula, den Wido mit Pfählen befe-
stigte, spielte auch in der Schlacht von Pavia 1525 eine Rolle s. v.
Liliencron Histor. Volkslieder der Deutschen III, 426.   [2] S. meine
Gesch. des Ostfränk. Reiches II, 373 — 376; über die harte Behandlung
der Einwohner vgl. namentlich Liudprand. Antap. I c. 33, aber auch Ann.
Fuld. 894.   [3] Den von mir früher (Ostfränk. Gesch. II, 677) geliefer-
ten Beweis, dass Arnolfs fünfzehntägiger Aufenthalt in Rom in den Febr.
bis Merz 896 zu setzen ist, kann ich jetzt gegen die Zweifel von Gregorovius (Gesch. der Stadt Rom, 2. Ausg. III, 232) vervollständigen. Von
den beiden Urk. Arnolfs für S. Sisto zu Piacenza befindet sich die zweite
(B 1121) jetzt im Originale im Staatsarchive von Parma, wo ich sie
selbst einsah, ausgestellt von Wiching cancellarius ad uicem Teotmari archi-
capellani und zwar Data kalendarum mar(tiarum) die anno incarnationis
domini DCCCXCVI indictione XIIII anno imperii eius primo. Actum

die Geschichte ganz friedlich verlaufen, während doch die Mauern gewaltsam erstiegen werden mussten. [1] Sein Schweigen über die Kaiserkrönung des deutschen Barbaren [2] kann uns nicht befremden. Berengar, der in Wirklichkeit an der Eroberung Roms gar nicht betheiligt war und vielmehr sich auf einen offen feindlichen Fuss begeben hatte, [3] sollte eben um jeden Preis als der allein rechtmässige Herrscher hingestellt werden. Erleichtert wurde dies dadurch, dass der kaiserliche Schimmer seiner Gegner nach so kurzer Zeit wieder erblich.

Historisch richtig wird Widos natürlicher Tod gemeldet, den der Dichter durch die Berengarisch gesinnte Geistlichkeit erbeten werden lässt, aber durch die Verschmelzung der beiden Römerzüge Arnolfs ist dies Ereignis in einen falschen Zusammenhang gekommen, da es doch schon in den December 894 in die Mitte beider fiel. [4] Nur durch diese Verschiebung der Begebenheiten konnte sodann der Vertrag, [5] durch welchen Lambert und Berengar sich im J. 896 das obere Italien theilten, [6]

Rome in dei nomine feliciter amen, mit Bleibulle (das im Texte bei Campi ausgelassene Wort lautet hortatur). Die andre nicht mehr vorhandene Urk. (B 1120) hat wahrscheinlich schon Campi nur aus einer handschriftlichen Chronik entnommen, ihr Datum ist daher ohne alle Beweiskraft.   [1] Zuzugeben ist jedoch, dass der Widerstand kein sehr hartnäckiger war, weil der Papst mit seinem Anhange auf Arnolfs Seite stand s. meine Ostfränk. Gesch. II, 418.   [2] Auf der römischen Synode Johanns IX c. 6 heisst es später: illam vero barbaricam (sc. unctionem), quae per subreptionem extorta est, omnimodis abdicamus, von Arnolfs Krönung.   [3] Die andern Quellen erwähnen ihn nicht. Nach den Worten der Ann. Fuld. 896 aber: Perngarium ... a fidelitate sua defecisse et in Italiam iam per hoc reversum fuisse, war er (von Tuscien) in die Lombardei zurückgekehrt. Seine vorhergehende Unterwerfung meldet Herimanni Aug. chron. 895; vgl. Dändliker Liudprand in Büdingers Untersuch. z. mittl. Gesch. I, 71.   [4] S. Wüstenfeld in den Forsch. f. deutsche Gesch. III, 417, meine Ostfränk. Gesch. II, 381.   [5] Die auf Lambert bezüglichen Worte (v. 200): inualido comitante ministro, welche collectivisch zu fassen sind (vgl. III, 22, IIII, 135), hat Valesius offenbar ohne allen Grund auf seine Mutter, die Kaiserin Ageltrude gedeutet (a. a. O. p. 401 n. 41), die in dem Gedichte nirgend vorkommt, vielleicht weil sie zur Zeit seiner Abfassung noch lebte, denn sie starb erst nach dem 27. August 923 (Affò Storia di Parma I, 329).   [6] Ann. Fuld. 896 vgl. über den unmittelbar an den Tod des Kaisers Wido herangerückt werden. Dass hiebei unser Dichter die Rollen geradezu vertauscht und das unzweifelhafte Uebergewicht, welches Lambert behauptete, indem er seinem Gegner nur das Land östlich von der Adda [1] übrig liess, vielmehr seinem Helden beimisst, werden wir ihm als Lobredner zu gute halten müssen.

Wie man den Ort der Zusammenkunft der beiden Könige, Pavia, unserem Gedichte entnehmen darf, so sind nicht minder seine Andeutungen über eine Störung ihres freundschaftlichen Einvernehmens durch geheime Umtriebe wohl glaubhaft. [2] Lamberts plötzliches und vorzeitiges Ende auf der Jagd zu Marengo wird der Geschichte ganz entsprechend auf einen blossen Unglücksfall zurückgeführt, nicht, wie die Volkssage wissen wollte, auf einen Mord, denn es lag für den Dichter hier durchaus kein Grund vor, von der Wahrheit abzuweichen. [3]

Wenn es nicht gerade wahrscheinlich ist, dass, wie unsere Quelle will, nach dem Tode Widos viele von der Partei seines Sohnes zu der seines Gegners übergegangen seien, so erscheint es dagegen ganz begründet, dass der Unfall, der dem jungen Kaiser das Leben raubte, für den Augenblick alles unter Berengars Herrschaft vereinigte. [4] Von dem tuscischen Markgrafen

Zeitpunkt Lupi Cod. dipl. Bergom. I, 1057. Constantin überträgt in seinem verworrenen Berichte (De adm. imp. c. 26 p. 116) diesen Vertrag auf Ber. und Rudolf.

[1] A. a. O.: usque ad flumen Adduam quasi hereditario iure, weil Vater und Bruder den Kern desselben, Friaul, schon besessen hatten.

[2] Während die andern Urkunden Berengars aus diesen Jahren der Grenze der Adda entsprechen, urkundete er am 15. Febr. 898 zu Mailand auf Bitten des Erzb. Landulf (B 1305) und in einer Urk. Eberhards von Piacenza vom Aug. 898 wird sein zehntes Regierungsjahr gezählt (Campi Hist. di Piacenza I, 477), es liegt daher nahe an einen Zusammenhang Berengars mit der gescheiterten Verschwörung zu denken, zumal da nach den Ann. Fuld. sich Ber. schon 896 mit Adalbert verständigt hatte vgl. Lupi Cod. dipl. Berg. I, 1073. [3] Schon Köpke (De vita et scriptis Liudprandi p. 82) entschied im Anschluss an Muratori im obigen Sinne, es befremdet daher, dass Wüstenfeld (a. a. O. S. 417) die sagenhafte Auffassung, wie es scheint, retten will. Auch die Grabschrift deutet durchaus nicht auf einen Mord: sed talem quia non meruit gens impia regem, | subripit hinc sociis mors inopina suis. [4] Liudprand (Ant. I

Adalbert dem Reichen und seinem Genossen Hildebrand, die
der Verstorbene bei einem verunglückten Aufstandsversuche kürzlich in Haft gebracht hatte und sein Nachfolger in Freiheit
setzte, war es natürlich, dass sie sich diesem sogleich anschlossen. [1] Aber, da nunmehr kein andrer Thronbewerber aus dieser Familie mehr übrig war, die nur noch in dem Seitenzweige
der Grafen von Lecco [2] weiterblühte, so söhnte sich sogar Widos
Witwe Ageltrude mit Berengar aus und liess sich von ihm am
1. December 898 mit Brief und Siegel ihr gesamtes reiches
Witthum sowie die von ihr in den Grafschaften Assisi und Camerino gestifteten Klöster bestätigen [3] und seine Freundschaft sich
zusichern.

In demselben Zeitpunkt mag auch die Versöhnung des Königs
mit dem Manne gehören, dem Wido und Lambert als einem
ihrer zuverlässigsten Anhänger die Hut der neu begründeten
Mark Ivrea übertragen hatten, mit dem Franken Anskar. [4] Seinem jugendlichen Sohne Adalbert, dem Nachfolger des Vaters
in der Markgrafschaft, der durch Milde gegen die Armen sich
einen guten Namen gemacht, aber nachmals für ebenso listig

c. 43) sagt daher: His ita gestis rex Berengarius ampliori pristina dignitate regia honoratur.   [1] In Lucca wurde Ber. erst nach Lamberts Tode anerkannt s. (Barsocchini) Memorie di Lucca V^b p. XVI. Eine Urk. des Abtes Petrus
von Montamiata datiert: regnante domno Berinchario rex post obitum
Lanberto imperatore in Italia anno secundo mense september intrante
duodecimo die indict. secunda.   [2] S. über diesen Wüstenfeld a. a. O.
S. 421.   [3] S. die durch Vermittelung von B.s Erzkanzler, dem Bischof
Petrus von Padua ausgestellte Urk., an die sich noch ein besonderes
Gelöbnis schliesst bei Muratori Ant. It. VI, 337, Leg. I, 565 (B 1307).
   [4] Anskars Todesjahr ist zweifelhaft: er wird zuletzt in einer Urk.
Lamberts für Bobbio vom 25. Juli 896 genannt (dilectissimus marchio
noster atque fidelissimus comes Anscharius, Mon. hist. patr. 1, 87) und
vielleicht in einem Briefe Johanns IX von 899 (J 2704). In einer zu
Vercelli am 21. April 902 ausgestellten Urk. Ludwigs III erscheint dagegen Adalbertus marchio filius quondam Anscherii als Fürbitter (Hist. patr.
mon. I, 103) und in demselben J. sitzt in civitate Vercellis derselbe Adelbertus comes et marchio ipsius civitatis zu Gericht, um über eine Freilassung zu entscheiden (Tiraboschi Storia di Nonantola II, 85). Wenn
wir die Worte des Dichters: nec Gallos abicit (III, 210) auf Anskar zu
deuten haben, so wäre die Versöhnung mit ihm schon 896 erfolgt.

wie unzuverlässig galt, vermählte Berengar seine ältere Tochter
Gisla,[1] die in ihrer früh durch den Tod geschiedenen Ehe den
späteren König Berengar II gebar. So schien am Schlusse
des Jahrhunderts endlich für das vielgeprüfte Italien eine Zeit
beglückenden Friedens gekommen zu sein, aber der innere Zwie-
spalt verstummte nicht.[2]

[1] Liudprand. Ant. II c. 33, 56, V c. 4. König Hugo erwähnt in
einer Urk. vom 24. Juli 929 einen Hof Pollicinum, quam a Gisla eidem
Adelberto evenit (Monum. hist. patr. I, 135). Eine Urk. Berengars vom
J. 913 oder 914 für das Domcapitel von Vercelli ist erlassen peticione
Adelberti gloriosissimi marchionis et dilectissimi generi nostri (Mandelli
il Comune di Vercelli III, 53). Als eine Verstorbene erscheint Gisla in
einer merkwürdigen Urk., in der Ber. dem Grafen und Abte Robert von
Tours die italienischen Güter dieses Klosters per fidelem nostrum nomine
Adalbertum bestätigt und zwar als eleemosynam praelibati Adalberti marchionis nostri suaeque quondam uxoris Gislae nostrae prolis, wahrscheinlich vom 15. Febr. 915 (s. den Auszug bei Phil. Labbé Eloges histor.
p. 492, Bouchet la vérit. origine de la maison de France I preuv. 264,
wo das Datum richtiger angegeben ist, denn es kann nicht 895 sein;
Chron. Turonense bei Martene Coll. ampliss. V, 979). Vielleicht gehört
hieher auch eine Urk. für S. Giovanni zu Pavia vom 22. Juni 909 (Robolini Notizie II, 164), in der für Adelardum illustrem marchionem dilectis-
simum fidelem nostrum nur Adelbertum oder Odelricum verbessert werden
könnte. Dass Berengar II (Berengarius nepos et missus domni et gloriosissimi Berengarii serenissimi imperatoris avio et senior eius, qui in comitatu Mediolanense ab ipso imperatore missus esset constitutus tamquam
comes et missus discurrens) im April 918 in Mailand Gericht hält (Muratori Ant. It. I, 455), lässt seine Geburt um 900 vermuten. Die Aebtissin Berta wird von Berengar II ganz richtig amita genannt (B 1430).

[2] Von der Schlacht an der Brenta, 24. Sept. 899, berichtet Liudprand (Antap. II c. 15): nonnulli plane Hungariis non solum pugnam non
inferebant, sed ut proximi caderent anhelabant .. quatinus dum proximi
caderent, soli ipsi quasi liberius regnarent.

Ludwigs III Sturz und Berengars Kaiserkrönung.

Von dem kurzen Sonnenblicke, den die allgemeine Aner-
kennung nach dem Tode Lamberts über Berengars Regierung
verbreitete, wendet sich der Dichter im vierten Buche zu den
neuen Gefahren, welche der junge König Ludwig von Burgund,
der Sohn Bosos und durch seine Mutter Irmingard der Enkel
Kaiser Ludwigs II, über Italien heraufbeschwören sollte. Wie
vorher die beiden Züge Arnolfs, so werden auch die Ludwigs
zu einem verschmolzen. Von seinem längeren Aufenthalte und
seiner fast unbestrittenen Herrschaft in den Jahren 900 bis 902
ahnen wir ebenso wenig [1] wie von seiner Kaiserkrönung, obgleich
dieselbe durch den Papst Benedict mit aller Feierlichkeit und
im Beisein zahlreicher Bischöfe vollzogen wurde. [2]

Die Schuld an dem Auftreten Ludwigs wird von dem Dichter der Markgräfin Bertha von Tuscien, Lothars II Tochter,
einer höchst ehrgeizigen Frau von durchaus männlichem Charakter
beigemessen. [3] Ihren Gemahl Adalbert, der auch früher im

---

[1] Der erste Aufenthalt Ludwigs lässt sich nur durch die Urkunden
(B 1455—1469) als von Mitte October 900 bis mindestens Mitte Mai 902
reichend feststellen, wozu die Ann. Alamann. 900, 901 stimmen, während
Regino, der allein von Kämpfen weiss (plurimae congressiones fiunt) sein
erstes Auftreten und seine Kaiserkrönung ganz irrig in die J. 896 und
898 verlegt. Am 17. Juli 902 urkundete Berengar wieder palatio Ticinensi quod est caput regni nostri (B 1818). [2] Den Zeitpunkt bestimmt
eine in dem Palasto bei St. Peter vor violen Fürsten und Bischöfen (darunter sogar Arding von Brescia, Berengars Erzkanzler) im Febr. 901 ausgestellte Gerichtsurkunde (B 1460). [3] Berthas männlichen Geist
bezeugt ausser Liudprand (Antap. I c. 39, 41, II, 36, 39, 55, III, 46)
namentlich auch ihre Grabschrift (Fiorentini Memorie di Matilda p. 396),
worin es v. 9 flg. heisst: Permansit felix, seclo dum vixit in isto, | non
inimicus eam vincere praevaluit. | Consilio docto moderabat regmina

Ganzen mehr auf der Seite Widos und Lamberts, seiner Ver-
wandten, gestanden hatte,[1] erblicken wir in der That gleich
zu Anfang in seiner Umgebung.[2] Nach Liudprand dagegen
hätten Adalbert und Bertha erst die Wiederkehr Ludwigs im
J. 905 veranlasst und wäre vielmehr Berengars eigener Schwiegersohn, der Markgraf Adalbert von Ivrea, der Urheber seiner
ersten Berufung,[3] wie er später den König Rudolf von Burgund
ebenfalls einlud. Bei der bitteren Abneigung Liudprands gegen
Berengar II, die er auch auf dessen Vater überträgt, ist jedoch
seine Nachricht hier von sehr zweifelhaftem Werthe, obgleich
allerdings Adalbert, wie alle übrigen italienischen Grossen, sich
nachmals an Ludwig anschloss.

Ohne auf die übrigen Umstände von Ludwigs kurzem Kai-
sertraume näher einzugehen, berichtet unser Gedicht fast nur
von dem kläglichen Misgeschicke, welches ihn im Juli (vielleicht

multa u. s. w. Constantin (De admin. imp. c. 26 p. 115, 118) nennt sie
τὴν μεγάλην Βέρταν und spricht von ihrer Regierung.

[1] S. über diese Verwandtschaft Wüstenfeld a. a. O. S. 407, es erklären sich daraus die Namen Wido und Lambert für die Söhne Adalberts II.
Ueber sein Verhältnis zu Wido s. meine Ostfränk. Gesch. II, 364, 368,
416.   [2] Gleich Ludwigs erste Urk. vom 12. Oct. 900 wird erbeten
per Adelbertum illustrem Tusciae marchionem dilectum fidelem nostrum,
als Fürbitter erscheint am 11. Merz 901 Adalbertus inclytus murchio, um
1. Juni Adalbertus illustrissimus marchio noster dilectissimus consiliarius
für seinen Getreuen Adalrich in der Grafschaft Chiusi, endlich am
11. Febr. 902 Adalberto ac etiam Sigefredo ducibus für Nonantola (B 1455,
1462, 1467; Forschungen z. d. Gesch. IX, 448). In der ersten und dritten Urk. ist sicher, in der zweiten und vierten, in der Adalbert ebenso
wie in der ersten neben dem Pfalzgrafen Sigifrid auftritt, wahrscheinlich
der tuscische Markgraf gemeint.   [3] Antap. II c. 32 — 36. Dass Adalbert von Ivrea Ludwig anerkannte, der zweimal (23. Mai 901, 17. April
902) zu Vercelli urkundet, geht aus den oben (S. 34) angeführten, auf
seine Mark bezüglichen Urk. hervor. Regino a. 896 sagt unbestimmt: a
Langobardis invitatus. Eine einflussreiche Rolle spielte nach den seltenen
Erwähnungen Adalbert unter Ber. später nicht, auch entfremdete er sich
ihm wohl durch seine zweite Vermählung mit Ermengarda, der Tochter
Adalberts von Tuscien (Liudprand. Ant. II c. 56, IV c. 7, V c. 4). In
einer Urk. Rudolfs vom 5. Dec. 924 erscheint Hermingardis nobilissima
comitissa et filii eius Berengarius et Ascerius incliti comites als Fürbitter
(Mon. hist. patr. I, 123).

am 21.) 905 zu Verona betraf, von der Blendung, die aller
seiner Herrlichkeit ein jähes Ende bereitete. [1]   Wir wissen sonst
nichts von dem angeblichen Fieber Berengars um diese Zeit,
das wohl seine augenblickliche Ohnmacht erklären soll.   Darin
dass die grausame Strafe gegen den Willen des Königs lediglich
durch seine Kriegsgefährten vollstreckt worden sei, die den arg-
losen Kaiser auf der Burg überrascht hatten, zeigt sich unser
Dichter offenbar als Schmeichler. [2]   Von seiner guten Kenntnis
aber zeugt der urkundlich zu belegende Umstand, [3] dass er einen
Priester Johann Kurzhose wegen seines Abfalles zu Ludwig ergrif-
fen und hingerichtet werden lässt.   Der Antheil Adalberts von
Ivrea an der Vertreibung des burgundischen Heeres ist zwar
sonst nicht bezeugt, [4] aber der Lage der Dinge nach jedenfalls

---

[1] Ueber das Jahr der Blendung, welches Regino richtig angibt,
irren die Ann. Alamann., die sie 902 ansetzen vgl. übrigens meine Ostfränk. Gesch. II, 534.   Galvaneus Flamma (Manipul. flor. c. 129; Muratori
Scr. rer. Ital. XI, 604) sagt: de nocte per muros urbis Veronae producitur
XII. kal. aug., vielleicht ein richtiges Datum.   Durch den von Regino
erwähnten Cometen, den auch die Ann. Florino. (Scr. II, 254) in den
Mai 905 setzen, wird, wie schon Lupi bemerkte, dies Jahr noch mehr
gesichert, vgl. auch Ann. S. Columbae Senon. (Scr. I, 104), wo für 909
905 zu lesen ist.   Bei der Nähe der bairischen Grenze von Verona aus
(jenseit Trient) wäre ein vorübergehender Aufenthalt Berengars in Baiern,
wie Regino ihn meldet (in Baioaria exulabat) doch recht wohl denkbar
trotz der Zweifel Lupi's (Cod. dipl. Berg. II, 52).   Der Schauplatz der
That, die Peterskirche auf dem Verona überschauenden Schlossberge, wurde
z. Th. durch Napoleon z. Th. durch die Oestreicher 1848 zerstört.
[2] In ähnlicher Weise lassen die Ann. Fuld. 894 den Grafen Ambrosius
prae furore iudicio exercitus ohne Zuthun Arnolfs erhängt werden.
[3] Vgl. Muratori Annali d' Italia z. J. 905, wo dieser Zusammenhang
zuerst erkannt ist.   In einer Urk. vom 3. Aug. 905 für S. Zeno zu Verona
bezeugt Ber.: Iohannem quemdam, cui (corr. qui) alio nomine Bracca - curta
vocitabatur, nostre olim fidelitati offensum, in qua etiam perdurans com-
prehensus est et multatus, cuius res omnisque substantia legali iudicio
nostre fuit ditioni subiecta: qui suo regi est infidelis convictus iuxta san-
citam legem res eius infiscentur et anime sue incurrat periculum (B 1337).
[4] Nur den Markgrafen von Ivrea, auf den die jugendlichen Jahre
passen, konnte der Dichter meinen, indem er nach einer nicht ungewöhn-
lichen Verwechselung unter den Apenninen die penninischen Alpen versteht.   Nach Regino war Ludwig absoluto itaque exercitu cum perpaucis
nach Verona gekommen.

nicht unwahrscheinlich, weil ihm gerade die Hut der Grenze gegen Burgund oblag.

Der zweite Theil des vierten Buches besingt Berengars Kaiserkrönung durch die Hand Johanns X, welche den naturgemässen Abschluss einer längeren anerkannten Alleinherrschaft bildete. Die Markgräfin Bertha, nicht, wie man diese Stelle früher fälschlich auslegte, die Saracenen in ihrem Raubneste am Garigliano, [1] mit denen Berengar nie die mindeste Berührung gehabt hat, hatte ihn bisher daran gehindert. Diese Nachricht findet ihre Erläuterung darin, dass kurz zuvor der Markgraf Adalbert gestorben war [2]: sein Sohn Wido, Berengars Taufpathe, der ihm nachfolgte, scheint diesem alsbald den Weg nach Rom eröffnet zu haben, obgleich der König in feindlichem Mistrauen ihn samt seiner noch immer sehr einflussreichen [3] Mutter später in Mantua eine Zeitlang gefangen setzte.

Die Schilderung des festlichen Empfanges durch die Römer und der Krönung Berengars selbst macht ganz den Eindruck, als ob der Dichter hier als Augenzeuge spräche. [4] Mit dem, was wir sonst von ähnlichen Festlichkeiten wissen, stimmt der Zug an dem Monte Mario vorbei [5] und über die Neronische Wiese,

---

[1] So Valesius (Muratori Scr. II ª, 405 n. c. 26), Leibniz, Pertz.

[2] Adalbert starb am 17. Aug., wahrscheinlich 915, jedenfalls nicht später, denn am 8. Dec. bezeugt Ber., dass er filiolo nostro Widoni glorioso marchioni cenobium domini Saluatoris in monte Amiate constitutum ad regendum übergeben (Forsch. z. d. Gesch. X, 289, erwähnt von Gregorovius Gesch. d. Stadt Rom III, 279 2. Ausg., der aus dem Taufpathen irrig einen Sohn macht), vgl. Liudprand. Antap. II c. 55. Hicmit stimmt es gut überein, dass Ber. auf dem Zuge nach Rom am 10. Nov. 915 bei Lucca, der Hauptstadt der Mark Tuscien, einen Rechtsstreit durch Odelrich entscheiden lässt (Barsocchini Memorie di Lucca Vᶜ, 87). [3] Nur hymenei exercitio dulcis, wie Liudprand meint, kann sich dieser Einfluss damals nicht mehr gestützt haben, da Berthas Vater 869 starb und sie selbst schon 880 vermählt war. [4] Schon Valesius bemerkte (Muratori a. a. O. 375): ut ipsummet his rebus adfuisse non dubitem. Zur Erläuterung hat er in seinen Noten (p. 407 — 412) ein reiches Material beigebracht, vgl. auch Gregorovius Gesch. der Stadt Rom III, 277.

[5] Von Heinrich V heisst es im J. 1111 (Leg. II, 68): altero die obviam ei domnus papa misit in montem Gaudii, qui et mons Malus dicitur, signiferos cum bandis, scriniarii, iudices et stratores. Petrus Diaconus (Chronic.

die Begrüssung durch Adel [1] und Bürgerschaft mit ihren Bannern und die Lobgesänge, an denen sich auch die Griechengilde betheiligt. [2] Der Ruhm der Weisheit oder Gelehrtheit, der bei diesem Anlass Berengar beigelegt wird, lässt sich zwar sonst nicht näher erweisen, doch würde uns gerade dieser Vorzug wenig befremden, da sein Vater, der Markgraf Eberhard, nicht wenige Bücher besass [3] und den Umgang gelehrter Männer liebte und suchte.

Der weitere Hergang, abgesehen von dem eigenthümlichen Zuge, dass Berengar auf einem päpstlichen Rosse vorreitet, entspricht gleichfalls ganz dem Herkommen: so namentlich der Empfang durch den Nachfolger Petri, das Gelöbnis vor den Pforten der Kirche, [4] sowie später die urkundliche Bestätigung aller Lande des h. Petrus, [5] nachdem unter dem Zurufe der Menge an dem auf den Einzug folgenden Sonntage Salbung und Krönung vorangegangen, für welche ganz richtig auf das Vorbild der Hebräer verwiesen wird. Die Darbringung kostbarer Geschenke durch den Neugekrönten fand u. a. auch bei der Salbung Karls des Gr. und Karls des Kahlen statt und nicht minder hören wir

monast. Casin. IV c. 37) nennt bei dieser Gelegenheit: aquiliferos, leoniferos, lupiferos, draconarios. Unter Benedict III kommt 855 eine kaiserliche Gesandtschaft trans Milvium pontem und per Neronis campum nach Rom (Gesta pontific. ed. Blanchini I, 397).

[1] Vgl. über den römischen Senat dieser Zeit Hegel Gesch. der Städteverfassung Italiens I, 278 flg.   [2] Von dem Empfange Ludwigs II 844 unter Sergius heisst es (Gesta Pontificum ed. Blanchini I, 350): dum urbi pene unius milliarii spatio appropinquasset universas militiae scholas una cum patronis direxit. Dignas nobilissimo regi laudes omnes canentes aliosque militiae doctissimos Graecos imperatorias laudes decantantes cum dulcisonis .. vocibus ipsum regem glorioso susceperunt; von Arnolf 896 (Ann. Fuld. 896): omnis namque senatus Romanorum necnon Graecorum schola cum vexillis et crucibus ad pontem Milvium venientes regem honorifice cum ymnis et laudibus suscipientes ad urbem perduxerunt; von Heinrich V (a. a O.): in porta a Graecis cantando exceptus est.   [3] Ueber diese belehrt uns sein Testament s. Jahrb. für vaterl. Gesch. I, 178.
[4] Giesebrecht (Gesch. der deutschen Kaiserzeit I, 829) bemerkt mit Recht, dass Ludwig II zuerst ein solches Versprechen leisten musste.   [5] Ueber den vermutlichen Inhalt dieser Urk., die wahrscheinlich mit der Ottos I im J. 962 übereinstimmte, s. Ficker Forschungen zur Rechtsgesch. Italiens II, 356.

sonst von einem nachfolgenden Festmahl im Lateran. [1] Bekannt ist endlich auch anderweitig der Bruder des Papstes Johanns X Markgraf Petrus, der nachmals durch einen Bund mit den Ungern den Unwillen des römischen Volkes so heftig gegen sich erregte, dass er in einem Aufstande den Tod fand, [2] sowie der Consul Theophylactus, der Gemahl Theodoras und der vornehmste Mann des römischen Adels. [3] Das noch ganz frisch in der Erinnerung fortlebende Ereignis der Kaiserkrönung Berengars vertrug am wenigsten künstliche Ausschmückungen und Entstellungen.

[1] Vgl. Thietmari Chron. VII c. 1, Henzo Albens. ad Heinric. l. I c. 9 (Scr. XI, 603).   [2] Liudprand. Ant. III c. 43, Benedicti chron. c. 29 (Scr. III, 714): Petrus marchiones vgl. Gregorovius Gesch. der Stadt Rom III, 292.   [3] S. Düret in Kopp's Geschichtsblättern I, 302, Gregorovius a. a. O. III, 263 flg.

Geschichtlicher Werth der Gesta Berengarii.

Zu den auffallenden Mängeln unseres Gedichtes, sobald man es als Geschichtsquelle betrachtet, gehört seine Nachlässigkeit und Ungenauigkeit in den Zeitbestimmungen. Nachdem es zuerst mit einem leicht verzeihlichen Irrthume die Thronbesteigung Berengars auf den Tod Karls III hat folgen lassen,[1] obgleich sie sicher noch bei dessen Lebzeiten stattfand, soll (I, 127) kaum ein Jahr im Frieden bis zum ersten Einbruche Widos verflossen sein. Da die Krönung des letzteren zu Langres aber schon etwa Anfang Merz 888 sich zutrug, so kehrte er wahrscheinlich im Beginne des Sommers nach Italien zurück und die Schlacht bei Brescia, für welche er noch keine umfassenderen Rüstungen gemacht hatte, wurde schwerlich später als im October geliefert.[2] Die folgenden Ereignisse bleiben ohne jede Zeitangabe, namentlich die in den Januar oder Februar 889 zu setzende zweite Schlacht[3] und der durch mehrere Jahre davon getrennte Zug Zwentibalds.

---

[1] Die Behauptung Dändlikers (a. a. O. S. 63, 131), der Dichter habe, ebenso wie Liudprand, Karl II und III verwechselt, ist ohne jeden Beweis hingestellt und scheint mir ganz grundlos. Von geringem Gewichte ist der Catalog. imperat. (Scr. III, 218): Berengarius rex post mortem Caroli regnum sortitus est Italicum.   [2] S. meine Ostfränk. Gesch. II, 316 A. 47 und über die Schlacht S. 325. Für letztere bildet das darauf folgende Zusammentreffen mit Arnolf in Trient (zwischen 8. Nov. und 25. Dec.) eine Zeitgrenze.   [3] Ein Jahr geben für diese nur die Ann. Alamann. 889: Alium bellum inter Widonem et Berengarium. Zur näheren Bestimmung dient der nach Erchempert (c. 82) bis zum 6. Januar geschlossene Stillstand und das Wahldekret Widos, das freilich nur unsicher Mitte Februar 889 angesetzt wird (Ostfränk. Gesch. II, 365 A. 8).

Nach der Heimkehr des letzteren, heisst es dann wieder (III, 47), sei kaum ein Vierteljahr verflossen, so habe Wido seine Angriffe erneuert und dadurch König Arnolf selbst zur Hülfsleistung bewogen. Da Zwentibalds Zug wahrscheinlich in den Sommer 893 fällt,[1] Arnolf aber im Januar 894 aufbrach, so dürfte die obige Angabe ungefähr richtig sein. Von der Verschiebung der daran sich schliessenden Begebenheiten, der Einnahme Roms durch die Deutschen und des Hinscheidens Widos ist oben schon die Rede gewesen.

Von dem Abschlusse des Friedens zwischen Berengar und Lambert, von dessen früherer Mitregentschaft der Dichter, ebenso wie der Chronist Regino von Prüm, nichts zu wissen scheint, bis zum Tode des jungen Kaisers sollen ferner kaum drei Sommer verflossen sein (III, 249). Wenn jene Abkunft vermutlich in den Sommer 896, einige Monate nach Arnolfs Abzug zu setzen ist,[2] Lamberts Ende in den October 898, so vergiengen allerdings mindestens über zwei Jahre zwischen diesen beiden Ereignissen.

Von dem Beginne der Alleinherrschaft Berengars bis zu dem Zuge Ludwigs nach Italien rechnet der Dichter (IIII, 1) kaum vier Sommer. Jedenfalls mit Unrecht, denn Ludwigs erstes Auftreten ist gerade nur durch zwei Jahre von dem Tode Lamberts getrennt, seine spätere Wiederkehr und Blendung aber durch beinahe sieben Jahre, so dass es für keines von beiden Ereignissen passen will. Davon endlich dass mehr denn zehn Jahre von diesem Wendepunkte bis zur Kaiserkrönung verliefen, empfindet der Leser nichts. Unzweifelhaft hat also unser Dichter, wie es sein Recht war, sich um die genaue Zeitfolge sehr wenig gekümmert und seine wenigen Zahlen auf gut Glück gewählt.

Noch betrübender als dieser Mangel ist für uns die gleiche Sparsamkeit an genaueren Ortsangaben. Mochte auch Berengars Wirkungskreis ein sehr enger sein und er selten seinen Aufent-

---

[1] Köpke (De vita Liudprandi p. 70) hat nach den Worten der Ann. Alaman. 893: Alamanni in Italiam diesen Zeitpunkt bestimmt, den schon Lupi (Cod. Berg. I, 1015) annahm. [2] S. Lupi Cod. diplom. Berg. I, 1057.

halt ausserhalb der Lombardei wählen, so bleibt es doch befremdlich, dass der Dichter überhaupt von allen Oertlichkeiten Italiens
nur die Städte Pavia, Verona, Bergamo und Rom nennt und
nur die Lage der beiden ersten an Tessin und Etsch genauer
bezeichnet. Die zwei Schlachtfelder seines Helden aber, wie
ausführlich er auch auf Einzelheiten des Kampfes eingeht, bleiben völlig im Dunkel,[1] so lebhaft man gerade darüber Aufklä-
rung erwartete und somit fehlt der ganzen Schilderung die feste
Unterlage.

Wenn durch diese Vernachlässigung der äusseren Bedingun-
gen die ganze Erzählung etwas Unbestimmtes erhält, so sucht
das Gedicht die fehlende Anschaulichkeit von einer andern Seite
her wieder einzubringen, indem es, seinen antiken Vorbildern
nacheifernd, uns durch die den handelnden Personen in den Mund
gelegten Reden in deren Seelen blicken lässt. Eine eingehen-
dere Betrachtung lehrt freilich leicht, dass gerade diese Stücke
die am wenigsten geschichtlichen des ganzen Werkes sind, dass
in ihnen lediglich die Beweggründe und Absichten hervortreten,
die der Verfasser seinem Zwecke gemäss in die Begebenheiten,
welche er auswählte, hineinlegen wollte. Es ist daher bezeich-
nend, dass der letzte Abschnitt des Gedichtes, die römische
Krönung, welche am meisten geschichtlichen Werth hat, ausser
den Zurufen der Volksmenge gar keine Anreden enthält.

Von ganz falschen Voraussetzungen geht, wie schon angedeutet wurde, gleich im Anfange die von Karl III an seine Grossen
auf dem Sterbebette gerichtete Rede aus, durch welche er Berengar als dem würdigsten die italienische Krone vermachte, da
doch in Wahrheit der entthronte Kaiser zu Neidingen in völliger
Verlassenheit starb. Sachgemässer sind die nachfolgenden auf
den Gegensatz der beiden Thronbewerber sich beziehenden

---

[1] Meine frühere Vermutung (Ostfränk. Gesch. II, 365 A. 6), dass
II, 125 eine Anspielung auf Hannibals Sieg an der Trebbia enthalte,
muss ich jetzt der Glosse gegenüber zurücknehmen. Schwerlich wusste
auch der Dichter Genaueres von der Geschichte Hannibals, auf den er
indessen I, 129 anspielt (wahrscheinlich nach Juvenal Sat. X, 153). Als
einziger Zeuge für den Ort der zweiten Schlacht bleibt Liudprand (Antap.
l c. 18) übrig, ein etwas unsicherer Gewährsmann.

Aeusserungen, aber es sind auch hier freilich gewisse Farben, wie die mutige Standhaftigkeit des Helden, sein latinisches Nationalgefühl und seine stolze Würde nach errungenem Siege viel zu stark aufgetragen, ebenso wie die ohnmächtige Wut, der verbissene Ingrimm von der andern Seite. Die zweite Schlacht gibt zu einigen aufstachelnden Spott- und Hohnreden Anlass, wie sie bei derartigen Gelegenheiten üblich und schicklich sind. In solchen Worten gibt mit den Dichtern übereinstimmend gern auch die Volkssage ihre Auffassung der Begebenheiten wieder. [1]

In dem dritten Buche tritt als ausdrücklich ausgesprochener Beweggrund für den Römerzug Arnolfs nur seine Freundschaft für Berengar hervor, die es nicht dulden will, dass dieser immer auf's neue den Angriffen des Gegners ausgesetzt werde. Die wiederholten päpstlichen Einladungen und die eigenen Absichten des deutschen Herrschers treten hiebei völlig in den Hintergrund. Ganz besonders unpassend ist nach der Einnahme Roms die freundliche Aufforderung Berengars an Arnolf, nun nach vollbrachtem Werke friedlich heimzukehren und ihm die weitere Bekämpfung des Feindes zu überlassen, denn eben damals hatten beide sich völlig überworfen und Arnolf trachtete als Kaiser nach der ausschliesslichen Beherrschung Italiens, die nur in Folge seiner plötzlichen Erkrankung ihm entgieng. Nicht minder unstatthaft aber muss die letzte Ermahnung des sterbenden Wido an seinen Sohn erscheinen, die nur durch die Verrückung der richtigen Zeitfolge zum Grunde der Aussöhnung Lamberts mit Berengar gemacht werden konnte und sicherlich seinem Charakter wenig entsprechen würde. Das Gespräch Berengars mit seinen Mannen endlich, die zur Belagerung von Verona eilen,

---

[1] Hieher gehören u. a. die geringschätzigen Worte, durch welche nach Liudprand Burchard von Schwaben seinen eigenen Untergang herbeiführte (28. April 926). Der innere Zusammenhang, den Dändliker (u. a. O. S. 46) zwischen dem Spotte über die Mauern von Mailand und dem Falle in den Graben von Novara herausklügelt, scheint mir sehr gesucht. Waitz (Jahrb. Heinrichs I S. 87) hätte dies Ereignis nicht in die Nähe von Ivrea verlegen sollen, da die Ueberschrift von III c. 15 ausdrücklich Novara nennt und dort noch jetzt eine Kirche von San Gaudenzio sich befindet, überdies hätte ja in Ivrea Rudolf seinem Schwiegervater zu Hilfe kommen können.

bezweckt die Schuld der Blendung Ludwigs diesen allein zur
Last zu legen, wobei es nur befremdlich ist, dass von dem
vorangegangenen Wortbruche [1] desselben durchaus nichts erwähnt
wird. Alle diese Reden, welche nach epischer Weise die auf-
tretenden Personen unter einander wechseln, darf man daher
als freie Erdichtungen behandeln, wie sie es ja bei Liudprand
und andern Geschichtschreibern oft nicht minder sind.

[1] Von diesem Eide, ut .. aliquibus promissionibus accitus amplius
in Italiam non veniret erzählt nur Liudprand (Ant. II c. 35 vgl. 36, 41),
nach dem er in das J. 902 gesetzt werden müsste. Einen ganz gleichen
Eid soll nach Constantin (De admin. imp. c. 26 p. 117) Ber. später dem
Grafen Hugo von Vienne und seinen Gefährten abgenommen haben bei
einem verunglückten Zuge, den man nach seinem Berichte etwa in das
J. 923 setzen müsste.

Würdigung der Regierung Berengars.

Wenden wir uns von dem glänzenden Bilde, welches der Dichter, freilich nur in ganz allgemeinen Umrissen, von seinem Helden entwirft, der geschichtlichen Wirklichkeit zu, so zeigt uns diese an dem Kaiser Berengar nur wenig Vorzüge, die ihn des Lobes der Nachwelt würdig erscheinen lassen. Einen nationalen König kann man ihn seiner fränkischen Abkunft halber doch schwerlich nennen. Stützte sich sein Gegner Wido vornehmlich auf westfränkischen Beistand, so würde er dafür Italien unter ostfränkische Herrschaft gebracht haben, deren Anhänger er von Altersher gewesen, wenn nicht ohne sein Verdienst Arnolfs langes Siechthum und die nachfolgende Schwäche seines Reiches dies Schicksal damals noch abgewendet hätte. Wie schon im J. 878 Bischof Anton von Brescia klagt,[1] dass die Bewohner Italiens die Beute bald dieser, bald jener wären, so liefert Berengars und seiner Nachfolger Regierung den klaren Beweis, dass die Apenninenhalbinsel ebenso unfähig war, aus sich selbst heraus eine starke Staatsgewalt zu begründen, als ohne den äussersten Zwang eine solche zu ertragen. Der

---

[1] Formulae Salomonis 40 (s. mein Formelbuch des Bischofs Salomo S. 47): nos habitatores Italiae vel potius inquilini seu, quod potissimum veritas ipsa testatur, praeda nunc horum nunc illorum u. s. w. Die Untreue seiner Landsleute rügt Atto von Vercelli (opp. ed. Burontius p. 315): sed nunc rebelles milites resistere domino suo manu armata non formidant eumque expellere a regni solio omnimodis laborant und ermahnt Waldo von Como zur Treue. Weiterhin wünscht er (320): secundi quoque ordinis milites ita nos admonere oportet, ut divina iugiter mandata custodiant suique regis fidelitatem, quam iurando promiserant, inviolabilem teneant, also schon hier die niederen Vassallen vgl. v. Giesebrecht Gesch. der d. Kaiserzeit I, 848.

Wankelmut der Italiener selbst, ihr untreuer, unzuverlässiger
Sinn trugen daran die Schuld. Fremde waren Ludwig der Blinde
und Rudolf II, Hugo, der sich am längsten im Sattel zu halten
wusste und Berengar II. Nur durch die gleiche Zerrissenheit
des deutschen Reiches wurde das Land längere Zeit vor einem
Einbruche nordischer Heere gesichert, denen es stets wehrlos
offen lag.

Muss man die Zähigkeit anerkennen, mit der Berengar sein
Leben einsetzend in vielen blutigen Kämpfen [1] um die Krone
rang und sie zeitweilig behauptete, so blieb dieser Besitz doch
stets ein sehr schwankender und bestrittener. Es fehlte nie an
Misvergnügten und Verschwörern,[2] da selbst ein so naher Vertrauter des Königs wie der Markgraf Odelrich sich zuletzt seinen
Widersachern zugesellte.[3] Sein Leben endete er nicht nur als
entthronter Fürst, sondern durch Verrath seines eigenen Taufpathen Flambert gerade in der Stadt, die ihm sonst stets die
treueste und liebste gewesen war.[4] Allerdings trauerten dort
viele um seinen Tod und hielten sein Blut für ein unschuldig

---

[1] Widos Wahl fand statt post bella horribilia cladesque nefandissi-
mas (Leg. I, 554 vgl. Flodoardi Hist. Rem. IV c. 2); Regino a. 888:
ex qua dissensionum controversia tanta strages ex utraque parte postmodum facta est tantusque humanus sanguis effusus, ut .. regnum .. deso-
lationis miseriam pene incurrerit; a. 905 (Scr. I, 598, 611): tandem itaque Berengarius regnum Italiae multis caedibus cruentatum infaustis infor-
tunatisque proeliis diu quaesitum cum huiuscemodi triumpho obtinuit;
Liudprand. Antap. II c. 66: tanta quippe tunc interfectorum strages facta
est, ut militum usque hodie permagna raritas habeatur von der Schlacht
bei Fiorenzuola 17. Juli 923, in der nach Flodoards Annalen freilich nur
1500 Mann fielen.   [2] In einer Urk. Berengars vom 19. Sept. 913
(de Dionysiis De Aldone et Notingo p. 98) wird berichtet, qualiter Adelardus et suus homo Ingelbertus qui etiam Plantardus dicitur uniti cum
infideli nostro Bosone et de nostra infidelitate tractantes inventi sunt.
weshalb er alle Güter eiusdem Adelardi et sui hominis Himonis .. et Ingel-
berti Plantardi seinem Getreuen Meingaus übergibt.   [3] Die Untreue
Odelrichs wird von Dändliker (a. a. O. S. 55) mit Unrecht angezweifelt,
denn in Rudolfs Urk. konnte er deshalb nicht mehr vorkommen, weil er
durch die Ungern seinen Tod fand.   [4] Liudprand nennt es non incogni-
tum Veronae .. asilum, aber Veronenses Berengarium interfecerunt (Catalog. reg., Scr. III, 218), oder, wie es bei Flodoard (ann. 924) heisst:

vergossenes [1] und nicht alle wollten sofort seinem Nachfolger huldigen. Ein wahrhaftes Verdienst um das Land würde er sich mit seiner Beharrlichkeit nur dann erworben haben, wenn es ihm gelungen wäre, in seinen Nachkommen ein neues erbliches Königshaus zu begründen, wie das Wido, Hugo und Berengar II wenigstens versuchten, indem sie ihre Söhne zu Mitregenten machten. Da ihm Söhne versagt blieben, so kam es nicht dazu und nichts deutet darauf hin, dass er etwa seinem einzigen schon herangewachsenen Enkel Berengar die Thronfolge zu verschaffen beabsichtigt habe. [2] Gehörte doch dessen Vater Adalbert [3] mehr denn einmal zu seinen Gegnern und führte vorzüglich durch König Rudolf von Burgund seinen Sturz herbei, in dessen Umgebung er wie später seine Söhne öfter erscheint.

Für die Sicherung des Reiches nach aussen leistete Berengar so gut wie nichts, da die Behauptung der Herrschaft alle

a suis interimitur vgl. Liudpr. Ant. II c. 68 — 71, Constantin. de adm. imp. c. 26. Im J. 908 wird unter den Vasallen des Grafen Ingelfred von Verona ein Flambertus erwähnt und 913 sowie 921 ebenda ein Flambertus sculdassius (Tiraboschi Storia di Nonantola II, 99, 101, Vghelli Italia sacra V, 727), der letztere vermutlich der spätere Mörder.

[1] S. Liudprand. Ant. II c. 72, 73, wo auch erzählt wird, dass Milo, der spätere Graf von Verona, ein Franke, ihn rächte. Der Diaconus Dagibert stiftete in Verona 932 ein Hospital pro remedio animae b. mem. Berengarii imperatoris (Biancolini Notizie II, 697). Ein Veroneser Priester Audibert datierte am 12. Aug. 924 post obitum domni Berengarii gloriosissimi imperatoris regnante domino nostro Iesu Christo cuius regni non erit finis (Tiraboschi Storia di Nonantola II, 106). [2] Vgl. oben S. 35. Hrotsvith (Gesta Oddonis v. 558, 562 p. 325 ed. Barack) hält den jüngeren Berengar irrig für den Sohn des älteren. Richtiger Constantin (De adm. imp. c. 26 p. 115): Βεριγγέριος ὁ πάππος τοῦ νυνὶ Βεριγγέρι. [3] Ist auch Adalberts hervorragender Antheil an der Erhebung Ludwigs zweifelhaft, so ist er an der Rudolfs um so sicherer, weil dieser in 2 Urk. aus dem J. 922 Adelbertum gloriosissimum marchionem als Fürbitter nennt (B 1490, 1492), ebenso wie später seine Witwe Ermengarda und seine beiden Söhne. Aus der Erwähnung dieser Söhne als Markgrafen (illustres marchiones) zuerst am 18. Aug. 924 (Robolini Notizie della sua patria II, 195, Mon. hist. patr. I, 123) darf man schliessen, dass Adalbert damals nicht mehr lebte, wozu auch Liudpr. Ant. III c. 7 stimmt. Spätere urkundliche Erwähnungen aus dem J. 929 (Mon. hist. patr. I, 131, 135; Chronic. Novalic. V c. 5, app. 3) halte ich daher für untergeschoben.

D ü m m l e r, Gesta Berengarii. 4

Kräfte allein in Anspruch nahm. Bei der Verdrängung der Saracenen aus ihrer Feste am Garigliano hat er nicht mitgewirkt,[1] als diese im J. 916 durch den tapfern Papst Johann X im Bunde mit den Herzogen Landulf von Benevent und Waimar von Salerno, dem Markgrafen Alberich von Spoleto und den Griechen glücklich und zum Segen für das ganze Land ausgeführt wurde. Während Wido zu Unteritalien von früher her viele Beziehungen hatte, durch seine Gemahlin Ageltrude mit den Herzogen von Benevent zusammenhieng, deren Stadt sein Vetter Wido 895 siegreich den Griechen wieder entriss, und durch eine Schwester des letzteren mit Waimar von Salerno sich verschwägerte,[2] lagen Berengar diese Gegenden durchaus fern und er blieb auf ihre Verhältnisse ohne Einwirkung. So wenig wie den Arabern im Süden trat der König ihren spanischen Landsleuten im Norden entgegen, die von ihrer sicheren Niederlassung zu la-Garde-Frainet in der Provence aus oft in das benachbarte Italien hinüberschweiften und (z. B. in den Jahren 921 und 923) die für die Rompilger unvermeidlichen Alpenstrassen bedrohten.[3]

Gegen die Ungern, als sie, ein bis dahin unbekannter Feind, zum erstenmale im Sommer 899 in die Poebene einbrachen, erlitt Berengar, dem gerade damals das ganze Land gehorchte, obgleich er eine gewaltige Macht aufgeboten, am 24. September eine schimpfliche Niederlage an der Brenta, die

---

[1] Die in den Quellen nirgend begründete Vermutung Muratoris u. a., dass dies der Fall gewesen, hat Pratilli (s. Pertz Archiv IX, 95, 96) vergeblich zur Thatsache zu stempeln versucht vgl. meine Ostfränk. Gesch. II, 600. [2] S. Wüstenfeld a. a. O. S. 415, 430. In den Urk. aus Benevent wird Lambert bis zu seinem Tode, nachher kein italienischer König mehr, anerkannt vgl. Chronic. Vulturn. l. IV (Muratori Scr. rer. Ital. I b, 410, 413: septimo anno imperii domni Lamberti imperatoris augusti). Ueber die Besitzungen, welche an das Salernitanische Herzogshaus in dem Marserlande, Terni, Spoleto, Fermo u. s. w. durch diese Verbindung übergiengen, belehrt uns eine Urk. Herzog Gisolfs vom Sept. 972, worin er die Güter nennt, die ihm a partibus domnae Yttae gloriosae principissae aviae meae zugefallen (Gattola Accession. I, 80) vgl. Leonis Chronic. monast. Casin. l. II c. 6 (Scr. VII, 632), wo diese Güter unrichtig auf Lambertus dux et marchio zurückgeführt werden. [3] S. meine Ostfränk. Gesch. II, 318, Flodoardi ann. 921, 923 (Scr. III, 369, 373).

ihnen freie Bahn machte. Und doch musste er nach allen ihren
Plünderungen, welche nur zu tiefe Spuren in der ganzen Lombardei hinterliessen,[1] ihren Abzug zuletzt noch mit Geld erkau-
fen.[2] Weiterhin war er so wenig Willens gegen ihre wiederholten Einfälle etwas zu wagen, dass er es vielmehr vorzog, sie
sich zu Freunden zu machen und sich ihres Beistandes wider
seine eigenen ungetreuen Vassallen zu bedienen, wie das namentlich 922 gegen die Parteigänger Rudolfs geschah.[3] Man nahm
an diesem schmählichen Bündnis, das so wenig in dieser Zeit
allein stand, geringen Anstoss, aber einen entsetzlichen Eindruck
musste es doch hervorbringen, als wenige Wochen vor dem Tode
des Kaisers, am 12. Merz 924, seine Hauptstadt Pavia, an
Glanz und Reichthum die zweite Stadt Italiens, von seinen heidnischen Bundesgenossen niedergebrannt wurde.[4] Allgemeine

---

[1] Regino 889: huius igitur nefandissimae gentis crudelitate non
solum memoratae regiones, verum etiam Italiae regnum ex permaxima
parte devastatum est; eine beredte Schilderung des Unheils gibt namentlich B. Salomon III von Constanz, der 904 Italien besuchte: instant Ita-
lides spoliatae ciuibus urbes | ac desolati demptis cultoribus agri, | campi
caesorum siccatis ossibus albent, | iam puto, tot uiui non sunt, quot
Marte perempti (Gedicht an Dado in den Züricher antiquar. Mittheil.
XII, 232). [2] Iohannis Chron. Venet. (Scr. VII, 22): rex igitur Berengarius datis obsidibus ac donis predictos Vngros de Italia recedere fecit
cum omni preda quam ceperant. Nach den Ann. Alam. 901: iterum Vngari
in Italiam kehrten sie schon in diesem Jahre wieder, nach Flodoards
Annalen sodann 919 (Scr. III, 368). Auf ihre Verwüstungen wird häufig
hingewiesen, z. B. in B 1341, wo eine ante irruptionem paganorum
stehende Capelle erwähnt wird, in der Urk. eines Veroneser Archidiakonus
Eriprand, der pro persecutione Vngarorum eine Burg befestigt (Vghelli
It. sacra V, 782) u. s. w. [3] Das Bündnis, das Ber. mit ihnen schloss,
weil er firmiter suos milites fideles habere non poterat, scheint erst 922,
wo sie actione praedicti Berengarii erschienen und 924 in Kraft getreten
zu sein (Liudprand. Ant. II c. 42, 61, Flodoardi ann. 922, 924).
[4] Dass sie 924 ductu regis Berengarii einbrachen, sagt Flodoard ausdrücklich und das Chronic. Nonantulanum (Tiraboschi Storia di Nonantola II, 6) meldet: imperante Berengario et regnante Rodulfo a paganis
civitas Papia igne cremata est mense martio indict. XV, womit die Daten
übereinstimmen. Die nach Flodoard ums Leben gekommenen Bischöfe
sind Johannes von Pavia und Ragamfrid von Vercelli, welchem letzteren
Atto nachfolgte (s. seine Urk. von 945 pontificatus autem nostri XXI in
den Monum. hist. patr. I, 155). Vgl. übrigens Liudprand. Ant. III c. 2—6

4 *

Anordnungen zum Schutze des Landes gegen diese furchtbare
Geisel, wie etwa Heinrich I für Sachsen, traf Berengar nicht:
er begnügte sich, da nur feste Mauern, Brustwehren und Thürme
etwas nützen konnten, einzelnen Bischöfen, Aebtissinnen oder
Geistlichen Erlaubnis zur Anlegung neuer Befestigungen zu ge-
währen, ihnen seinen Schutz dafür zu ertheilen und sie durch
Abtretung öffentlicher Wege oder Grundstücke zu unterstützen.
Solcher Bewilligungen erfreuten sich z. B. Reggio, Bergamo, Modena, die Nonnenklöster della Pusterla zu Pavia, St. Julia zu
Brescia, welches letztere ebenso wie San Sisto zu Piacenza unter
der Leitung der Prinzessin Bertha stand, der Veroneser Diaconus Audebert und Petrus, ein Priester von Aglei.[1]

dessen Fehler Dändliker S. 51 rügt, doch ist Rudolfs Anwesenheit ganz
unwahrscheinlich und B 1493, abgedr. in den Mémoires de la Suisse Romande XIX, 547, viel zu unsicher in den Daten, um etwas zu beweisen).
Am 18. Aug. 924 bestätigte Rudolf der Kirche S. Giovanni Domnarum zu
Pavia alles was sie besass, quando tota Papiensis urbs repentino et valido
igne combusta est und zwar an dem Tage, quo Papiensis civitas ab igne
cremata est (Robolini Notizie II, 195). In Atto's Sermo III (Mai Script.
vet. VI[b], 15) heisst es: De aedificiis autem ex praesenti saltim Papiensi
incendio possumus colligere veritatem. Quae enim civitas in hoc regno
fuerat, quae pulcrioribus, ut vidistis, rutilaret structuris? Nec ulla poterat ab antiquis seu a modernis siderum computatio repperiri, sub qua
domus fabrica in ea non creverit: una tamen die instar divini iudicii ab
igne consumpta est, doch nennt schon Hrotsvith (Gesta Oddonis v. 719)
Papiam wieder populosam urbem.
  [1] Vgl. meine Ostfränk. Gesch. II, 508; s. die Urk. für Bergamo
vom 24. Mai 904 über Herstellung der Mauern und Thürme (B 1325),
für Modena vom 14. Juni (B 1326; B 1328 ist eine irrige Verdoppelung
von B 1327), für den Diaconus Audebert vom 24. Aug. 906 (B 1338 ;
Dionysiis De Aldone et Notingo '96); für die Gemeinde Lonato vom
13. Mai 909 (Odorici Storie Bresciane IV, 75, offenbare Fälschung, aber
vielleicht auf echter Grundlage), für Reggio, das er schon 904 wegen der
depraedationes atque incendia quae a ferocissima gente Hungrorum passa
est beschenkt hatte, 911 (B 1344 vgl. 1322), für die Aebtissin Risinda
von dem Kl. della Pusterla 912 und 913 über einen Theil der Stadtmauer
von Pavia, dessen Befestigung durch die Bürger auch in einer andern
Urk. vom 1. Sept. 915 erwähnt wird imminente persecutione Hungarorum
(B 1347, 1349, 1353), für die Aebtissin Julia, seine Tochter vom 4. Merz
915, 25. Mai 916 zu Sclavaria am Tessin aedificandi castellum licentiam
dedimus cum bertiscis spizatis turribus et merulorum propugnaculis fossa-

Mit dem päpstlichen Stuhle stand Berengar zwar von Alters
her auf freundlichem Fusse, aber für eine Ausübung kaiserlichen Einflusses durch ihn in Rom fehlt es an allen Beweisen,
wie er ja auch erst nach langen Jahren zu der Krönung gelangte, die seine Gegner sämtlich schnell und leicht erreichten.
Wir erfahren nur gelegentlich, dass er 899 für Bischof Argrin
von Langres, 921 für Richar von Lüttich, d. h. für die Aner-
kennung ihrer bestrittenen Wahl, bei den Päpsten Johann IX
und X seine Verwendung eintreten liess.[1] Ganz anders hatten
Wido und Lambert in Rom eingegriffen, welcher letztere namentlich mit Johann IX zusammen in Ravenna 898 eine grosse
Synode abhielt und auf dieser gegen Bestätigung der Privilegien
der römischen Kirche die kaiserliche, durch ständige Sendboten
zu übende Autorität zu voller Geltung erneuerte.[2] Seit Beren-

tis atque aggeribus omnibusque argumentis eidem castello necessariis et
vias inibi circumcirca adiacentes .. incidendi (B 1300, 1354; erstere Urk.
von Böhmer falsch angesetzt, das Datum von Lupi Cod. dipl. Berg. I,
1053 berichtigt), für Cremona vom 1. Sept. 916 (B 1356), um 917 für
Padua (Verci Storia degli Eccelini III, 1), für den Patriarchen Friedrich
von Aglei und den Priester Peter von 921 und 922 (B 1368, 1369 vgl.
Friedrichs Grabschrift bei Liruti Notizie del Friuli III, 255).

[1] Johann IX schrieb im Mai 899 der Geistlichkeit und Gemeinde
von Langres, dass er ihr Schreiben für Argrin una cum dilecti filii nostri
Berengarii apicibus empfangen habe (J 2704). Johann X bezieht sich für
die rechtmässige Wahl Richars auf das Zeugnis nostri dilecti filii Berengarii, der ihm im Auftrage Karls (des Einfält.) darüber geschrieben und
versichert, dass er Karls königliche Ehren pro vigore atque dilectione
vel consanguinitate nostri dilecti filii Berengarii gloriosissimi imperatoris
unversehrt bewahren wolle. An Karl selbst schreibt er: qualiter nos iuncti
cum Berengario gloriosissimo imperatore .. ad Hubertum, ut depraedationes atque incendia, quae in sancta Romana ecclesia committere non
formidavit, emendare studuisset, admonendo misimus: qui renitens ..
emendare noluit (J 2731, 2732; Mansi Coll. XVIII, 320 — 322: dieser
Hubert ist mir unbekannt) vgl. Waitz Jahrb. Heinrichs I S. 50, 61.

[2] Leg. I, 562 — 564 vgl. Ficker Forschungen zur Rechtsgesch. Italiens
II, 356. In c. 4 wurde die vorangehende römische Synode bestätigt
(Mansi Coll. conc. XVIII, 221), in deren c. 10 bestimmt war, dass der
neugewählte Papst praesentibus legatis imperialibus consecretur. Es ist
daher unrichtig, wenn der Libell. de imperatoria potestate (Scr. III, 722)
behauptet, dass schon Karl II die regias legationes von Rom entfernt
habe (vgl. meine Ostfränk. Gesch. I, 836, II, 248).

gar dagegen hört der herkömmliche Einfluss auf die Papstwahlen
auf und die italienischen Könige haben bis auf Otto dort nichts
mehr zu gebieten, da alle von Hugo in dieser Richtung unternommenen Versuche scheitern und Rom unter Alberich sich
völlig gegen äussere Einwirkungen abschliesst.

Die Beziehungen Berengars zu den andern Reichen, die
aus dem Reiche Karls des Gr. hervorgegangen waren, bleiben
uns seit Arnolfs Abzuge 896 völlig dunkel, doch waren ja
sowohl das ost- wie das westfränkische viel zu ohnmächtig und
gespalten, um sich der italienischen Angelegenheiten thätlich
anzunehmen. Die einzigen Lebenszeichen, die nach dieser Seite
hin vorliegen, sind urkundliche Bestätigungen einiger den Klöstern St. Martin zu Tours und St. Gallen von früherher zugehö-
rigen Liegenschaften,[1] sowie endlich die zu Gunsten Karls des
Einfältigen angebrachte Empfehlung der Wahl des Abtes Richa-
rius von Prüm zum Bischofe von Tongern oder Lüttich.

Wido und Lambert hatten sich während ihrer kurzen Regierung eifrig bemüht, durch gesetzliche Verordnungen, die sie in
Gemeinschaft mit ihren Getreuen erliessen, Frieden und Recht
für alle von neuem zu befestigen. Sie nahmen die in dem Bür-
gerkriege häufig beraubten Kirchen unter ihren besonderen
Schutz, sie machten die Ansprüche des Staates auf öffentliche
Leistungen geltend, wo sie in Vergessenheit gerathen waren,
endlich die Gemeinfreien oder Arimannen suchten sie gegen die
ihre Freiheitsrechte misachtenden Plackereien der Grafen zu
schirmen.[2] So völlig unbegründet scheinen daher die Hoffnungen
doch nicht gewesen zu sein, deren Vernichtung durch Lamberts
frühen Tod Liudprand beklagt. Die Grabschrift, welche seine

---

[1] S. die oben angeführte (S. 35 Anm. 1) leider nur in unzuverlässigen
Auszügen erhaltene Urk. für Tours. Auf dieselben Güter beziehen sich
Schenkungen Karls I und III (B 57, 1017). Dem Kloster St. Gallen
bestätigte Ber. am 1. Juni 904 das Klösterlein Massino am Langensee
(Wartmann Urkundenb. der Abtei St. Gallen II, 337). [2] Zu ihren
schon früher bekannten Gesetzen (Leg. I, 556, 562 vgl. meine Ostfränk.
Gesch. II, 369, 430, Boretius Capitularien im Langobardenreiche S. 170)
sind neuerdings ein paar kleine Bruchstücke hinzugekommen s. Leg. IV
p. LI, 205 n. 2.

Friedensliebe preist, nennt ihn einen zweiten Constantin und Theodosius [1] und selbst unser Dichter (III, 285) lässt Berengar milder über ihn urtheilen.

Von Berengar verlautet nichts dergleichen, die Gesetzgebung scheint unter ihm vollständig geruht zu haben. Er genoss der Herrschaft, so gut es eben gehen wollte,[2] und liess im übrigen alles beim Alten. In seiner unsicheren und oft gefährdeten Lage durfte er es sicherlich auch nicht wagen, etwa zu Gunsten des gemeinen Mannes den Ueborgriffen der geistlichen und weltlichen Würdenträger, die sich in der gleichen häufig den Klöstern verderblichen Habsucht begegneten, ernstlich entgegen zu treten.[3]

Mit den Bischöfen stand Berengar vor allem in gutem Einvernehmen. Männer wie sein Erzkanzler Adalhard von Verona und noch mehr dessen Nachfolger Arding von Brescia,[4] wie

---

[1] v. 3: Alter erat Constantinus, Theodosius alter | et princeps pacis clarus amore nimis. | Quam patrios fines quam fortiter egit habenas: | illius arma tibi par quoque uisque ferunt. [2] Zur Zeit des Ungerneinfalles erzählt Liudprand von ihm (Antap. II c. 10): solus ipse cum paucis quodam in opidulo degens voluptati operam dabat. [3] Bezeichnend ist die Erzählung der Mirac. S. Columbani von den principes in Italia, qui nec recta facere neque etiam consentire cupiebant, vergeblich klagte Abt Gerlann von Bobbio bei König Hugo über das durch den B. Wido von Piaconza und dessen Bruder ihm entrissene Land, sed rex potestativo eam non valebat ab iis auferro: metuebat enim eos, ne si aliquid contra eorum voluntatem ageret, regni damnum incurreret, quia scimus etiam contra eum saepius rebellasse. Hugo heisst es aber gut, dass der h. Columban selbst geholt wird, um die Frevler einzuschüchtern (Mabillon Acta sct. saec. II [a], 44 — 51). Das nämliche Kloster erstritt im April 915 vor Gericht eine Besitzung von dem Markgrafen Radald (von Lecco), qui partem ex iam dicto monasterio et abbatia da parte regia in beneficio videre habebatur (Mon. patr. Chart. I, 120). [4] Ueber Adalhard s. weiter unten. Arding, wahrscheinlich ein Verwandter des Supponischen Hauses (s. die Urk. bei Boselli Storie Piacent. I, 288; Affò Storia di Parma I, 346), wirkt als Erzkanzler ununterbrochen vom 7. Aug. 902 bis 25. Merz 922, da einige frühere Erwähnungen unsicher sind (in B 1299 halte ich die bei Biancolini Notizie di Verona II, 711 mitgeth. Unterschriften für falsch, B 1316 ist zweifelhaft, nach B 1315 könnte vielleicht A. noch einmal von Ber. abgefallen sein). Als Fürbitter kommt er seit 900 öfter vor in B 1315, 1336, 1338, 1344, 1356, 1360: per Ardingi

seine Kanzler Petrus, Vitalis und namentlich Johannes, die späteren Bischöfe von Padua, Vicenza und Cremona,[1] endlich Wido
von Piacenza[2] bildeten seine vertraute Umgebung und werden
oft wegen ihrer treuen Dienste belobt und beschenkt. Diese
Kirchenhirten waren im Ganzen von weltlichem Sinne, üppigem
Leben zugethan, erfahren im Gebrauche der Rosse und der Waf-
fen und in alle Interessen des Hofes verwickelt, dem sie ihre
mit oft sehr ungeistlichen Mitteln erworbene Stellung durchaus
verdankten, wie denn namentlich Kapelle und Kanzlei die
Pflanzschule für die Besetzung der Bisthümer bildete.[3]

reverendi episcopi ac dilectissimi fidelis nostri humilem interventum ac
supplicem petitionem.
    [1] Vitalis ist Kanzler vom 30. April 896 bis Ende 898, Erzkanzler
nur 901 in B 1317 (Vitalis venerabilis episcopus sanctae Vicentinae ecclesiae dilectus consiliarius noster). Petrus 888—890 Kanzler, 896—899
Erzkanzler, Fürbitter in B 1296 (Petrum cancellarium nostrum nobisque
fidissimum), 1302, in einer zu seinen Gunsten ausgestellten Urk. vom
5. Mai 897 aus Pordenone und in B 1307. Johannes ist (wenn wir B 1299
streichen) Kanzler seit dem 24. April 908 (Forsch. f. d. Gesch. X, 286),
seit dem 25. Mai 916 heisst er Bischof, endlich am 28. Juli 922 Erzkanzler. Berengar schenkte am 25. Mai 913 (Biancolini Notizie II, 711)
Iohanni clerico et fidelissimo cancellario nostro ein Grundstück in der
Nähe der Veroneser Arena, am 1. Sept. 916 belohnt er assiduitatem ser-
vitii iamfati Iohannis episcopi und schenkt am 17. Dec. 917 Iohanni
venerabili episcopo et fidelissimo cancellario nostro eine Wiese (B 1356,
1359), sowie noch ein andres Grundstück am 26. Dec. 918 (Forsch. z. d.
Gesch. X, 291). Ann. Placent. (Scr. XVIII, 410) lassen B. 954 (!) ad
preces Ioannis episcopi Cremone et archicancellarii sui zu Piacenza die
Grenzen der Sprengel von Piacenza und Cremona bestimmen.   [2] Wido
wurde 905 zum Bischof gewählt (Campi Storia di Piacenza I, 480 vgl.
Lupi Cod. dipl. Berg. II, 46) und bildete nach Liudprand (Ant. II c. 65)
eine Stütze Berengars gegen Rudolf 923. In einer Urk. vom 26. Juli 915
heisst er Wido sanctae Placentinae ecclesiae reverentissimus pontifex
dilectusque fidelis et devotus auricularius noster (B 1352), B 1361 und
1363 sind auf seine Verwendung erlassen und am 20. Dec. 920 schenkt
B. amantissimi fidelis nostri Widonis egregii praesulis continuae devotionis
fidelitatem intendentes (weiterhin heisst er carissimus auricularius noster) der
Kirche St. Antonin zu Piacenza die Abtei St. Christina bei Pavia (B 1365).
Noch unter K. Hugo tritt er als Fürbitter für Berengars Witwe Anna auf
(B 1398).   [3] Ueber die kirchlichen Verhältnisse dieser Zeit bieten Ratherius
und Atto ein reiches Material. Der letztere fasst in der Schrift De pressuris

Unter den vielen Verleihungen, durch welche Berengar ihre
oft genug wankende Treue zu befestigen suchte, befinden sich
nach dem für die Folgezeit sehr bedeutsamen Beispiele seines
Gegners Wido auch solche von Hoheitsrechten. Nicht bloss
Mauern, Thürme und Thore, die von den Bischöfen zum Schutze
ihrer Stadt gegen die Ungern erbaut worden, giengen in ihren
Besitz über, sondern bisweilen auch alle königlichen Rechte und
Gefälle innerhalb des Mauerringes, ja sogar vereinzelt schon
über denselben hinaus für den nächsten Umkreis.[1] Die erste
uns bekannte derartige Uebertragung königlicher und gräflicher
Rechte innerhalb der Ringmauer auf einen Bischof ist die Karls III
vom 15. Januar 887 für Geilo von Langres,[2] der ähnlich wie

ecclesiast. sein Urtheil über die Bischofswahlen dahin zusammen (ed. Burontius p. 346): sed quia irreligiose eliguntur, inaniter ordinantur, indiffe-
renter accusantur, iniuste opprimuntur, perfide deiiciuntur, crudeliter etiam
aliquando et necantur; omnia tamen quae pro tali illicita ordinatione male
eveniunt, ad ordinantis pertinere periculum manifestum est, vgl. Liudprands Bericht über Lambert von Mailand (Ant. II c. 57). Notker von
Verona rühmt (10. Febr. 921), dass Berengarius dominus amabilis .. nullo
praecedente servitio sed sola gratuita pietate me ad istud culmen provexit,
wofür er sich durch eine Stiftung dankbar beweist (Vghelli It. sacra
V, 727), gewöhnlich aber entschieden nach Atto (p. 335) divitiae affini-
tas et obsequium.   Beispiel eines zur bischöflichen Würde gelangten
Caplans und Notars ist Beatus, der spätere Bischof von Tortona, ebenso
wie unter Hugo sein Nachfolger Giseprand. B.s Notar Restald (889—898)
ist vermutlich der spätere Bischof von Acqui (Moriondi Mon. Aquensia I, 6).

[1] S. die Urk. für Modena von 898 (B 1308, im Anschlusse an eine
Urk. Widos von 891 B 1274 und Lamberts B 1288), wozu später noch
weitere Schenkungen kommen (B 1319, 1326, 1327), für Bergamo von 904
(B 1323, 1325, wo es u. a. heisst districta vero omnia ipsius civitatis,
quae ad regis pertinent potestatem sub eiusdem ecclesiae tuitione .. prae-
destinamus permanere vgl. B 1464), für Treviso von 905 (B 1330 über
Hafenzoll, Marktgold und Münze), für das Domstift von Vercelli von 913
(über Königshof und Markt, Mandelli Comune di Vercelli III, 53), für
Cremona von 916 (B 1356, die am weitesten gehende von diesen Urk.)
vgl. Lambert. capit. 8 (Leg. I, 564): quod si novo tempore fiscus comi-
tialis in ius ecclesiasticum conversus est, augeatur stipendium imperiale
ab ecclesia; Bethmann-Hollweg Lombard. Städtefreiheit S. 57, 100; Hegel
Städteverf. II, 70.   [2] Karl verlieh Geilo, weil er eine alicuius comitis
vel iudicis iuvamine seine Stadt gegen die Heiden wiederaufgebaut ob nimia comitum seu iudicum inquietudines .. et ipsum civitatis murum et

nachmals seine italienischen Amtsbrüder seine Stadt selbst befestigt hatte. Denn was in Italien und Sachsen die Einfälle der
Ungern, bewirkten schon früher in Westfrancien die der Nor-
mannen.

Berengars Herrschaft hat sich nur wenig über die Lombardei hinaus erstreckt. Wie er am häufigsten in Pavia oder
Verona oder auf benachbarten Krongütern [1] Hof hielt, so beziehen sich auch die meisten seiner (mehr als hundert) uns erhal-
tenen Urkunden auf oberitalische Gegenden [2] bis nach Istrien
hinüber. Wenig vermochte er dagegen in Tuscien oder Spoleto,
deren Markgrafen eine ziemlich selbständige Stellung einnahmen.
Seine vornehmsten Rathgeber stammen gleichfalls aus der Lombardei, sowohl an Bischöfen wie an weltlichen Grossen. Unter
den letzteren dürfte ausser dem schon genannten Walfred und
Odelrich, besonders noch des Königs Gevatter, Graf Anselm von
Verona, ein Franke, Pfalzgraf Sigifrid, Graf von Mailand und
Piacenza,[3] zuvor ein eifriger Anhänger Ludwigs III, und Mark-

XV pedes de intus et LX de foris sive omnia ex fisco nostro infra can-
dem civitatem ad ius comitis pertinentia seu etiam et omne illud ex iure
fisci nostri quod in Campobello iuxta saepefatam civitatem existit, ausserdem Markt- und Münzrecht (B 1011, Pérard Recueil p. 49).
    [1] 4 von Berengars Urk. aus den J. 911 bis 917 (1344, 1352, 1354,
Muratori Ant. It. I, 369), ausserdem eine gefälschte Arnolfs von 896
(Fickler Quellen u. Forschungen, Urk. 9) sind in curto Sinna ausgestellt,
desgl. schon eine Urk. K. Ludwigs II von 858 Senna palatio regio (Tatti Annali
di Como I, 954, B 633), einem Orte, den weder Muratori noch Tiraboschi kann-
ten. Nach seiner Erwähnung neben Gaumundio (das später zu Alessandria gehörte) in der Urk. Hugos für die Königin Bertha von 937 (Forsch. z. d. Gesch.
X, 305) dürfen wir ihn in der Gegend von Pavia vermuten.   [2] Am weitesten
nach Süden reichen die Urk. für Arezzo (B 1355), Florenz (B 1311),
Montamiata (Forsch. z. d. Gesch. X, 289), Farfa und Casauria (B 1357,
1360). Im Ganzen kennen wir 105 Urk. Berengars, von denen Böhmer 81
verzeichnet hat (denn 1290 wahrscheinlich == 1320 und 1328 == 1327
sind zu streichen).   [3] Im J. 904 verwandte er sich für S. Zeno
(B 1324), 905 machte B. auf seine Fürbitte dem Diaconus Audibert eine
Schenkung (B 1331); 910 erbat Berthila pro fideli nostro Anselmo
glorioso comite nostroque compatre et consiliario ob fidei illius puritatem
quam sepe probavimus einen Königshof (B 1341), derselbe Anselmus
comes comitatus Veronensis et filius bone memorie Waldoni ex
genere Francorum vermachte 911 diesen Königshof Duos robores dem

graf Grimald, der treueste von allen,[1] nennenswerth sein. Berengar wird wegen seines kirchlichen Sinnes als ein frommer Herrscher gepriesen (Prolog. v. 30)[2] — die Domkirche von Monza besitzt noch einige Kleinodien aus seinem Schatze, wie er auch dem altehrwürdigen Evangelienbuche des h. Eusebius zu Vercelli seine Fürsorge widmete[3] —, Milde gegen besiegte Feinde, von der freilich Ludwig von Burgund ausgenommen wurde, war ihm nicht fremd, auch von seinem Familienleben wissen wir nichts für ihn Nachtheiliges, aber irgend ein bleibendes Verdienst um sein Land und Volk hat er sich in diesem eisernen Zeitalter nicht zu erwerben vermocht.

Kloster Nonantola, was Ber. sogleich bestätigte (Tiraboschi Storia di Nonantola II, 94 flg., B 1345). Ueber Sigifrid s. Ficker Forsch. zur Rechtsgesch. Italiens I, 313.

[1] Grimald kommt zuerst als königlicher Vassall 900 vor (B 1316; Hist. patr. monum. I, 97) und erscheint dann in sehr vielen Urk. von 905 bis 922 als Fürbitter, erst als Graf, später als Markgraf (B 1332; Forsch. X, 286; B 1343 von 911, hier zuerst Graf; Mandelli Comune di Vercelli III, 53, Biancolini Notizie II, 711; de Dionysiis De Aldone p. 98: interventu et petitione Grimaldi eximii comitis nostrique fidelissimi; D 1356, Affò Storia di Parma I, 323, B 1358, 1359; Forsch. z. d. Gesch. X, 291; B 1365, 1368—1370; nur in B 1358 vom J. 917 und in den drei letzten seit 921 heisst er Markgraf). Als Graf in einer Gerichtsurk. von Verona 911 (Tiraboschi Nonantola II, 97). Seine Töchter traten in das Kloster der h. Julia (Muratori Ant. It. V, 759). [2] Bei Liudprand (Ant. II c. 71) heisst er pius, Flodoard dagegen lässt 922 ob insolentiam eius die Grossen von ihm abfallen. Den Grafen Giselbert von Bergamo suchte Ber. pietatis ut erat amator, misericordia quae ei nulla debebatur inclinatus durch Begnadigung zu gewinnen (Ant. II c. 63). [3] Frisi (Memorie di Monza III, 72, 75) theilt eine 'Capitulatio ecclesiastice rei de capella serenissimi regis Berengarii quando Adelberto subdiacono commendavit' mit sowie ein Verzeichnis 'De capella domni Perengarii regis, quando Adalbertus magistro meo Egilolfo presentavi.' Von diesen Schätzen ist noch ein Sacramentarium Gregorianum aus dem 8. Jahrh. und ein kostbares goldenes mit Edelsteinen besetztes Kreuz in Monza vorhanden. In Vercelli liess Ber. nach einer Inschrift (rex Berengarius sed reparavit idem) den Einband des dem h. Eusebius zugeschriebenen Evangelienbuches erneuern (s. Gazzera Delle iscrizioni cristiane, Torino 1849 p. 117). Bischof Helbunc von Parma erhielt von ihm ein mit Gold, Edelsteinen und Perlen eingelegtes Reliquienkästchen (s. sein Testament Affò Storia di Parma I, 317).

Da ist es denn kein Wunder, dass der Wunsch unseres Dichters auf würdigere Nachfolger nicht in Erfüllung gegangen ist, ja dass sein eigenes Werk sieben Jahrhunderte hindurch so gut wie verschollen blieb. Wenn wir dasselbe jetzt nothgedrungen als Geschichtsquelle ansehen und benutzen, so thun wir dem Verfasser theils zu viel Ehre an, theils legen wir einen zu strengen und daher unbilligen Massstab an eine zwar nicht dem Stoffe, aber wohl der Behandlung nach dichterische Schöpfung, die trotz aller Mängel als geistiges Denkmal ihrer sonst so wirren und finstern Zeit unvergänglichen Werth behauptet.

Ode auf Bischof Adalhard von Verona.

Das Gedicht auf Bischof Adalhard von Verona ist uns allein in der Handschrift der Vaticana Nr. 5751 erhalten, die auf f. 2 als 'Liber sancti Columbani de Bobio' bezeichnet diesem bekannten Kloster an der Trebbia ihren Ursprung verdankt. Von einer Hand des zehnten Jahrhunderts wurde es daselbst auf der leer gebliebenen Rückseite des Blattes 62 unter einem ganz fremdartigen Inhalte, den man im Ganzen als ein Pönitentiale der römischen Kirche bezeichnen kann, eingetragen. Die Handschrift, auf Pergament in 8°, aus 77 Blättern bestehend, gehört im übrigen wohl noch dem Ausgange des neunten Jahrhunderts an. Aus diesem neuerdings von Reifferscheid [1] untersuchten und ausführlich beschriebenem Codex flossen die beiden bisherigen Abdrücke, die unabhängig von einander sich rasch gefolgt sind; der erste ziemlich fehlerhafte 1744 von Mansi in der zu Lucca erschienenen Ausgabe des Baronius (Ann. ecclesiast. XV, 480 n. 1) und der zweite bei weitem bessere Biancolini's nach einer Abschrift Bianchini's 1757 (Dei vescovi e governatori di Verona p. 35 — 37).

Die Fehler des Textes erklären sich z. Th. dadurch, dass, wie die für mich gütigst angefertigte Abschrift des Hr. Dr. Franz Rühl ergeben hat, die Handschrift selbst an mehreren Stellen durch Abreiben fast unleserlich geworden ist, so dass einzelne Buchstaben ergänzt werden müssen. Ganz besonders hat die mit andrer Dinte geschriebene, wahrscheinlich um mehr als ein Jahrhundert jüngere Ueberschrift gelitten, in welcher Reiffer-

---

[1] Bibliotheca patrum Latin. Italica (Wiener :Sitzungsberichte B. 63, 470 — 474), vorher erwähnt von Montfaucon Bibl. manuscr. I, 120.

scheid Saphicum carmen zu lesen glaubte, während Rühl vor
carmen nur die 3 Buchstaben a m i feststellen kann und daher
Anonymi oder vielleicht irgend einen Namen mutmasst.

Das Gedicht selbst, aus 20 sapphischen Strophen bestehend,
ist ein für jene Zeit bemerkenswerthes Beispiel gewandter Beherrschung des Metrums. Mit Sicherheit lässt sich seine Entstehung
nach Verona setzen und auf einen seinem Gegenstande völlig
gleichzeitigen Autor zurückführen. Bischof Adalhard, dessen
christliche Hirtentugenden darin als die eines Lebenden gepriesen werden, trat sein Amt unter Kaiser Ludwig II an [1] und
erscheint in öffentlicher Thätigkeit zuerst im Februar 876 unter
den Wählern Karls II des Kahlen, [2] der einzige unter seinen
Amtsbrüdern im nordöstlichen Italien, der sich auf die westfränkische Seite stellte und dafür mit der reichen Abtei Nonantola belohnt wurde. Diese aber, die das Recht der freien Abts-
wahl besass, zwang ihn Papst Johann VIII, indem er ihn zuletzt
sogar von der Kirchengemeinschaft ausschloss, wieder heraus zu
geben, [3] obgleich er früher seiner Klugheit grosse Lobsprüche
ertheilt hatte. [4] Mit dem Papste wieder ausgesöhnt nahm Adalhard im August 877 an der Synode von Ravenna Theil, [5] welche
die feierliche Bestätigung der Kaiserwürde Karls und unter

---

[1] Offenbar gefälscht ist eine Schenkung K. Ludwigs II für den vir
venerabilis Veronensium episcopus Adalhardus über Riva am Gardasee
vom J. 860 (Monum. Boica XXXI*, 96). Die Worte Johanns VIII
(Mansi Coll. concil. XVII, 10): cum tuae causa provectionis non modicum sumpserimus laborem te Christi sacerdotem merito arbitran-
tes futurum deuten darauf hin, dass Adalhard unter ihm Bischof wurde.
[2] Leg. I, 529, 532: Adelardus servus servorum dei Veronensis. Eine
frühere Erwähnung kennt auch Biancolini nicht (Dei vescovi o governatori di Verona a. 1757 p. 34). [3] Mansi Coll. concil. XVII, 43, 44
(J 2322—2324) vom 28. April 877: quoniam coenobium Nonantulae,
quod semper apostolicae sedis et nostrae ipsius auctoritatis privilegio
munitum nullius invasionis usurpatione detinebatur, sed solius hucusque
abbatis e gremio fratrum electi atque praelati moderamine regebatur, sub-
ripuit suisque usibus coarctatis extrema egestate monachis applicavit et
eatenus ... opprimere saeculariumque manibus dispartitum prodere non
formidat. [4] Mansi XVII, 10 (J 2289) vom 2. Nov. 876. [5] Mansi
XVII, 342. Unter der daselbst ausgestellten Urk. für Autun steht Adelardus an der Spitze der Bischöfe.

seinem Schutze die Sicherstellung der päpstlichen Gerechtsame zum Ziele hatte. In den Jahren 880 und 882 wirkte er als Königsbote [1] Karls III und Johann VIII belobt seinen Eifer, mit dem er die Rechte der römischen Kirche gegen den Markgrafen Wido von Spoleto vertrat, wie er auch 881 einen Streit zwischen ihm und dem Bischof Adelchis von Trient über eine auf ihren Grenzen liegende Besitzung beilegen lässt. [2]

Unter Berengar, der zu Verona von Anfang an so nahe Beziehungen hatte, stieg Adalhard zu der Würde eines Erzkanzlers (bis 894) und vertrauten Rathgebers des neuen Herrschers. [3] Von seiner fortgesetzten Verbindung mit Rom zeugt seine Theilnahme an der Synode, welche Johann IX unmittelbar nach seiner Thronbesteigung im J. 898 berief, um die Rechtsgiltigkeit der Handlungen seines Vorgängers Formosus wieder

---

[1] Jm J. 880 hielt domnus Adelardus reverentissimus episcopus sanctae Veronensis ecclesiae et missus domni Karoli victoriosissimi regis eine Gerichtssitzung zu Verona ab (Muratori Ant. Ital. I, 435). 882 wirkte Walpert von Porto mit Adalhard zusammen, sed ut antea sine aliquo ad nos effectu reversus est et vester ad vos absque iustitiae contemplatione omnimodo rediit, quamvis ingenti et fideli devotione ipse confrater noster Adelardus ad iustitiam exigendam multimodis decertasset (Mansi XVII, 215, J 2601). [2] Mansi XVII, 197, 198 (J 2560, 2561) vom 4. Merz 881: es handelte sich de quibusdam rebus Asianae villae. Die Bischöfe Johann von Bologna, Egilulf v. Mantua, Eikard von Vicenza und Viator v. Ferrara sollten Schiedsrichter sein. [3] Sämtliche Urk. Berengars vom Beginne seiner Regierung bis zum 2. Dec. 894 sind ad vicem Adelardi episcopi et archicancellarii ausgestellt. In der ersten Urk. für Engelberga vom 8. Mai 888 sind Fürbitter Adelardus et Antonius venerabiles episcopi atque Walfredus illuster marchio nostri dilectissimi fideles; am 18. Aug. 889 beschenkte B. interventu et petitione Adelardi venerabilis episcopi dilecti ac summi consiliarii nostri sacri palatii das Kloster St. Julia zu Brescia; desgl. am 3. Nov. auf Bitten Adelardi ven. episc. fidelis nostri den Priester Johann; am 12. Mai 890 stützte sich Graf Unroch interventu Adelardi ven. episc. necnon et Waltfredi illustris marchionis dilectorum fidelium nostrorum; ähnlich am 20. Okt. Graf Adalgis für einen seiner Vassallen petitione Adelardi ven. episcopi; am 4. Mai 1295 gestattete B. ihm das Abbrechen des Circus zu Verona, der durch Einsturz 40 Menschen erschlagen, endlich bestätigte B. dem Abte Leopard von Nonantola alle Gerechtsame per Landulfum reverentissimum archipresulem necnon et Adelardum venerabilem episcopum dilectissimos consiliarios nostros (B 1289, 1291, 1293—95, 1299, 1312).

herzustellen.[1] Trotz seiner früheren Freundschaft zu Berengar
lud Adalhard dann im J. 905, im Augenblicke seiner völligen
Ohnmacht, den Kaiser Ludwig nach Verona ein, wodurch er, da
die Bürger Berengar herbeiriefen, wir wissen nicht ob mit oder
wider seinen Willen, den jähen Sturz Ludwigs mit herbeiführte.[2]
Wahrscheinlich ist er nicht lange nach diesem Jahre gestorben.
Sein Nachfolger Notcher[3] erscheint zuerst im J. 911.

Ausser Adalhard, dessen christliche Tugenden wir nur aus
unserem Gedichte kennen lernen, werden darin noch die verstorbenen Kaiser Ludwig (II) und Karl (II oder III) erwähnt,
die ebenso wenig wie der Papst Johann zu einer näheren Zeit-
bestimmung dienen, da man bei dem letzteren zwischen dem
achten († 882) und neunten († 900) dieses Namens schwanken
kann. Einen besseren Fingerzeig gibt dagegen Walfred, der
seit 876, wo er gleichfalls zu den Wählern Karls des Kahlen
gehörte, in manchen öffentlichen Akten als Graf von Verona
nachzuweisen ist.[4] Ein eifriger Parteigänger Berengars zählte er
gleich Adalhard zu dessen vertrauteren Räthen,[5] und that sich

---

[1] Mansi XVIII, 222 (Mabillon Museum Ital. I[b], 888). [2] Regino
a. 905 Ludwig kam nach Verona adhortante Adalhardo praefatae urbis
episcopo: cives autem hoc Berengario summa cum festinatione notum fecerunt, schwerlich doch ohne Mitwissen des Bischofs. Von den Bürgern
spricht auch Constantin (De admin. imp. c. 26 p. 115): ἐλθόντος αὐτοῦ
ἐκεῖσε ἐπανέστησαν αὐτῷ οἱ τοῦ αὐτοῦ κάστρου καὶ κρατήσαντες ἐτύ-
φλωσαν. [3] Tiraboschi Storia di Nonantola II, 97. Notker † 928 (s.
seine Grabschrift bei Vghelli Italia sacra V, 733). [4] Leg. I, 529:
Signum Walfridi comitis. 880 erscheint in einer Gerichtsverhandlung Adal-
hards Audakari vicecomes civitatis Veronensis in vice Walifrit comitis
(Muratori Ant. It. I, 435), in Urk. Karls III von 880 und 881 als Walt-
fredus insignis dapifer, sowie als Graf und Rathgeber neben Berengar
(B 909, 923, 925). [5] Ausser in den Urk. vom 8. Mai 888 und
12. Mai 890 (s. oben) nennt B. auch in der Urk. vom 10. Sept. 889
für seinen Getreuen Atto Walfredum illustrem comitem summumque con-
siliarium nostrum (B 1292). Aus dem Titel Markgraf darf man vielleicht schliessen, dass Walfred zu der Grafschaft Verona auch schon
durch Berengar mit der Mark Friaul betraut wurde, wenn sich derselbe
nicht etwa auf die von Liudprand (Ant. III c. 48, IV c. 6) erwähnte Mark
Trient bezieht. Nach den Ann. Fuld. 896 starb er als Foro Iulii mar-
chensis, qui multum fideliter ad imperatorem Veronam contendendo reti-

in der Schlacht an der Trebbia als sein Vorkämpfer hervor.
Nachdem er sich auf Arnolfs zweitem Römerzuge an diesen
angeschlossen und von ihm die Hut über die Mark Friaul, die
er wahrscheinlich schon früher verwaltet, gegen seinen früheren
Herrn erhalten hatte, starb er im J. 896. Sein Andenken blieb
zu Verona in Ehren. [1] Seine drei nächsten Nachfolger Anselm,
Ingelfred, Milo waren fränkischer oder schwäbischer Abkunft. [2]
Ihnen folgte durch Otto I die Einigung Veronas mit dem deutschen Reiche. — Nicht lange nach dem Tode Walfreds, also
gegen 900, mag unser Gedicht verfasst sein, in welchem eine
weitere Anspielung auf gleichzeitige Ereignisse, wie etwa auf
den Ungerneinfall, nicht zu entdecken ist.

nuit, nachdem Arnolf Waltfredo Muginfredoque comitibus Italiam cis Padum
distribuit (Herimann. Aug. 895, Scr. V, 110).

[1] Im J. 908 hielt Graf Ingelfred Gericht civitate Verona ad casam
que fuit bone memorie Walfredi comitis (Tiraboschi Storia di Nonantola
II, 99). Am 4. Sept. 920 schenkte B. seinem Caplan Hermenfred 3 Hufen
sicut olim tempore Walfredi gloriosi comitis ad ipsum comitatum Vero-
nensem pertinuerunt (Dionysiis De Aldone 101).   [2] Ueber Berengars
Gevatter Anselm s. oben S. 58; über Ingelfred eine Urk. des B. Notker von 921
(Vghelli It. sacra V, 727): Signum manus Ingelfredi comitis comitatu Veronensis ex Alemanorum genere. In einer Urk. vom 11. Juli 929 erscheint
zu Verona Millo vassus regius filius bone recordationis Maufredi una cum
Vulperga mea dilecta coniuge lege Francorum viventes (Biancolini Dei
vescovi di Verona 120) und am 10. Juli 955 Milo marchio et filius bonae
recordat. Manfredi, qui lege Salica vivere visus sum setzt seinen Bruder,
den Grafen Manfred und dessen Sohn Egelrich zu Erben ein (Vghelli It.
sacra V, 737).

Über die Invectiva in Romam.

Joseph Bianchini gab 1735 in dem von ihm besorgten vierten Bande der unter dem Namen des Anastasius Bibliothecarius gehenden Gesta pontificum Romanorum eine bis dahin ungedruckte Streitschrift für den Papst Formosus unter dem Titel Invectiva in Romam zum ersten Male heraus.[1] Aus welcher Handschrift sie entnommen sei, konnte man, da Bianchini selbst darüber nichts verrathen hatte, aus Scipione Maffei's Istoria teologica[2] erfahren, der im Anhange unter andern Werken der Veroneser Capitelsbibliothek auch jener Verteidigungsschrift als einer zur Ausgabe vorbereiteten gedenkt. Ohne Rücksicht auf den noch vorhandenen Codex wurde der im Ganzen recht genaue und zuverlässige Abdruck Bianchinis 1853 in Migne's Patrologie[3] etwas ungenauer wiederholt. Ueber die Handschrift aber verdanken wir Reifferscheid von seiner für die Wiener Ausgabe der Kirchenväter unternommenen Reise eingehenderen Bericht.[4]

Der Codex auf Pergament in kleinem Quart besteht aus 103 Blättern und ist im eilften bis zwölften Jahrhundert geschrieben. Er wird in der Bibliothek des Domcapitels mit Nr. LXIV bezeichnet. Im Anfange fehlen einige Blätter und die ersten

---

[1] Anastasii bibliothecarii De vitis Romanor. pontific. ed. Blanchinius tom. IV p. LXX—LXXIV. Nähere Erläuterungen sollten vielleicht in dem nicht erschienenen fünften Bande nachfolgen. [2] Erschienen in Trento 1742. In dem Anhange Opuscoli ecclesiastici betitelt, ist p. 82 unsere Handschrift erwähnt Formosi papae defensionem exhibens, cui titulus Inuectiua in Romam. [3] Patrologiae cursus completus accur. Migne t. 129 (Paris 1853) p. 823—838. [4] Bibliotheca patrum Latinor. Italica (Wien 1865, aus den Sitzungsber. der philos. histor. Kl. der Akademie B. 49) p. 47.

zehn der noch vorhandenen sind an ihrem oberen Theile zer-
löchert. Der Text der nur von Bianchini so genannten Invectiva beginnt daher auf f. 1 ohne Ueberschrift mitten in den
Worten der Offenbarung prophecie huius auferet. Der Abschreiber hat bisweilen, wo er seine Vorlage nicht lesen konnte,
Lücken gelassen und öfter Fehler gemacht, die nur z. Th. von
ihm selbst verbessert sind. Auf f. 20ʳ endet unsere Schrift und
es schliesst sich unmittelbar daran eine Canonensammlung mit
der Ueberschrift: Discipuli dicta Clementis Romano ecclesie presulis, welche viele pseudoisidorische Stücke enthält. Aus dieser
von mir im Merz 1870 neuerdings verglichenen Handschrift ist
die nachfolgende Ausgabe geflossen.

Da über die Streitsache des Papstes Formosus an andern
Orten hinlänglich gehandelt worden ist,[1] so können die nach-
stehenden Bemerkungen sich auf das für das Verständnis der
vorliegenden Schrift Nothwendige beschränken. Die Zeit ihrer
Abfassung zunächst ergibt sich aus der Nennung des Papstes
Johanns X am Schlusse, wonach sie frühestens in das Jahr seiner Thronbesteigung 914 fallen müsste. Damit steht es nicht
gerade in Widerspruche, wenn seit dem Tode Johanns VIII
(15. December 882) in runder Summe dreissig Jahre gezählt
werden. Ueber die Person des Verfassers dürfte sich mit Sicherheit nur sagen lassen, dass er einer der von Formosus geweih-
ten, nachmals ihrer Weihe widerrechtlich beraubten Geistlichen[2]
gewesen sein müsse. Die freien Aeusserungen über den regie-
renden Papst lassen auf einen sicheren Zufluchtsort schliessen,
von dem aus er sie wagen durfte. Von älteren Autoritäten citiert
er ausser vielen Stellen der Bibel einige päpstliche Decretalen
grösstentheils nach der Sammlung Pseudoisidors, die erdichtete
Synode von Sinuessa von 303, die Kirchengeschichte des Eusebius Pamphili, Cassiodors Historia tripartita, eine Schrift des
Bischofs Ennodius von Pavia und einige Spottverse auf Rom:[3]

---

[1] In meiner Schrift Auxilius und Vulgarius (Leipzig 1866) wird S.
42—44 über die Invectiva gehandelt. [2] Seinen Stand bezeugen die
Schlussworte: legatione et sacerdocio Christi fungimur u. s. w., die ganz
ähnlich in der Schrift des Vulgarius De causa Formosiana wiederkehren.
[3] S. über diese Gregorovius Gesch. der Stadt Rom 2. Ausg. II, 153.

Zeugnisse, die er grösstentheils in den früheren Abhandlungen über den gleichen Gegenstand schon vorfinden mochte. [1]

Es liegt nahe, den unbekannten Verfasser der Invectiva in einem seiner Vorgänger zu vermuten. Am meisten Verwandtschaft mit unserer Schrift hat der erst kürzlich bekannt gewordene De causa Formosiana libellus des Eugenius Vulgarius, eines gelehrten Italieners, da ausser der allgemeinen Aehnlichkeit des Inhaltes eine Reihe von Stellen [2] an beiden Orten wörtlich übereinstimmt. Dieser Umstand lässt sich nur dadurch erklären, dass entweder ein und derselbe Schriftsteller sich selbst wiederholt oder, was viel unwahrscheinlicher, dass ein Verfasser den andern ausgeschrieben hat. Der ersteren einfacheren Annahme steht im Wege, dass die Invectiva minder gesucht und schwülstig in ihrem Ausdrucke ist, als die andern Schriften des Vulgarius, vorzüglich aber, dass dieser allem Anscheine nach schon unter Sergius III († 911) sich durch völlige Unterwerfung mit der römischen Kirche aussöhnte und deshalb schwerlich unter Johann X wiederum als Vorkämpfer für die von ihm aufgegebene Sache der Formosianer aufgetreten sein kann. Wenn wir diese, immerhin nur auf unsicheren Schlüssen beruhenden, Gründe gelten lassen wollen, so bleibt die andre Möglichkeit übrig, dass ein eifriger Verfechter der nämlichen Partei, der fränkische Priester Auxilius, die Invectiva verfasst und dafür einzelne Ausführungen seines früheren Mitkämpfers Vulgarius wörtlich benutzt habe. Weder in Bezug auf den Inhalt noch auf die Form würde diese Vermutung auf Schwierigkeiten stossen, aber sie ist nichts desto weniger durchaus unsicher.

Gleichviel wer der Verfasser dieser Streitschrift gewesen sein mag, ihre volle Unmittelbarkeit und Gleichzeitigkeit den darin berührten Ereignissen gegenüber steht jedenfalls ausser

---

[1] A. a. O. habe ich schon bemerkt, dass Auxilius (De ordinationibus c. 2, 3) wörtlich die gleiche Belegstelle über die Versetzung der Bischöfe aus Cassiodor und Pseudo-Anterus anführt, die sich in unserer Invective findet, nicht minder eine Zusammenstellung von Bischöfen, die von Päpsten zuerst ab- und dann wieder eingesetzt worden seien (Infensor et Defensor c. 21, In defension. Formosi I c. 6).   [2] Nachgewiesen habe ich diese Uebereinstimmungen a. a. O. S. 119—139.

allem Zweifel und es fragt sich daher, inwiefern sie uns als
Quelle in ihre Zeit versetzt und mit welchen Gründen die Sache
der Formosianer darin geführt wird. Statt die Päpste, welche
den letzteren feindlich waren, Stephan, Sergius und Johann,
unmittelbar anzugreifen, zieht der Verfasser es vor, Rom und
die Römer, die grossentheils unschuldigen Zeugen dieser Greuel,
an ihre Stelle zu setzen und die Verteidigung der schuldlos Ver-
folgten, denen er selbst angehörte, in der Form eines von red-
nerischem Schwunge beseelten Angriffes auf die ruchlose Tiber-
stadt zu führen. Gleichsam persönlich fasst er seinen Gegner
auf und sucht ihn in lebhaftem Zwiegespräche zu widerlegen und
seines Unrechtes zu überführen, wie das in ähnlicher Form
z. Th. auch in den andern auf diesen Gegenstand bezüglichen
Streitschriften geschieht.

Um die Rechtmässigkeit der päpstlichen Würde des Formosus darzuthun, von der die Rechtmässigkeit der durch ihn
ertheilten geistlichen Weihen abhieng, wird geltend gemacht,
dass er in Rom aufgewachsen, durch den grossen Papst Nicolaus zum Bischof geweiht, als solcher durch die Bekehrung der
Bulgaren sich hohen Ruhm erworben habe, worauf er durch den
römischen Clerus und Adel widerstrebend von seinem Bisthume
Porto auf den päpstlichen Stuhl geführt und während seiner
Regierung (891 — 896) von dem ganzen Erdkreise anerkannt
worden sei. Waren diese Thatsachen alle unbestreitbar, so
sollten sie doch nach der Meinung der Gegner durch zwei Ein-
wände vornehmlich entkräftet werden: durch die Erniedrigung
des Formosus zum Laienstande, welche Johann VIII demselben
angethan hatte, und durch die unerlaubte Versetzung von einem
Bisthume zum andern, die mit ihm vorgegangen sei.

Der Verurtheilung des Formosus durch Johann VIII setzt
unser Verfasser seine völlige Freisprechung und Wiederherstel-
lung unter dessen Nachfolger Marinus (882 — 884), dem früheren
Bischofe von Cäre, [1] entgegen, die bei der anerkannten Rechtmässigkeit dieses Papstes durchaus nicht angefochten werden

---

[1] Vgl. meine Ostfränk. Gesch. II, 216 A. 47; Vulgarii De causa
Formosiana c. 11, 15 p. 128, 131, 138.

könne. Er hebt hervor, dass Marinus Stephan, dem Sohne
Adrians, die Weihe als Diaconus ertheilte,[1] den Formosus sodann
zum Papste weihte. Also müssten auch alle Amtshandlungen
Stephans VI ungiltig sein, wenn man denen des Marinus und
Formosus die Giltigkeit absprechen wolle. Gerade von Stephan
aber empfieng wieder Sergius, der spätere erbitterte Gegner des
Formosus, die Weihe zum Diaconus.[2] Eine Reihe von geschichtlichen Beispielen beweist sodann, dass schon oft Bischöfe, die
aus irgend einem Grunde abgesetzt waren, rechtmässig in ihre
Würde wieder eingesetzt worden seien, wie das zuletzt im J. 879
mit dem Erzbischofe Ansbert von Mailand sich zugetragen hatte.[3]
Nicht minder aber lehren Vorbilder der älteren Kirchengeschichte
und aus jüngster Zeit das des Marinus, wie als Ausnahme der
Uebergang von einem Bisthume zu einem andern immerdar zuge-
lassen worden, wofern er durch freie Berufung der Gemeinde
und um des Besten der Kirche willen, nicht aus Ehrgeiz stattfand.

Nachdem der Verfasser von der Regierung des Formosus
selbst seine Wahl als eine völlig freiwillige hervorgehoben, da
es ja thöricht sei zu wähnen, er habe gegen Rom Gewalt
anwenden können, sowie die durch ihn vollzogene Krönung des
Kaisers Lambert (892), deutet er nur kurz die Vorfälle nach
seinem Tode an. Er gedenkt des schmählichen Todtengerichtes,
welches neun Monate nach seinem Hinscheiden Stephan VII 897
über ihn abgehalten und der Mishandlung seines Leichnams,
sowie der Ravennatischen Synode, die Johann IX unter Mit-
wirkung des Kaisers Lambert berief, um die Verfügungen seines

---

[1] Vgl. das Leben Stephans VI (Pontific. Romanor. Vitae ed. Wat-
terich I, 718): Marinus ... scita sua spiritali conversatione tituli beatorum
quatuor coronatorum presbyterum consecravit.   [2] In dem wahrscheinlich
von Auxilius herrührenden Appendix heisst es: Sergius, quem praefatus Marinus subdiaconum fecit et Formosus fecit eum episcopum ecclesiae sanctae Mariae
ad Cere. Diese Angabe steht mit der obigen nicht im Widerspruche,
sondern ergänzt dieselbe. Auffallend bleibt nur, dass der Verfasser der
Invectiva das Bisthum Cäre nicht erwähnt.   [3] Vgl. über Ansbert meine
Ostfränk. Gesch. II, 103, 104, 106—110, und über Zacharias von Anagni,
den Nicolaus 863 degradirte, Hadrian aber unsres Wissens nur zur
Laiencommunion wieder zuliess eb. I, 501, 512, 664, 678. Suffrid von
Piacenza, den Auxilius in diese Reihe aufgenommen, fehlt hier.

Vorgängers Stephan umzustossen und Formosus in alle Ehren wieder einzusetzen.

Während wir über alle diese Vorfälle, namentlich über die durch Sergius III verhängte Verfolgung, die hier ganz mit Schweigen übergangen wird, aus den andern Schriften der Zeit besser unterrichtet sind, erfahren wir nur aus der Invectiva, dass auch der neue Papst Johann X an dem Standpunkte seines Vorgängers Sergius festhielt und die Formosianischen Weihen nicht als giltig anerkannte. Ihm wird daher entgegengehalten, dass seine eigene Weihe mittelbar auf Formosus zurück zu führen sei, denn dieser weihte Johann zum Priester, derselbe als Papst Johann IX den Erzbischof Kailo von Ravenna,[1] Kailo den Bischof Petrus von Bologna und Petrus endlich ertheilte Johann, dem nachmaligen Papste, die Weihe zum Diaconus. Bei dieser Aufzählung aber bietet unser Bericht eine auffällige Lücke, denn er meldet, Johann habe nach dem Tode des Bischofs Petrus das Bisthum Bologna bei Lebzeiten des Erzbischofs Kailo unrechtmässig in Besitz genommen, widerrechtliche Weihen vollzogen, um sodann, nachdem er jenes verlassen, sich in frevelhafter Vermessenheit des päpstlichen Stuhles zu bemächtigen. Wir wissen aus zuverlässiger Kunde, dass Johann unmittelbar von dem Erzbisthum Ravenna zur päpstlichen Würde übergieng,[2] aus minder zuverlässiger,[3] dass er, wie auch unsere Invectiva meldet, zuerst Bischof von Bologna, dann Erzbischof von Ravenna geworden. Es ist nicht wohl anzunehmen, unser Verfasser sei über diese Umstände unvollständig unterrichtet gewesen oder habe aus irgend einem Grunde über Ravenna schweigen wollen.[4]

---

[1] Die Bischofsweihe Kailos muss also zwischen 898 und 900 fallen. Sein Name ist sonst nur aus einer Reihe von Ravennatischen Traditionen bekannt, die sich chronologisch nicht bestimmen lassen (Fantuzzi Monumenti Ravennati I p. 54: a Cailone archiepiscopo, 58, 72, 75, 83, angeführt von Köpke De vita Liudprandi p. 91 n. 1). [2] Chronica S. Benedicti (Scr. III, 199), Flodoardi Versus de pontific. Rom. (Mabillon Acta sanct. III b, 607): rexerat ille Ravennatem moderamine plebem bestätigt durch das Vorkommen Johanns in Urk. von Ravenna s. Köpke a. a. O. 92. [3] Liudprandi Ant. II c. 48. [4] Ich stimme also nicht dem neuerdings unternommenen Versuche bei (Büdinger Untersuch. zur mittl. Gesch. I, 113 — 120) den Wortlaut der Invectiva so, wie er vorliegt, zu retten.

Wie die folgenden Worte zeigen, hatte er ein entschiedenes
Interesse daran, Johann X in ein möglichst übles Licht zu stellen,
um zu beweisen, dass er gegen heiligere und gerechtere, als
er selbst es war, eingeschritten sei.

Für die Annahme, dass in dem auch sonst mehrfach zer-
rütteten Texte an dieser Stelle einige Worte ausgefallen sind,
die sich auf Ravenna bezogen, spricht erstlich der Umstand,
dass im andern Falle unser sonst so zuverlässiger Autor den
groben Irrthum begehen würde, Johann unmittelbar von Bologna
nach Rom gelangen zu lassen, ferner die besondere Betonung
der Unrechtmässigkeit seiner bischöflichen Handlungen, die auf
Bologna gar nicht passen würde, da er als Bologneser Diaconus
doch recht wohl dem verstorbenen Bischofe Petrus in seinem
Amte nachfolgen konnte, endlich die Bemerkung, dass er bei
Lebzeiten Kailos das Bisthum usurpierte, die erst dann einen
Sinn gibt, wenn wir annehmen, dass Johann, bereits Bischof von
Bologna, Kailo als einen Lebenden aus dem Erzbisthum Ravenna
verdrängte und somit allerdings sich ein schweres Unrecht zu
Schulden kommen liess. So gewährt unsere Schrift in ihrem
Schlusse uns neue Thatsachen, während sie im übrigen meist
nur als ein neues, hie und da vollständigeres Zeugnis für ander-
weitig schon bekannte Thatsachen zu verwerthen ist.

Die Worte qua relicta kann man dem Zusammenhange nach nur auf die
Kirche von Bologna, nicht auf in Gedanken ergänzte Mittelglieder beziehen
— so hat es daher auch Köpke p. 92 bezogen —, überaus gezwungen
und unmöglich scheint es mir, das vivente Kailone archiepiscopo mit dem
später folgenden consecratus quoque verbunden durch a Kailone consecratus zu erklären.   Endlich entspräche es gar nicht der Weise unseres
Autors iudigne excreuit und inlicitas consecrationes ironisch zu nehmen,
wie wir doch müssten, wenn wir die von Formosus hergeleitete Weihe
Johanns als Grund seiner Unwürdigkeit auffassen wollten.

Briefe Johanns VIII und des Dogen Petrus, Verse aus Ivrea und Mailänder Bischofsreihe.

Die Pergamenthandschrift 903 in Quarto der Turiner Universitätsbibliothek, über welche zuerst Pasini [1] ausführlicher berichtet hat, enthält neben manchen Auszügen aus den Werken der Kirchenväter eine Canonensammlung aus dem 12. bis 13. Jahrhundert. Darin befinden sich neben vielen bekannten Stücken auf f. 47ʳ, 48 und 56 vier bisher ungedruckte Bruchstücke von Briefen Johanns VIII (872—882). Die beiden ersten, an Ludwigs II Gemahlin Engelberga [2] gerichtet, müssen vor 875, das Todesjahr des Kaisers, fallen, weil jene offenbar als regierend

---

[1] Pasini Catalog. biblioth. Taurinens. II, 283, auch angeführt bei Pertz Archiv V, 476, IX, 603. Der von Pasini für ungedruckt gehaltene Brief des Papstes Paschalis an Kaiser Ludwig daselbst ist J 1938.

[2] Angilberga nach B 626 seit 850 mit Ludwig II vermählt, starb als Aebtissin von S. Sisto angeblich erst 915 (Campi Hist. di Piacenza I, 249). Auf der Stadtbibliothek zu Piacenza befindet sich ein kostbares Psalterium Daviticum, 290 Seiten auf Purpurpergament mit Goldschrift, ein Seitenstück zu dem Evangeliarium in Brescia, nach der Vorrede auf p. 4: a uiro beatissimo Hieronimo presbitero correctum atque emendatum distinctum uersibus atque sententiis cum obelis et asteriscis scribtumque a nobis sub anno octingentesimo uigesimo septimo incarnat. domini nostri Iesu Christi amen. Dass dieses später der Kaiserin gehörte, lehrt auf dem ersten Blatte ein Epigramma Hilarionis monachi: Si quid habet pretii fidei laudisque uetustas: | Angilberga, tuum tollere praestat opus. | Reginam decuit tale exornasse uolumen, | Reginam decuit psallere et esse piam. | Relliquiis tantis, generosa Placentia, gaude, | Perpetuumque decus iam uenerare tuum. τέλος. Dieser 1803 nach Paris verschleppte Codex wurde 1820 von einem patriotischen Piacentiner, der ihn dort erstanden, der Vaterstadt zurückgegeben. Die Urkunden des Klosters S. Sisto sind neuerdings sämtlich dem Staatsarchive zu Parma einverleibt. Die Gründung desselben durch Angilberga setzen Ann. Placent. (Scr. XVIII, 410) offenbar zu früh in das J. 822, indem sie Ludwig I und II verwechseln.

vorausgesetzt wird. Den Markgrafen Wilbert, auf den sie sich beziehen, habe ich sonst nirgend aufzufinden vermocht. Ebenso unbekannt ist mir der Bischof Philetus von Isaurien. In dem Empfänger des letzten Schreibens, dessen Name offenbar entstellt ist, möchte man den in Johanns Briefen öfter vorkommenden Bischof Paulus von Reggio vermuten. Ganz richtig wird darauf hingedeutet, wie Lothar II mit seinem Gefolge 869 zu Montecassino von dem Papste Adrian das Sacrament des Abendmahles empfieng, zum Zeugnis, er habe mit seiner Buhlerin Waldrada keinen unerlaubten Verkehr mehr gepflogen.[1] Wenn diese Fragmente uns unzusammenhängend und dunkel erscheinen, so ist nicht zu übersehen, dass sie in die ersten Jahre Johanns VIII fallen, aus denen uns von seiner Correspondenz so gut wie nichts erhalten ist, während vom Ende des Jahres 875 an eine reiche Fülle von Briefen vorliegt.

Die Pergamenthandschrift der Genter Universitätsbibliothek Nr. 548, im zehnten Jahrhundert geschrieben, aus dem Kloster St. Maximin zu Trier enthält hinter einigen Schriften Bedas und der Elegie auf den Kukuk auf der Rückseite des letzten Blattes f. 111 einen bisher unbekannten Brief des venetianischen Dogen Petrus an König Heinrich. Abschrift dieses zuerst in dem Kataloge[2] der Genter Handschriften erwähnten Schreibens verdanke ich der gütigen Vermittelung des Hr. Professor Wagener daselbst. Aus den an seiner Spitze genannten Namen lässt sich annähernd die Zeit seiner Abfassung bestimmen: als Empfänger erscheinen König Heinrich I (919—936) und Erzbischof Hildibert von Mainz (Ende 927—937), als Absender[3] der Doge Petrus Candianus II (932—939) und der Patriarch Marinus von Grado (921—955), mithin muss der Brief zwischen 932 und 936 geschrieben sein. Ueber den darin erzählten Vorfall selbst, ein vermeintliches Wunder am heiligen Grabe in Jeru-

---

[1] S. meine Ostfränk. Gesch. I, 679.　　[2] St. Génois Catalogue des manuscrits de Gand (Gent 1849—52) S. 383; auch erwähnt von Dr. Nolte in Naumann's Serapeum B. 29 (1868) S. 383.　　[3] Dieselben Personen schliessen am 12. Merz 933 einen Vertrag mit dem Markgrafen Wintherius von Istrien ab (Fontes rer. Austriacarum, Diplomat. XII, 11 fig.).

salem, ist mir kein andres Zeugnis vorgekommen. Von einem
ganz ähnlichen Streite der Christen und Juden, der zu Lydda
durch ein Wunder geschlichtet wird, hören wir[1] unter der Regierung Leos des Armeniers, von Basilius dem Macedonier
dagegen wird gemeldet, dass er 874 in umfassender Weise die
Juden zu bekehren suchte.[2] In unserem Briefe ist natürlich
von Romanus Lekapenus (919 — 944) die Rede, der vielleicht
auch darin genannt wird.

Ein Gegenstück sehr abweichender Art zu den kunstreichen
Gedichten auf Berengar und Adalhard bilden die rohen Verse,
welche ein Schreiber Agifred der Sammlung Pseudoisidors in der
Foliohandschrift Nr. 83 des Capitels von Ivrea am Schlusse hin-
zufügte. Sie stehen dort auf dem vorletzten und letzten Blatte
in zwei Columnen mit Goldschrift. Da die Handschrift selbst
dem Ende des zehnten Jahrhunderts angehört, Bischof Azo von
Ivrea aber, zu dessen Verherrlichung diese Verse dienen sollen,
876 an der Synode von Pavia theilnahm,[3] so können wir es
hier nur mit einer Copie zu thun haben. Der Anfang findet
sich ähnlich auch anderwärts als Stossseufzer eines Schreibers
wieder.[4] Abgedruckt wurde unser Gedicht vollständig aber mit
Fehlern durch Gazzera,[5] unvollständig durch Hinschius.[6]

Ebenfalls aus einer Handschrift der Sammlung Pseudo-
Isidors,[7] die zu Anfang des eilften Jahrhunderts geschrieben,

[1] Symeon Magister de Leone Armenio c. 5, Georg. Monach. c. 19
p. 607, 774 ed. Bekker. [2] Auxilius De ordinationib. c. 39 p. 109 ed.
Dümmler; Theophan. continuat. l. V c. 95 p. 341 ed. Bekker. [3] Leg. I,
529, 532. Er ist, wie Bethmann (Pertz Archiv IX, 617) wohl mit Recht
annahm, identisch mit dem Bischof Adalgerius, unter dem die Geistlichkeit
von Ivrea sich zu einer Gebetsgemeinschaft verpflichtete. Der Liber
canonum, der uns dieselbe erhalten hat, ist jetzt Eigenthum des Advoka-
ten Caval. Bollati in Turin. [4] Reifferscheid Biblioth. patrum I, 21 in
Verona; Oegg Korographie der Stadt Würzburg S. 453. [5] Costanzo
Gazzera Iscrizioni crist. antiche S. 70, vorher erwähnt von Bethmann
a. a. O. S. 622. [6] Decretales Pseudo-Isidorianae ed. Hinschius p. XLV.
[7] Beschrieben von Hinschius a. a. O. p. XLIV. Ihre Mailänder Herkunft erhellt aus der Bemerkung auf f. 17: istum librum sibi acquisiuit
Anselmus episcopus, welche H. auf einen der beiden Anselme am Ende

aus Mailand herstammt und gegenwärtig der königlichen Bibliothek in Bamberg angehört (C 47; P. I. 8), geben wir zum
Schlusse das Verzeichnis der Mailänder Erzbischöfe, das von
Anatolon bis auf Arnulf († 1018), den Vorgänger Ariberts,
herabreicht. Die Bamberger Handschrift ist somit entschieden
älter als die, aus denen die früheren Ausgaben dieser wichtigen
Quelle, zuletzt die Wattenbachs, geflossen sind und verdiente
deshalb einen erneuten Abdruck, für welchen die Jahreszahlen
am Rande aus der Ausgabe Wattenbachs (Monum. Germ. Scr.
VIII, 102 — 104) wiederholt worden sind. Die beiden Angel-
berte standen in unserem Codex in verkehrter Folge, was sich
aus der nachträglichen Einfügung eines von beiden erklärt.

des 11. Jahrh. (1086 — 1093; 1097 — 1101) bezieht. Giesebrecht dagegen
(Gesch. der deutschen Kaiserzeit II, 592) deutete sie auf den 869 verstorbenen Anselm II, der jedoch für das Alter der Handschrift in eine zu
frühe Zeit fallen würde.

GESTA BERENGARII IMPERATORIS

ΑΡΧΕΤΑΙ ΠΡΟΛΟΓΟϹ·

„Non* hederam sperare[b] uales laurumue, libelle,
   Quę* largita[b] suis tempora prisca[c] uiris.
Contulit hęc* magno labyrinthea fabula[b] Homero
   Aeneisque* tibi, docte poeta Maro.[b]
5 Atria tunc diuum* resonabant carmine uatum:
   Respuet en musam* quęque proseucha[b] tuam[c].
Pierio* flagrabat eis[b] sed munere sanguis:
   Prosequitur gressum nulla Thalia* tuum.

* H . . . . nam et ipsi uult . . . . . .[1]
   1* Notandum est hoc proemium dialogum esse quippe auctoris.
Alloquitur suum opus et e contrario facit[2] illud sibi respondere.
[b] proprie dictum, nam speramus bona [cf. Seruii comment. in Vergil.
Aen. I, 543 p. 90]. 2* scilicet dona   [b] scilicet sunt   [c] antiqua.
3* scilicet dona   [b] labyrinthea fabula dicitur obscuritatibus inuoluta,
nam labyrinthus subterranea domus fuit, quam Dedalus construxit, de
qua nullus egredi poterat, nisi uestigia sua regeret[3] filo [Aen. VI, 30],
unde Virgilius [Aen. VI, 27] ,hic labor ille domus[4] et inextricabilis
error.' 4* femininum patronomicum, id est fabula de Enea   [b] scilicet contulit haec. 5* imperatorum   6* carmen   [b] Προϲεύχεϲϑαι[5]
dicitur grece orare, hinc greco nomine proseucha dicitur casula pau-
peris[c] uidelicet cappanna, in qua residens pauper in quadruuio uel in
publico loco petebat stipem [Iuuenalis comment. ed. Cramer p. 114].
[c] libelle 7* musico [b] poetis 8* nulla musa; proprium pro apel-
latiuo posuit. Thalia autem dicitur quasi τιϑεῖϲ ϑάλεια[7] id est ponens
germina [Fulgentius mytholog. I c. 14 p. 643].

    [1] ex duabus lineis haec tantummodo legi possunt.   [2] faciet c   [3] roget c
[4] domos c   [5] Proseuches c   [6] paupaeris c   [7] tototilia c

Hinc* metuo rapidas ex te nigrescere flammas,^b

10   Auribus ut nitidis* uilia uerba dabis."^b

„Quid uanis totiens agitas* hęc tempora dictis,

    Carmina quae profers si igne uoranda* times?

Desine, nunc etenim nullus tua carmina curat:

    Haec* faciunt urbi,^b hęc quoque rure^c uiri.

15 Quid tibi preterea duros tolerasse labores*

    Profuit, ac longas accelerasse uias?*

Endromidos* te cura magis uictusque^b fatigat:^c

    Hinc* fugito nugas,^b quas memorare paras."

„Irrita* sępe mihi cumulas^b quę murmura, codex,

20   Non poterunt uotis* addere claustra meis.

Seria* cuncta cadant, opto, et labor omnis abesto,^b

    Dum capiti summo* xenia^b parua dabo.

Nonne uides, tacitis* abeant^b ut sęcla triumphis,

    Quos agitat* toto orbe colendus homo?

25 Tu licet* exustus uacuas^b soluaris in auras,

    Pars melior* summi scribet amore uiri.^b

Supplice sed uoto Christum rogitemus ouantes,

    Quo faueat coeptis patris ab arce meis.

Haud moueor plausu* populi uel munere circi,^b

---

9 * propter hoc quia nulla alia subsequitur te   ^b id est incenderis statim ut uiderint te docti; nigrescere autem¹ flammas dicit propter fumum.   10 * doctis, a stultitia purgatis   ^b proferes   11 * uentilas 12 * deuoranda   14 * id est carmina   ^b pro in urbe; antiptosis² est. ^c pro in rure   15 * duros labores dicit eos quos in eundo et redeundo in Gallia sustineret.   16 * longas uias cum accelerasse dicit propter citam reuersionem.   17 * grecus genitiuus. Endromis uestis est uillosa hiemalis grauis et fortis nature, qua contra frigus induelant; est autem species pro genere, pro omni indumento ...³ ponitur. ^b cibi [Seru. ad Aen. I, 214 p. 44]   ^c sollicitat 18 * idcirco   ^b uanitates   19 * uana   ^b aggeras   20 * desideriis   21 * necessitates   ^b absit 22 * imperatori   ^b dona uel munera   23 * indictis   ^b pretereant   24 * frequenter agit   25 * id est quamuis   ^b proprium epiteton aurarum   26 * doctior ^b id est cum uiderint docti tanto honeri me imparem, amore pii imperatoris scribere incipient.   29 * non delector fauore   ^b Amphiteatri; quasi diceret: non scribo cupiditate fame sicut antiqui faciebant.

¹ autem autem *c*   ² anteptosis *c*   ³ hoc loco *fortasse supplendum est.*

30   Sat mihi pauca uiri* ponere[b] facta pii.
      Christe,* poli conuexa[b] pio qui numine torques,[1]
      Da, queat ut famulus farier apta* tuus!

ΑΡΧΕΤΑΙ ΤΟ ΠΑΝΗΓΥΡΙΚΟΝ·
ΒΕΡΕΝΓΑΡΙΟΥ ΤΟΥ ΑΝΙΚΗΤΟΥ
ΚΑΙΣΑΡΟC

Gręcia* quęsitis[b] cecinit si regna loquelis
Moribus* insulsos et relligione[b] tirannos,[2]
Tolleret ut quosdam immerito super astra beandos,
Quos Lachesis* nigro satius[b] damnauit Auerno;[c]
5 Roma suos uario uexit si figmine* post haec
Augustos ad tecta poli radiata, perenni
Vibratu* simul hos Stigio[b] sorbente baratro:[c]

30* id est Berengarii   [b] ponere id est scribere; Horatius *[Ars
poet. 120]*: ‚Scriptor honoratum si forte reponis Achillem'; Iuuenalis
[Sat. 1, 1]: ‚Semper ego auditor tantum nunquamne reponam'.
31* inuocatio est   [b] curua *[Seru. ad Verg. Aen. VI, 310 p. 61]*
32* digna rege

* panigiricum est licentiosum et lasciuiosum genus dicendi in laudibus regum; hoc genus dicendi a Grecis exortum est *[Isidor. Ety-
mol. VI c. 8, 7]*.

1* Paradicma est hortantis[a]   [b] exquisitis, compositis   2* abitu
[b] cultu   4* Vna ex Fatis; interpretatur autem Lachesis sors *[Fulgent.
Mytholog. I c. 7 p. 634]*.   [b] rectius uel melius   [c] Auernus lacus est
Campanię, cuius grauissimus odor non patitur aues superuolare; ponitur
autem pro inferno, declinatur autem Auernus Auerna, ut Tartarus Tartara *[Isidor. Etym. XIII c. 19, 8; Seruius ad Verg. Aen. III, 442,
VI, 120, 202 p. 226, 361, 367]*.   5* figmento; mendacio   7* splen-
dore   [b] Stix palus est inferni. Stix in nostro eloquio merorem[4] significat, nam Stix dicitur ἀπὸ τοῦ στυγεροῦ id est a tristitia *[Seru. ad
Verg. Aen. VI, 134 p. 362, 363]*.   * Baratrum est fouca inmense altitudinis, que pro inferno ponitur *[Seru. ad Verg. Aen. III, 421 p. 225]*.

---

[1] *cf. Verg. Aen. IV, 269*: caelum et terras qui numine torquet. [2] tirannos *corr.*
sec. man. tyrannos.   [3] *cf. Donati ars (ed. Keil p. 402)*: paradigma est enarratio
exempli hortantis.   [4] memororem *c*

Induperatorem* pigeat[b] laudare nitentem[c]
Christicolas quid enim cęlum reserantibus undis,*
10   Quodque replet domini mundum spiramine totum?
Ergo Berengarium genesi* factisque legendum[b]
Rite canam,* frenare[b] dedit cui celsa potestas[b]
Italię populos bello glebaque* superbos.[b]
Stirpe recenseta*[1] generis, quo stemmate[b] pollet[c]
15   Scire* uacat; nam cuncta nequit mea ferre[b] Thalia.
Francigenam fateor Karolum pręnomine Magnum,*
Quem tellus axi* tremuit subiecta rigenti,[b]
Quamque petens linquensque* luit[b] Sol aureus undas,
Et quam torret* equis[b] totiens inuectus anhelis,[c][2]
20   Prodit auis atauisque illo de sanguine rector

8* Epenthesis est; apponitur enim du syllaba causa metri [Seru. ad Verg. Aen. I, 635 p. 99]. [b] pigeat bene de futuro dixit, quia* quamuis una sit significatio inter pudet et piget, tamen pudet[4] de preterito, piget dicimus de futuro [Seru. ad Verg. Aen. IV, 336 p. 281]. [c] splendentem   9* de aquis baptismi dicit   11* natura [b] canendum et laudandum   12* Cano quod[5] significationes habeat notum est, sed hic laudabo significat [Seru. ad Aen. I, 1 p. 4]. [b] regere et continere   [c] deus   13* diuitiis   [b] nobiles   14* s .. per d .... Alii[6] recensita legunt sed pris .... utrum.   [b] Stema proprie significat filum, quo capita sacerdotum circumligabantur; aliquando ponitur pro corona, aliquando etiam pro genialogia sicut hoc loco, eo quod per successiones et propagationes in se reducatur uelud circulus. [c] uiget   15* scilicet si   [b] referre; aferesis est   16* Karolum Magnum uult significare; quod enim quidam ab Enea dicunt illum ducere originem falsum est, cum Franci potius ab Enea .. esi ....[7] 17* axis dicitur proprie intellectualis linea a polo usque ad polum. [b] septentrionalem plagam significat.   18* orientem dicit et occidentem [b] purgat, unde et lumen dicitur, quod tenebras luat [Priscian. Institut. IIII, 16 p. 126 ed. Hertz].   19* perurit. equinoctalis zona monstratur   [b] De equis Solis falsum est; tamen si quis altius considerauerit, per IIIIor equos Solis quattuor eius mutationes in die intelliguntur;* hoc enim interpretatio nominum equorum eius indicat [Fulgentius Mythol. I c. 11 p. 638].   [c] fatigabundis

---

[1] cf. Prudentii Apotheos. v. 1000.   [2] cf. Verg. Aen. V, 749: equis Oriens adflauit anhelis.   [3] qui c   [4] nidet c   [5] i. e. quot   [6] Alia c   [7] duo circiter verba legi non possunt   [8] intelligitur c

Ausonię; Karoli* sed enim nutritus alumni[b]
Rite sub imperio, simili* qui nomine Romam
Postremus Francis* regnando coegit habenis.
Ille uirum* cernens belli sub imagine[b] laetum
25　Et ratione pium regnique beamine dignum,
Egregii fidum lateris delegit amicum
Fascibus imperiique aptum, si bella, ministrum,
Forte[1] ruunt.　Italus princeps,* exercitus[b] armis,
Pręduros Martis didicit sic ferre labores.
30　Venerat ecce dies, primi cum fata parentis*
Posceret atra lues* regem,[b] totosque per artus
Febris* iit.　Moriens primos[b] compellat amicos.
Vltima Brengario referunt* dixisse[b] propinquo:
„Subdere colla tibi merito* deberet eous[b]
35　Et licet occiduas cernit quos mersus in undas*
Phoebus,* uterque[b] etiam mundi quos despicit[c] axis;[d]

21* Karolum ultimum significat, quo mortuo sceptrum[2] Italię
Berengarius suscepit.　[b] Alumnus est, qui nutrit et qui nutritur, sed
in significatione hac, cum pro nutritore ponitur, grecę trophimos uocatur neque in alia significatione inuenitur [Seru. ad Verg. Aen. XI, 33
p. 6].　22* pro eodem　23* Franci a quodam proprio duce uocari
putantur; alii existimant eos a feritate morum uocatos [Isidor. Etym.
IX c. 2, 101].　24* Karolus Berengarium　[b] uel officio militari　28* qui
nunc est　[b] pro exercitatus, est autem sincope.　Nam differentia est
inter exercitum et exercitatum: exercitatus siquidem significat peritum,
exercitus uero fatigatum.　sic Seruio placet [ad Verg. Aen. III, 182,
p. 202], Prisciano aliter.　30* Ade　31* mors　[b] Ordo est: cum atra
lues posceret regem fata primi parentis, nam posco te illam rem dicimus.　32* Febris a feruore dicitur, apud antiquos autem hebris dicebatur, nam in multis pro aspiratione s uel f ponimus [Seru. ad Verg.
Aen. VII, 695 p. 485].　[b] principes uel precipuos　33* dicunt[3] quidam　[b] scilicet illum, Karolum scilicet[4]　34* iuste　[b] orientalis populus.　Ordo est: licet merito deberet eous.　35* Et hic quattuor mundi
climata memorantur ac per hoc omnes populi terrarum.　36* nouus
interpretatur eo quod cotidie quasi nouus uidetur in ortu [Isidor.
Etym. l. VII c. 11, 54].　[b] septentrionalis et australis　[c] deorsum
aspicit　[d] Dicebant gentiles poete solem cotidie in aquas oceani[5]
mergi, quod quamuis fictum sit, tamen ratione non caret. Nam dicunt[6]

[1] Fonto c　[2] screptrum c　[3] dicitur c　[4] silicet c　[5] ooceani c　[6] dicitur c

Attamen Hesperię* proceres[b] pro uiribus[c] ardent[d]
Rite subesse tibi, tanto quia digna* labore
Cuncta geris.　Penes* imperii te gloria nostri
40　Atque tuis stabit Romana potentia fatis!"
Haec fans aetherias ductor concessit* in auras,
Supremumque* gemens regnorum liquit habenas.

Ille quidem sic* astra subit:[b] miseranda cupido
Sed populos peruasit agens,* qui limite lato
45　Vnius imperio soliti concurrere, plures
Vt mirentur abhinc* diuersa per arua tirannos,[b]
Et sibi quęque legat proprium gens, omnibus idem
Dum perstaret amor.　Raperet ne gaudia Rhenus
Aut Araris* spectata diu, glomerantur in unum
50　Ausonii* proceres ac talia nuncia regi[b]

sapientes sidera aquis pasci et ideo post pluuias clarius nitent [Seru. ad Verg. Aen. I, 608 p. 96].

37* Hesperia ab hespero stella dicitur, quia Greci in Italiam[1] per aspectum huius stellę nauigant; dicitur[2] etiam Hispania Hesperia, sed necesse est, si hanc significare uis,[3] ut ultimam dicas [Seru. ad Verg. Aen. I, 530 p. 87] [b] Proceres dicuntur proprie mutuli trabium qui prominent in edificiis; hinc tractum est, ut maiores ciuitatis uel regni proceres dicantur, eo quod ceteris prominent [Isidor. Etym. IX c. 4, 17]. [c] secundum uires [d] nimium cupiunt 38* apta et congrua 39* scilicet ergo 41* transiuit 42* nomen pro aduerbio, pro supreme 43* id est tali[4] morte [b] Subit secundum naturam accusatiuo iungitur, nam ut datiuo iungatur figuratum est, sicut Virgilius: ,iunxit muroque subibant' [Aen. IX, 371; Seru. ad Verg. Aen. IV, 598 p. 304] 44* stimulans, scilicet illos 46* deinde [b] reges. Sensus est: miseranda cupido peruasit populos, ut non diuersis regnis parerent uni regi, sicut antea, sed unaqueque gens eligeret suum. Tirannos pro regibus grecę dictum. Nam apud eos[5] tiranni et regis[6] nulla discretio est, licet apud nos incubator imperii tirannus dicatur. Greci enim fortes reges tirannos uocant, nam tiros fortis dicitur [Seru. ad Verg. Aen. VII, 266 p. 422; Isid. Etym. IX c. 3, 19, 20]. 49* Gallie ipse est Sagonna [Seru. ad Georg. I, 63 p. 103] 50* Ausonia dicitur Italia a nomine regis[7] [Seru. ad Verg. Aen. III, 477 p. 229]. [b] non qui erat sed qui futurus erat *

[1] ataliam c [2] dicuntur c [3] uis deest in cod. [4] talis c [5] eos qui c [6] regi c [7] regi c In altero margine repetitur: Ausona dicuntur Italia a nomine regi. [8] era c

Ire iubent: „Hęc terra satis terraeque coloni*
Fluminaque antiquos subterlabentia muros ·
Nota tibi. Nec te reuocet fera* Gallia,[b] digno
Quin* potiare solo, trux[b] aut Germania,[c] quando[d]
55 Sceptrigeri hoc potius dudum coluere* propinqui,
Et genitor* cunctis dilexit carius aruis."
His motus gressum precibus contendit ad urbem
Irriguam cursim Ticini abeuntibus undis.
Sustulit hic* postquam regale[b] insigne coronam,
60 Non alias raptim* cupidus peruadere terras,
Quod* multos[b] iuuenum loeto dimersit acerbo,[c]
Laetitia resonant, plausu* et fora[b] cuncta resultant,
Templa sacrata uirum trepidant* matrumque choreis,
Orgia et innuptę concinnant* clara puellę,

51* Coloni dicuntur proprie cultores[1] aduene, sed hic etiam pro
indigenis ponuntur [Seru. ad Verg. Aen. I, 12 p. 9]. 53* feros populos gignens   [b] Gallia a candore populorum nominatur: γάλα enim
grecę lac dicitur [Isid. Etym. IX c. 2, 104, XIV c. 4, 25]. 54* ut
non [b] terribilis [c] Germania dicitur a germinando populos; est enim
ferax multorum populorum [Isidor. Etym. XIV c. 4, 4]. [d] siquidem;
iam coniunctio est modo [Seru. ad Verg. Aen. VI, 106 p. 360].
55* dilexere 56* scilicet tuus 59* illic [b] efferegesis 60* rapina
61* τὸ αἴτιον[2] monstrauit hoc loco. [b] Multi enim propter inuasionem
alterius terrę perierunt. [c] immaturo; translatio [Seru. ad Verg. Aen.
XI, 28 p. 6] 62* τὸ αὐτὸν dixit [b] Quamuis Donatus [Ars Gram-
mat. II p. 375 ed. Keil] dicat, forum in singulari numero neutri generis et in plurali masculini, nos tamen in utroque numero utrumque
genus legimus. Sciendum est autem sex modis forum uocari: uno
modo forum dicitur locus negotiationis,[3] ut Forum Flaminium Forum
Iulium; secundo modo forum dicebatur locus, ubi populi iudicia fieri
solebant; tertio modo cum is[4] qui prouincie preerat, forum agere dicebatur, quando ciuitatem uocabat, ut de controuersiis eius cognosceret;
quarto cum antiqui id forum apellabant, quod nunc uestibulum sepul-
cri dicari solet; quinto locus in naui, sed tum[5] masculini generis est
et plurale; sexto tecas librorum foros dicimus masculino genere, hinc
diminutiuum quidam protulit [Iuuenal. sat. III, 219]: ,Hic libros
dabit[6] et forulos mediamque Mineruam' [Sext. Pompei. Festus p. 84
ed. Müller]. 63* frequentantur 64* componunt; nam concinnus dicitur proprie potio multorum pigmentorum [Nonius Marcellus p. 30].

---

[1] colones c [2] ετιον c [3] negotiatiationis c [4] his c [5] 'i' sed cum c [6] dabitur c

65   Dantque choros* molles et timpana[1] dextera pulsat,
Atque· lirę*[2] graciles[b] extenso pollice[c] cordas[d]
Percurrit septemque modos* modulatur auenis.
Rura* colunt alii, sulcant grauia* arua iuuenci,[c]
Tondent* prata greges, pendentque[b] in rupe capellę:[3]
70   Omnibus una* quies et pax erat omnibus una.
Non[4] secus ac* longa uentorum pace solutum[b]
Aequor,* et imbelli[b] recubant ubi litora somno,
Siluarumque comas* et abacto flamine[b] nubes
Mulcet iners ęstas;* tunc stagna lacusque sonori
75   Detumuere, tacent exhausti solibus* amnes.

65* chorus est proprie coeuorum cantus atque saltatio delicata[s] [Seru. ad Verg. Georg. I, 346 p. 219].   66* lira dicitur ἀπὸ τοῦ λυρεῖν[e] id est a uarietate cordarum [Isid. Etym. III c. 21, 8] [b] tenues id est extensas   [c] pollex dicitur quasi inter ceteros pollens [Isid. Etym. XI c. 1, 70]   [d] Corde dicuntur[7] a corio, nam in quibusdam fistulis musicis instrumentis ex corio animalis fiunt.   67* Hic illud commemoratur, quod Virgilius in sexto Eneidos [v. 646] tetigit ‚Obloquitur numeris septem discrimina uocum,' quod quamuis Seruius [p. 393] ad mundanam referat armoniam, nos tamen ętiam humane musice septem diuisiones scimus; prima est per genera, que tria sunt, id est ἐναρμονικῶν χρωμα[τικων][8] διατονων. Secunda diuisio est per diastemata, quę nos spacia uocis dicimus; tertia in sistemata, que magnitudines uocis nominamus. Quarta in ptongos id est sonos et, ut apertius fateamur, sonus est uocis modulate particula una intentione producta. Quinta in tonos id est magnitudines spatiorum. Sexta in metabulas id est in transitus modulantium. Septima in melopias id est in habitus effecte modulationis [Martiani Capellae De nuptiis Philol. l. VIIII p. 353 ed. Eyssenhardt].   68* Rura colunt. Rura grecę ἄρουρα dicuntur, sed per afferesim factus est sermo latinus [Seru. ad Verg. Aen. I, 330 p. 76].   [b] diu inarata   [c] a iuuando dicti [Isid. Etym. XII c. 1, 28]   69* pascunt   [b] gestum ostendit pascentium in montibus capellarum.   70* similis   71* non aliter quam   [b] quietum   72* Aequor et aqua ab una descendunt ethimologia, id est ab equalitate [Seru. ad Verg. Georg. I, 50 p. 182; Isid. Etym. XIII c. 12, 1].   [b] leni   73* summitates   [b] expulso flatu uentorum   74* lenit blanda aura   75* diebus, nam in plurali numero soles pro diebus ponuntur [Seru. ad Verg. Aen. I, 745 p. 112].

[1] tympana sec. man.   [2] lyrę sec. man.   [3] cf. Verg. Ecl. I, 76: pendere procul de rupe uidebo (sc. capellas).   [4] v. 71—75 ex Stati Theb. III, 255—259.   [b] delicatos c   [e] lirin c   [7] dm̄ c   [8] χρομα c

Inuidia tumidus* nec passus talia Wido
Perfurit, ac nimios profundit* pectore questus:ᵇ
„Otia quę Latium foueant, piget usqueᵇ fateri!
Nam uideo florere* uiros rebusque supinosᵇ
80 Fertilibus, solioque ducem* considere celso,
Quem legere sibi. Montes* superare profundosᵇ
Vis foret ulla mihi: forsan perfringere foedus*
Et faciles* iuuenum possem subuertere mentes.
Pręcipuum* Thirrena colunt qui rura, uolentes
85 Subicient mihi colla, reor. Minus aptus in armis?
Quid? potuit Paris egregias turbare Micenas,*
Excire* atque nefanda feros in prelia Atridas?ᵇ
Quid refert,* quantus sedeat Rodulfusᵇ in aula,
An qualis referam Francis dominetur in aruis
90 Oddo,* mei similes dudum notique sodales?ᵇ
Solus egon* donis secli priuabor opimi,ᵇ
Et taciti* metamᵇ solus deuoluar ad aeui?ᶜ

76* superbus; semper enim herct superbia inuidię.   77* id est
aperit ᵇ querimonias 78* uerba sunt stomachantis Widonis ᵇ adeo
uel diu, sed ordo aliter uidelicet: usque foueant   79* prosperari
ᵇ superbos dicimus supinos¹ propter erectionem ceruicis.   80* Berin-
cherium 81* scilicet si ᵇ nam profundum et de superiori et de infe-
riori dicimus, ut profundum cęlum et profundum mare *[Seru. ad Verg.
Aen. I, 58 p. 19].*   82* Fedus dicitur a porca fede id est turpiter
occisa; obruebatur enim lapidibus indicio quo tali morte periret, qui
compositum ius disrumpere auderet *[Seru. ad Verg. Aen. I, 62,
VIII, 641 p. 19, 496; Isid. Etym. XVIII c. 1, 11].*   83* ad sub-
uersionem scilicet 84* nomen pro aduerbio 86* nota omnibus historia est. 87* excitare, commouere ᵇ Atridas Atrei filios, Agamemnonem
et Menelaum; est enim patronomicum² *[Seru. ad Verg. Aen. I, 458
p. 80]*   88* distat ᵇ hic nouiter rex a Burgondionibus constitutus
erat.   90* hic Francie sceptrum tenebat. ᵇ Sodales compares; nam
sodales dicuntur quasi simul edales id est conuictores. 91* pro ogone,
apocope est ᵇ felicis 92* sine laude transacti ᵇ terminum ᶜ id est
uitae; usurpatum³ est hic, nam proprie cuum eternitas est *[Seru. ad
Verg. VI, 764, X, 53 p. 402, 550].*

¹ supinus c   ² patronomicum *corr.* patronymicum c   ³ usupatum c

Non,ᵃ donec puras animus depasciturᵇ auras,ᶜ
Velᵃ si me rapidus Mauors perstrinxeritᵇ armis,
95   Prouoluensᵃ iuuenum fususᵇ in sanguine patres."
Talibus irarum dictis fundebat habenas
Mente coquens bilem:ᵃ iacto¹ uelut aspera saxo
Cominus erigitur serpens,ᵃ cui subter inanes
Longa sitis latebras totosque agitata per artus
100 Conuocat in fauces et squameaᵃ colla uenenum.ᵇ
Iamque legitᵃ socios aptos furialibus ausis.
Fama uolansᵃ regisᵇ nitidas cum perculit aures,
Conatus agitare satis Widonenᵃ iniquos
Fortuna seruante modum,ᵃ quatitᵇ illeᶜ tremendum
105 Regali de moreᵃ caput celiqueᵃ tueturᵇ
Conuexaᵃ atque sacris ita fatibus³ ora resoluit:ᵇ
„Tu cęli terreque sator, qui fulmina⁴ torques,ᵃ
Annorumque uicesᵃ dimensaqueᵇ tempora noctis,ᶜ
Quattuor et mundi partes, quantum arctus ab austro
110 Et quantum occasus roseo consistat ab ortu,

93ᵃ scilicet ita erit   ᵇ depasco et depascor sub una significatione
dicimus [Seru. ad Verg. Aen. II, 215 p. 138].   ᶜ Fisicum est, quod
dicit puras auras, nam dicunt philosophi, quod animus noster non cor-
pulento isto aere, sed pulcro ethere pascatur. 94ᵃ pro etiam   ᵇ uul-
nerauerit 95ᵃ prosternens   ᵇ Fusos occisos; polisemus sermo est: significat enim et discumbentes et fugatos et occisos [Seru. ad Verg. Aen.
I, 214 p. 44]. 96ᵃ laxabat 97ᵃ amaritudinem id est dolum 98ᵃ Serpens incerti generis est, nam hic feminino genere ponitur, in masculino uero sepissime inuenitur.   100ᵃ pro squamosa [Seru. ad Verg.
Aen. II, 218 p. 138]   ᵇ Sicut dicunt hii, qui de natura scripsere ser-
pentum, noxiores sunt cum sitiunt ideoque in mediis feruoribus uelocius
interimunt.   101ᵃ colligit, scilicet Wido   102ᵃ pene⁵ ubique pennata
inducitur Fama.   ᵇ Berengarii   103ᵃ grecus accusatiuus   104ᵃ attri-
buente possibilitatem   ᵇ concutit   ᶜ rex Berengarius   105ᵃ id est
decenter, non lasciue sicut comici. Seruauit τὸ⁶ πρέπον [Seru. ad Aen.
I, 92, 738 p. 25, 110].   ᵇ intuetur   106ᵃ conuexa cęli sunt extrema
eius a curuitate dicta [Seru. ad Verg. Aen. VI, 241 p. 369].   ᵇ id
est cępit loqui   107ᵃ iacularis   108ᵃ uicissitudines   ᵇ diuisa   ᶜ scilicet
metiris

---

¹ v. 97 Iacto — v. 100 ex Stati Theb. II, 411—414.   ² Verg. Aen. IV, 451: caeli
conuexa tueri   ³ cf. Georg. IV, 452: sic fatis ora resoluit.   ⁴ flumina c cfr. Verg.
Aen. IV, 208: genitor cum fulmina torques   ⁵ peneque c   ⁶ TON c

Metiris,* subeat* geminos ut fosphorus* ortus,
Precedens nunc Solis equos pellensque tenebras
Noctis agut pre se gelidos aliquando iugales:
Testis adesto [1] pius noxamque* remitte cruoris,
115　Si manus hęc mortis tulerit dispendia* Gallis
Debita iure mihi raptum* ire uolentibus arua.
Infandum!* Cui tanta uiro concessa potestas,
Me regnis priuare?* Sedet* si, conditor orbis,
Pro culpis abolere* uiros, nil uota retardent,
120　Sed per cuncta ruant fastus* discrimina,* quando*
Ferrea* iam scindit morituris stamina Cloto,*
Ac miseris* diri capitis discriminat angues*
Allecto,* crudele* nefas, Acheronte* sub imo."
Nox subit interea uariis distincta* figuris,
125　Cum pater egregius* tecto sese intulit alto
Post epulas* ubi membra toro laxauit* honoro.

111* ἀπὸ κοινοῦ dictum metiris　* subintret　* id est lucifer;
fos grecę uel lux, phoros ferens [Isid. Etym. XX c. 10, 10]　114* noxiam id est culpam.　115* dampna　116* ad rapiendum; est autem
futurum tempus ab infinitiuo actiui.　117* exclamatiue　118* scilicet
nulli　* placet. Sedet polisemus sermo est: sedet placet, sedet cogitat, sedet quiescit, aliquando etiam fixum est signis.　119* delere
disperdero　120* Fastus, quando [3] superbiam significat, quarte declinationis est, quando uero significat librum, qui dierum retinet com-
putationem, secundę [Serv. ad Verg. Aen. III, 326 p. 214].　* superbie
pericula　* pro quia　121* dura inreuocabilis [Serv. ad Verg. Georg.
II, 501 p. 262]　* fabulosum est　122* Gallis [3] scilicet　* Haec fabule
uelut omnibus note [4] non indigent nostra expositione.　123* Vna Fu-
riarum, Alocto grecę, latine inpausabilis dicitur [Fulgentius Mytholog.
I c. 6 p. 633]　* effexegesis　* Acheros sine gaudio interpretatur;
fluuius est inferni secundum poetas [Serv. ad Verg. Aen. VI, 107
p. 360]. Hęc talia pro ludo habentur cognoscenti ueritatem, sic tamen,
ut ipse ludus subtilem indaginem requirat; nam de Furiis et de Fatis
quid ueritas habeat, Fulgentius dicit, Scruius etiam in expositione
sexti libri Virgilii ueram rationem de Acheronte dicit.　124* id est
uarietate siderum　125* Berengarius　126* epulas inproprie dixit pro
dapibus. Nam dapes regum sunt epule priuatorum [Serv. ad Verg.
Aen. I, 706 p. 106].　* composuit

---

[1] adéto c　[2] quo ordo c　[3] callis c　[4] nocte c

Annua* uix toto rutilarunt sidera mundo
Pace sub hac.   En fraudis agit temptamina* predo,ᵇ
Qua* secuit quondam aeriasᵇ rex Poenusᶜ aceto ¹
130 Imperii cupidus cautes.   Ubi* constitit orisᵇ²
Italię, nunc ille minis, aliquando* rogatu,ᵇ
Sollicitat iuuenum hoc fluxas* sermone cateruas:
„Quisquis auet solidis protendere legibus aeuum
Et fasces* mutare ducis, quę tendimus ultro
135 Rite fruens donis, nostros glomerare* maniplos
Ne cunctetur* ouans.ᵇ   Cuiquam si forte uidetur
Futile* quę ferimus, robur quia ponit in armis
Brengarii, stimulis olim quia motus* iniquis
Finibus absentes Gallos quęsiuit Etruscis:*
140 Quantus* in arma feror patriis uel quantus ab oris
Ausoniam subeo, liceat deferre* tiranno,ᵇ
Atque una* caris ueniat fundendusᵇ in agris!"
Quis* placuere uicesᵇ ac dulce mouereᶜ potentes,
Colla iugo* posuere truci; male fidaᵇ recessit

127* perifrasis² est uertentis⁴ anni   128* conamina   ᵇ Wido
129* per que loca   ᵇ altas   ᶜ Anibal Africanus   130* id est postquam
ᵇ finibus   131* uacat ille   ᵇ precibus   132* unum⁵ pendet ex altero,
ideo fluxas quia iuuenum   134* Fasces dicebantur lemniscatę coronę;
lemnisci autem dicuntur fasciole deauratę, quibus corone circumligabantur; ponitur aliquando pro dignitate.   135* coadhunare   136* ne
dubitet.   ᵇ Gaudens abusiue, nam proprię ouatio dicebatur minor
triumphus; qui enim ouationem merebatur, uno equo utebatur ad Ca-
pitolium* et de ouibus sacrificabat [Seru. ad Verg. Aen. IV, 543
p. 202]. 137* uanum, unde tractum sit, multis patet⁷ 138* commotus   139* Per transitus historiam tangit: nam antequam ad Italiam
Wido hostiliter uenerat,⁸ nuntiatum regi Berengario, quod in Tuscia
esset perrexitque illuc ad querendum eum.   140* id est magnus
141* nuntiare   ᵇ pro inuasore modo positum est, quia ab inimico
dictum 142* pariter   ᵇ aut fugandus aut occidendus, utrumque enim
significat. 143* pro quibus   ᵇ uicissitudines id est regum mutationes
ᶜ remouere, aferesis   144* dominationi subposuere inique   ᵇ Male fida
non fida; male aliquando pro non ponitur, sicut male sanus non sanus
[Seru. ad Verg. Georg. I, 105 p. 189].

¹ cf. Iuuenal. Sat. X, 153: diducit scopulos et montem rumpit aceto. ² horis c
³ perifrosis c ⁴ uertentes c ⁵ anum c ⁶ pitollum c ⁷ patis c ⁸ uenerit c

145 Sed penitus Thirrena manus* hostesque proteruos
Exultans in regna* tulit. Pro!*b* sęua nocentum
Consilia.[1] Princeps* aberat pacemque parabat
Imperio, Veronę Athesis* qua culta*b* salubris
Irrigat. Ecce gradu celeri petit alta minister
150 Tecta ducis* sudore madens.*b* „Fortissime rector,
Inquit, adesto tuis!* Saltu*b* super ardua montis
Sese iniecit ouans coetus sat in arma superbus,
Cui* nisi preduros*b* gladiis inferre maniplos
Institeris,* quid opus*b* Latio quę dicere uicto
155 Damna ferent?"* Infensus*b* ad hęc ita reddidit olli*
Rex: „Iubeo, iuuenis, tantum desiste* moueri!*b*
Non caput hoc dum uita regit diffusa per artus,
Haec tellus cędet* superata, pudetque fateri
Res Latii uictas." Ait,* accirique*b* sodales
160 Imperat. Excurrunt uastos* excita per agros
Agmina,* amor*b* quibus*c* est pacis, quis*d* gloria curae

145* multitudo   146* id est ad regni regimen   *b* interiectiue
147* Berengarius 148* Athesis fluuius est Italie, interpretatur autem
sine positione id est instabilis: nam a priuatiua[2] dictio est, thesis
dicitur positio; est autem rapidissimus amnis.[3] *b* fertilis   150* Berengarii   *b* exhaggeratio[4] est magna nuntiantis   151* tibi fidelibus
b celeri aduentu[5]   153* coetui   *b* ualde duros   154* acceleraueris
b scilicet est. Antithesis[6] est: que figura solummodo causa ornatus
inuenta[7] est. 155* Syllepsis[8] est per numeros, nam cętus singulari-
ter dictum est supra, sed tamen sciendum est, quia in coetu plurali-
tas intelligitur. *b* iratus, quia dixit uicto Latio   *c* pro illi   156* cessa,
quiesce *b* perturbari   158* succumbet   159* Virgilium secutus bis
idem dixit, nam supra dixit ‚ita reddidit', iterum inferens ‚ait', quod
Maro tribus tantum in locis fecit [Seru. ad Verg. Aen. III, 480
p. 229]. *b* euocari, ab accio[9] accis, unde accersio, nam accersio ab
arceo fit [Priscian. Instit. VIII c. 76 p. 431]. 160* latos 161*b* Agmen
homonimum est, significat enim exercitum incedentem ad bellum,
significat etiam multitudinem, significat etiam impetum, ut Virgilius
[Aen. II, 212, 213] ‚illi agmine facto Laocoonta[10] petunt' [Seru.
ad Verg. Aen. I, 82 p. 24]. *b* Bene dicit ‚quibus est amor pacis',
nam per bellum pax queritur. *c* scilicet agminibus   *d* quibus

[1] cf. Stati Theb. II, 489—490: o caeca nocentum consilia.   [2] primitiua c
[3] annis c   [4] exhaggeneratio c   [5] aduentum c   [6] Antiphasis c   [7] inuentus c   [8] Sil-
lemsis c   [9] actio c   [10] laochonta c

Natorum dulcisque domus,ᵃ uitamque perosi
Adueniunt placidoᵃ glomeratiᵇ pectora regi,
Exacuuntᵃ iustas subitis rumoribus iras.ᵇ

165　Vndique collecti postquam uenere manipli,
Ingenti fremitu pariter ducis ante tribunal
Bella cient.ᵃ¹ Liquidasᵇ tandemᶜ se reddit ad auras
Terribilis ductor, quando latus² omne sub armisᵃ
Ferrea sutaᵃ terunt, humeros et pectora late

170　Flammeus orbisᵃ habet, capitiᵇ tremit ęrea cassis,
Etᵃ gemino dextra rutilant astilia ferro,³
Ensis in oreᵃ etiam praeclara refulget iaspis.ᵇ
„Pulcherᵃ honos regumque decus, fortissima pubes, ᵇ
In mediisᵃ orsus,ᵇ rabidiᶜ commerciaᵈ Martis

175　Presto.ᵃ Manus capulo sit partaᵇ animusque labori, ᶜ
Vt decet egregios!ᵃ Regnum quia tollere pessum
Wido uelit, certum est sotiis atque arua uocatis

162ᵃ domus nonnunquam pro uxore ponitur, ut illud ‚casta domus
seruat pudicitiam'.　163ᵃ amato　ᵇ figura apud Virgilium celebrata
164ᵃ scilicet et. ualde acuunt, quia enim in quibusdam locis pro ualde
ponitur [Isid. Etym. X, 82]　ᵇ Iustas iras bene dicit, quia pro terraᵈ
propria contentio erat, unde scriptum est [v. 226] , et pulcram properant per uulnera mortem'.　167ᵃ uocant　ᵇ puras　ᶜ ad desiderium
retulit spectantium dicendo tandem　168ᵃ De Statio [Thebais IV,
129—132] sumptus est hic locus, ubi describit armaturam Ippome-
dontis.　169ᵃ iuncture　170ᵃ scutum　ᵇ pro in capite　171ᵃ scilicet
cum　172ᵃ id est in elte　ᵇ Hic uersus ex ornatu Eneę transfertur,
qui in elte mucronis habebat iaspidem [Aen. IV, 261].　173ᵃ efferegesis　ᵇ Pubes⁵ cum refertur ad singulos, communis⁶ generis est, cum
uero de multitudine dicitur, sicut hoc loco, feminini⁷ generis est et
terminatur melius in es quam in is, ut quidam uolunt [Seru. ad Verg.
Aen. V, 516 p. 337].　174ᵃ scilicet agminibus　ᵇ Orsus hoc loco significat cepit loqui, aliquando etiam finiitᵃ significat, sed proprie, nam
hic usurpatum est; preteritum enim est participium [Seru. ad Verg.
Aen. I, 325 p. 63].　ᶜ crudelis　ᵈ uicissitudines　175ᵃ scilicet sunt
ᵇ pro parata, sincope　ᶜ Duo iunxit fortitudinem et animositatem; est
enim unum ab animo, aliud a corpore: que nisi simul fuerint, minime
uictoria celebratur.　176ᵃ nobiles

¹ cf. Stati Theb. XI, 116.　² v. 168 latus — v. 170 ex Stati Theb. IIII, 130 —
132, 129.　³ cf. Verg. Aen. I, 313.　⁴ torea c　⁵ Pupis c　⁶ comcommunis c　⁷ femi-
ninis c　⁸ finit c

Partiri et gremiis* iuuenum subducere* pactas.*
Si* foret huic animus* mecum confligere* solo,
180 Et partis* differre* nefas, quod fluctuat* armis
Mersurum populos!" Ait, et spumantis* habenas*
Implet* equi precepsque petit confinia belli,
Qua manus hostilis Latium pessumdabat* armis.   *
Hic* celo[1] ut pepulit* gelidas Aurora tenebras,
185 Rorantes excussa* comas multumque sequenti
Sole rubens, galeaque uiri clusere minaci*   *
Ora, tubeque sonant uocisque resultat imago,*
Partiteque uices* tolluntur in equora* gentes.
Qualis*[3] ubi, audito uenantum murmure, tigris*
190 Horruit in maculas* somnosque excussit inertes,
Bella cupit laxatque genas et temperat* ungues,
Mox ruit in turmas natisque alimenta cruentis
Spirantem* fert ore uirum;* sic excitus* ira
Ductor in aduersos inicit ferus* arma* maniplos.
195 Vndique consurgunt acies* et puluere celum*

178* Enfasis est,[4] quasi iam in gremiis essent.   * quasi ad se
ducere   * sponsas   179* pro utinam   * uoluntas uoluntatis est anima
uite, mens consilii* [Seru. ad Verg. X, 487 p. 576].   * pro configendi,
figurate dictum est.   180* pathos est pro paratis * remouere * nutat
adhuc   181* fortem monstrat aequum   * Proprie dixit, nam supra
[v. 23, 96] inproprie, ubi abenas regni et habenas dixit irarum;
dicuntur autem habene ab habendo id est retinendo [Isid. Etym. XX
c. 16, 3].   182* laxat   183* uastabat   184* tunc uel hic pro illic id
est in illo loco   185* figurate dictum   186* minas inferente   187* echo
188* id est ordinate ad prelium   * in campos   189* Parabole est
* Tigris animal est uocatum ita propter uelocem fugam: ita enim
nominant Perse et Medi sagitam* [Isid. Etym. XII c. 2, 7]   190* est
tigris uariis distincta maculis [Isid. l. l.].   191* ad predam scilicet[7]
193* palpitantem   * nimie uirtutis et uclocitatis animal est tigris
[Isid. l. l.].   * commotus   194* temporis est epiteton:* ferus uidelicet circa Gallos   * Geminauit sillabam: quod quamuis apud antiquos
licitum foret, ut sepe apud Virgilium [Seru. ad Aen. II, 27 p. 119]
inuenimus, tamen apud nos cacenfaton est.   195* omonimum est*
[Seru. ad Verg. Aen. II, 333 p. 147]   * iperbole

[1] v. 184—186 rubens ex Stati Theb. II, 135—137.   [2] impulerat caelo Statius.
[3] v. 189—194 ductor in ex Stati Theb. II, 128—133.   [4] o c   [5] conslni c   [6] medis
agitum c   [7] allicet c   [8] epitenton c   [9] e c

Conditur horrendisque sonat clamoribus aether.
Hic[a] alius rapido deiectus in ęquore cursu
Proteritur pedibusque simul calcatus equorum;
Atque alius uolucri traiectus tempora[a] telo,

200   Cornipedis[a] tergo[b] pronus[c] ruit; illius[d] ense
Deiectum longe caput a ceruice cucurrit,
Hic iacet exanimis[a] fuso super arma cerebro.
Ille manu caret, hic gressu; nec uisibus iste
Integer obruitur. Campi sudore madescunt,[a]

205   Sanguine manat humus. Crudescens[a] undique campo
Mars turmale[a] furit,[1] Wido si[b] fulminis[2] instar
Labitur in turmas: Libycus[a] uelut agmina campis
Lęta[a] boum cum forte leo procul[b] aggere[3] cernit,
Attollens ceruice iubas sitiensque cruoris,

210   In mediam erecto contendit[a] pectore turbam.
Hinc fremit Ausonię ductor, furit inde minister
Wido necis,[a] propria nimium uirtute superbus.[b]
Inuicti ualeat uerum quis ferre tyranni
Pondera uirtutis? Demum[a] dare terga coacti

197[a] tunc   199[a] traiecta hominis tempora   200[a] equi cor-
neos pedes habentis [b] dorso [c] in faciem [d] alterius. Varias hominum mortes in bello breuiter commemorat.   202[a] et exanimis dicitur
et exanimus [Seru. ad Verg. Aen. I, 484 p. 83].   204[a] resperguntur
205[a] crudelior apparens   206[a] id est inter turmas [b] siquidem   207[a] in
Libia magni leones sunt et est species pro genere [Seru. ad Verg.
Georg. II, 151 p. 242].   208[a] Lęta pinguia, nam letum, prout sese
res habet, accipi debet: dicimus enim lętum hominem hilarem, letum
pecus pingue, laetum aruum fertile, letam[4] domum pulcram sic[5] et
cetera [Seru. ad Verg. Georg. I, 74 p. 185]. [b] Procul dicitur quasi
porro ab oculis, significat enim et prope et longe [Seru. ad Verg.
Aen. III, 13 p. 180].   210[a] ruit   212[a] nam causa bellorum hic erat.
[b] nobilis. τὸν μέσον est superbus, nam et in bona et in mala significatione ponitur; uult enim dicere, quod satis esset Wido horrendus
sua propria uirtute, id est proprii corporis, sed quia contra fortissimum
rem habebat, non poterant socii eius ferre pondus uirtutis illius ideoque terga dabant.   214[a] nouissime [Seru. ad Verg. Aen. II, 795
p. 176]

---

[1] cf. Stat. Theb. IV, 10: (Bellona) turmale fremit   [2] fluminis c   [3] aggerere c
[4] letum c   [5] sicc c

215 Illius* effugiunt comites.　Clamoribus ultro
　　　Palantes* sequitur:[b] „Quę[c] [1] uos dementia cępit,
　　　Montibus* ut septi gladios uitare uelitis,
　　　O sotii?　Haud quondam hec patriis promissa dabatis
　　　Edibus,* Hesperiae quęuis[b] prędulcia natis
220 Spondentes.　Reuocate gradum![2] Quid dextera possit
　　　Hęc, hodie cernetis, io!* Ne fidite cursu,
　　　Lecta manus!"　Frustra sed enim compellat abactos*
　　　Fulminei[b] uirtute ducis.　Desertus[b] amicis
　　　Stat[3] rationis inops,* utrumne inglorius armis
225 Abscedat,* rediuiuo[b] animam[c] seruare duello,[d]
　　　Redditus an pulchram[4] properet* per uulnera mortem[b]
　　　Hostibus.　Hec secum subito dum mente retractat,*
　　　Vnus adest comitum ac rapidis calcaribus[b] urgens
　　　Iam torpentis* equi latera: „Hospes[5] inclite,[b] Gallis,

215* Widonis　216* fugentes　[b] Wido　[c] ita eos uocabat.　Hec
oratio secundum rethoricam artem omni parte suasoria est.　Nam et
difficultatem fugiendi ostendit et uerecundiam false promissionis et
spem in uirtute ductoris.　217* quasi murorum ambiunt Italiam [Isid.
Etym. XIV c. 8, 18]　219* Edibus: tectis, domibus; edem autem
numero singulari de templo tantum dicimus, plurali uero et de domibus et de templis [Seru. ad Verg. Aen. II, 487 p. 150].　[b] quecumque
221* uox furentis uel clamantis; et est traicus sermo [Seru. ad Verg.
Aen. VII, 399 p. 426].　222* fugatos　223* bellicosi, impetuosi
[b] derelictus ab　224* consilii egens　225* Figura greca est, quando
duo uerba sine coniunctione[e] copulantur, sicut hoc loco abscedat seruare, Virgilius [Aen. IX, 360] dat habere, id est abscedat ut scruet,
dat ut abeat [Seru. ad Verg. Aen. I, 318 p. 63].　[b] renascenti post
casum [Seru. ad Verg. Aen. X, 58 p. 551]　[c] uitam　[d] distat inter
duellium et duellum.　Nam duellium est spacium, quo bellum preparatur, duellum dicitur ipse conflictus.　Alii dicunt, quod duellum sit
proprię conflictus duorum.　226* acceleret　[b] pulcram mortem dicit,
quia in bello pulcrum est mori.　227* recogitat　228* stimulis　229* de-
ficientis.　‚Iam torpentis' pro oeconomia est hoc loco id est disposi-
tione[7] carminis: uitium enim faceret, si ex abrupto Widonem diceret
abisse.　[b] Inclitus grecum est, nam greci κλυτὸν dicunt gloriosum
[Seru. ad Verg. Aen. VI, 781 p. 404].

[1] cf. Verg. Ecl. II, 69: quae te dementia cepit?　[2] cf. Verg. Aen. VI, 128:
reuocare gradum　[3] Sat c cf. III, 102; Stati Theb. I, 373.　[4] v. 226 pulchram —
mortem ex Verg. Aen. IX, 399.　[5] ospes inclite corr. sec. man. hospes inclyte
[6] coniunctione coniunctione c　[7] dispositio c

230   Inquit, ahi. Penitus nostri cessere* manipli.[b]
     Nec mirum* credas hominem sequire per agmen,
     Puluereos Libies* potiusque haud monstra[b] per agros.[c]
    · Vidi equidem, geminos* uno cum sterneret ictu
     Ille uiros. Pudet heu fari, quę funera* uictis
235   Intulerit. Discede, precor, melioribus ausis
     Seruandus!" Tandem sotium* perculsus amore
     Discedit seseque suis męrentibus* addit.

     Nox[1] ruit interea curas hominumque labores
     Composuit[2] nigroque polos* inuoluit amictu,[b]
240   Omnibus[3] illa* quidem mitis, sed turbida[b] pulso.
     Voluitur irarum furiis actique* laboris,
     Non tamen absque uia* mentisque uigore profundę.
     Namque sub[4] occiduas uerse* iam noctis habenas
     Astrorumque obitus,*[5] ubi primum maxima Thetis[b][6]

230 * discesserunt   [b] signiferi [Seru. l. l. XI, 463 p. 35]   231 * scilicet si discesserunt   232 * grecus genitiuus. Libia dicitur, quod inde
Lips flat id est africus, uel quod melius est, Libia dicitur quasi λιπνία
[τοῦ ὑειν][7] id est egens pluuię [Seru. ad Verg. Aen. I, 22 p. 11]
[b] leones   [c] Sensus est: credas, id est credere posset aliquis, si adesset, non hominem seuire[n] per agmen, sed potius monstra, id est
feras, per pulucreos agros Libies; tanta itaque ui ferebatur. 233 * pro
duos   234 * Funus dicitur a funibus, quia in exequiis mortuorum funes
incendebantur [Seru. ad Verg. Aen. I, 727 p. 109]. 236 * pro sociorum   237 * de absentia eius tristantibus. Meret quando sine diptongo
scribitur, significat militat, unde emeriti dicuntur militia liberati
[Seru. ad Verg. Aen. IV, 82 p. 257]. 239 * poli sunt extremitates
axis id est circuli, qui currunt per axem; sunt enim duo, septentrionalis et australis, sed sciendum est, quia polos et axem et cetera, que
dicuntur in particione celi, non natura constituit, sed humana sollertia
inuenit [Isid. Etym. III c. 36]. [b] Nox nigro amictu uestita fingitur,
qnia eius umbra terrena[9] cuncta fuscantur. 240 * nox   [b] inquieta
241 * peracti   242 * ratione. Ac si diceret non frustra, quia utile
consilium repperit. 243 * ad finem deductę   244 * Obire astra dicuntur, quando aduentu solis obscurantur.   [b] Thetis secundum fabulam
mater fuit Achillis, sed ponitur pro mari.

[1] Cf. Stati Theb. III, 415: Nox subiit curasque hominum motusque ferarum
[2] ex Stat. Theb. III, 416. [3] cf. ib. 417: Illa quidem cunctis sed non tibi mitis
[4] v. 243 sub — 245 ex Stati Theb. III, 33—35. [5] habitus c [6] Tethys Statius.
[7] lipsia c [8] seruiro c [9] tornera c

245 Impulit eoo^a cunctantem^b Hyperiona^c ponto,
Doctiloquos^a agit ille^b uiros ad limen ouantis
Hesterna nece uictoris, ne luce carentes^a
Prohibeat^a mandare solo.^b Iam calle^c peracto
Postquam¹ introgressi et coram^a data copia^b fandi,
250 Incipiunt: „Suprema^a dedit^b superare potestas^c
Cui, ductor, fera bella, animum submitte rogatu.
Nam petimus,^a liceat sotios mandare sepulchris
Aethere priuatos,^a malis^b ne membra ferinis^c
Facta deo^a pereant campone relicta fatiscant.^b
255 Hoc fortis^a Wido,^b hoc populus miseratus amicos.
Nec adeo fracte uires animique labascunt,^a
Prelia quin superent^a ac spes in nostra cadendi
Iura solum."^a „Iuuenes, uitio tabescitis^b omnes
Gentis,^a ad hec uictor, fandi quia copia uobis
260 Semper et ore magis robur quam pectore; uerum^a
Plus dixisse egisse,^a minus^b taxatur^c honestum.^d

245^a orientali   ^b moras facientem   ^c solem. Hiperion unus ex
gigantibus, fuit pater Solis, qui² etiam gigas fuisse dicitur, ponitur
ergo Hiperion pro Sole *[Seru. ad Verg. Aen. IV, 119 p. 260]*. 246^a de-
dalologos³   ^b Wido   247^a mortuos   248^a Pro communis sillaba⁴ est
modo   ^b commendare, committere terre   ^c itinere; dicitur⁵ autem callis a callo pecorum *[Seru. ad Verg. Aen. IV, 405 p. 288]*. 249^a in
conspectu   ^b singulari numero significat possibilitatem, copias autem
in plurali numero de exercitu dicimus *[Seru. ad Verg. Aen. II, 564
p. 161]*. 250^a magna celsa. Suppremum et minimum dicimus et
maximum, sicut Terentius *[Ad. 2, 1, 4]*: ,Pro summe Iuppiter'
^b concessit   ^c Ordo est: O ductor cui suprema potestas dedit superare
fera bella.   252^a scilicet ut   253^a anima cassos   ^b maxillis   ^c Fero
dicuntur eo quod toto corpore ferantur id est prone sint uel quod
secundum proprium arbitrium ferantur *[Seru. ad Verg. Aen. I, 215
p. 44]*.   254^a scilicet a   ^b dissoluantur⁶   255^a τὸ πρέπον⁷   ^b petit
267^a deficiunt   257^a supersint   258^a scilicet Italiç   ^b infatuamini
259^a scilicet uestre.⁸ Quasi diceret: non est mirum, si sic loquimini,
quia hoc uitium commune est omnibus Burgondionibus, id est loqua-
citas.   260^a sed   261^a scilicet quam   ^b pro non   ^c dicitur   ^d hic uersus
cuiusdam sapientis est Francigenç.⁹

¹ Postqam *c*   v. 249 *ex Verg. Aen. I, 520, XI, 248*.   ² quia *c*   ³ dedalogos *c*
⁴ silla *c*   ⁵ dicuntur *c*   ⁶ disoluantur *c*   ⁷ τον πρπτιον *c cf. gl. ad v. 105*.   ⁸ ure *c*
⁹ francingenę *c.*

Tollite membra tamen, mitto* quia lumine cassis [1]
Quod restat* potius.   Miseret tot mille iacentum
Vnius [2] ob noxam,* luteo[b] quis corpore mundi
265   Archana* tribuit flatum ratione creator.
Illa quidem uideat* deus.   At uos cetera [3] testor,[b]
Aut Italis, Galli* celeres, abscedite terris,
Aut bello fractas iterum densete* cateruas." [4]
Haec ubi dicta,* uiri gressum uertere frequentes
270   Ad socios; tolluntque citi sua funera campo
Sandapilis,* reditura tubis ut[b] cuncta ciebit[c]
Nuntius aetheria precurrens arce tonantem.*

EXPLICIT LIBER I

INCIPIT LIBER [5] II

Fluctuat* interea Wido crebroque retractat[b]
Milite* quo bellum[b] moueat, quę pectora sollers[c]

262* omitto aferesis [Seru. ad Verg. Aen. I, 203 p. 42] 263* quicquid ire superest 264* Si uoluinus accipere secundum hoc quod Seruius [ad Verg. Aen. I, 41 p. 15] dicit, noxam pro noxiam dictum erit; nam dicit, quod noxia sit culpa, noxa autem pena. [b] terreno. Luteo, terreo; non enim a colore uenit, sed a luto diriuatur ideoque corripitur lu. 265* secreta, unde et arca et arx dicta quasi res secretae [Seru. ad Aen. I, 262 p. 52]. 266* pro cuius culpa tot perierunt, diiudicet. [b] contestor, moneo. Nam plura significat, aliquando enim inuoco, aliquando iuro, aliquando moneo significat, ut hoc loco [Seru. ad Verg. Aen. II, 155 p. 132]. 267* uocatiuus 268* coadhunate. Sicut Seruius [ad Verg. Aen. VII, 794 p. 444] dicit, denseo denses dicimus, aliter non, sed falsum est. 269* scilicet sunt 271* plebehis feretris [Fulgentius de abstrusis sermon. ed. Gerlach et Roth 388] [b] quando uel postquam [c] commouebit. Ciere est proprie fletum alicui commouere [Seru. ad Verg. Aen. VI, 468 p. 383]. 272* Christum dei filium

II, 1* tristatur, anxiat [b] cogitat et considerat 2* pro militibus [b] Inter bellum et prelium haec est differentia: nam bellum dicitur omne tempus uel quo preparatur aliquid neccessarium pugne uel quo pugnauerint, prelium autem dicitur conflictus ipse bellorum [Seru. ad Verg. Aen. VIII, 547 p. 488]. [c] Solon lingua Oscorum dicitur totum, inde sollers, qui astutus [u] est in omnibus et studiosus [Sext. Pompei. Festus p. 299].

[1] cf. Stati Theb. II, 15. [2] cf. Very. Aen. I, 41. [3] cetera c aethera Valesius (cf. Verg. Aen. IX, 653). [4] cf. Verg. Aen. XII, 264. [5] Liber deest in cod. [6] quia statu c

Protendat ferro. Placuit[a] sententia demum,[b]
Sollicitet[a] patria populos[b] tellure quietos,
Vnanimes quo[a] bella ferant uiresque reducant
Effetas[a] paribusque solum potiantur[b] habenis.
Summe deus,[a] qui cuncta foues, qui[1] cuncta creasti,
Qui regis imperio celum mare sidera terras,
Qui facis, astra[a] micent et signa micantia currant,
Te precor, intende et mihimet[a] succurre roganti,
Ac sensus infunde[a] meos, commertia[b] belli
Illectosque[a] duces uili subnectere[b] cartę,[c]
Quo ualeam! Prior arma rapit iam Gallicus heros,[a]
Aerios ducibus montes superantibus auctus,
Anschorio cum fratre[a] simul, qui iure[b] proteruo
Quingentos acuunt[a] propria de gente ministros,
Instructos animo et gladiis, nec uiribus infra.[a]

3[a] In hac[2] constructione, id est ,placuit sollicitet' subiunctiuus[3] ponitur pro infinitiuo, in qua licet addere ut et sine ea proferre. [b] nouissime[4] 4[a] scilicet ut [b] Gallie[5] dicit 5[a] concordes ut 6[a] effetas: exhaustas; tractum est a mulieribus, que frequenti partu debilitantur *[Seru. ad Verg. Aen. V, 396 p. 333]*. [b] potior et genitiuo et accusatiuo et ablatiuo iungitur, licet nonnulli negent posse proferri per accusatiuum; Terentius *[Ad. 5, 4, 16]*: ,patria[6] potitur commoda', sic et hoc loco ,potiantur [habenis]'; solum per genitiuum Cicero *[in Catil. II, 9, 19]* protulit: 'rerum potiri uolunt' *[Seru. ad Verg. Aen. III, 278 p. 209]*. 7[a] inuocatio est 9[a] ab Astreo quodam dicta sunt, uelud quidam dicit;[7] grecum nomen est *[Martian. Capell. De nuptiis l. VIII p. 303]*. ,Astra micent' stellas dicit, que nonnisi cum caelesti spera mouentur; dicendo autem ,signa micantia currant' septem planetas commemorat, quarum iugi motu tempora dinoscuntur, sic enim scriptum habes *[Genes. 1, 14]*: ,et sint[8] in signa et tempora et dies et annos.' 10[a] particula est addita causa metri. 11[a] comple; infundere est quasi interius fundere. [b] uicissitudines 12[a] conductos, coadunatos [b] subiungere [c] Metonimia[9] est per id quod continet id quod continetur, nam per cartham scripturam uult intelligi, que in cartha continetur; est autem adtenuatio scriptoris. Cartha dicitur a Carthagine[10] oppido *[Seru. ad Verg. Aen. I, 343 p. 65]*. 13[a] id est Wido 15[a] cognominis erat duci Gallorum, id est Wido. [b] id est bellico more 16[a] instruunt 17[a] inferius

[1] et qui *c* [2] hanc *c* [3] subiunctiuus *c* [4] nouisime *c* [5] gallice *c* [6] patrie *c* [7] dicitur *c* [8] sin *c* [9] Metomimia *c* [10] cartino *c*

Gauslinus tercentum equites fera bella uolentes
Pręcelerare iubet; pariter contendit* Vbertus
20 Bis centum pro laude* uiros; eadem* omnibus arma
Et cultus* similis patrięque in pectore uires.
Arma legens*¹ inimica* iterum Thyrrena iuuentus,
Inclita* gens dudum, terreque marisque duello
Apta satis, modo sed male fida* et degener, ultro*
25 Bella cupit;* pariterque cohors Camerina superbit
Munere natorum subigitque* in bella sodales
Mille. Sua* uirtute magis sed prole supinus —
Post monstrata fides* — centeno milite letus
Pauper adhuc Albricus abit iam iamque resultat
30 Spe Camerina,* utinam diues sine morte sodalis!
Quid, furibunde,* ruis, sotiis ad crimina lectis,
Ragineri? Non consilio nec uiribus ullis
Vincitur, aethereo causas qui pensat* Olympo,*³
Quique Berengario Latium concessit auitum.*

19* ducit 20*ᶜ pro fauore suo uirtutis ᵇ similia 21* habitus
22* eligens ᵇ pro inimicorum 23* gloriosa 24* minus fida *[Seru.*
ad Verg. Aen. II, 23 p. 118] ᵇ sponte, nullo⁴ cogente 26* com-
pellit. Subigo polisemus sermo est, nam aliquando compello significat, ut Virgilius: ,subigitque⁵ fateri' *[Aen. VI, 567]*, aliquando acuo,
ut ipse alibi *[VII, 627]*: ,subiguntque in cote secures,' aliquando
frico, ut item ipse *[Georg. III, 256]*: ,et pede prosubigit terram,
fricat arbore costas⁶ *[Seru. ad Verg. Aen. VI, 302 p.375]*. 27* propria. Ordo est: supinus prole, sed magis sua uirtute. Nam quod
dicit ,post monstrata fides,' hoc est, quia solus in prelio regem uulne-
rauit. 28* ueritas rei 30* Nam Camerinam marchiam postea tenuit.
Certum est, quia Albericus interfecit comparem suum Widonem in
ponte, cupidus honoris; ideoque obtat iste, peruenisse eum ad culmen
honoris sine nece amici. 31* furibundus dicitur similis furenti *[Pri-*
scian. Instit. IIII, 35 p. 137]. 33* considerat, diiudicat ᵇ Olimpus
est mons inmense altitudinis, utpote cacumine suo uentos et nubes
transcendens, unde pro nimia altitudine sua celo coequatur, dicitur
autem Olimpus quasi ololampus, id est totus ardens *[Isid. Etym. XIV*
c. 8, 9]. 34* antiquum ac per hoc nobile *[Seru. ad Verg. Aen. I,*
375 p. 68]

¹ legos c ² cf. Stati Theb. II, 328. ³ cf. Verg. Aen. VI, 579: ad aethe-
rium . . Olympum ⁴ nullu c ⁵ subiitque c ⁶ totas c

35 Collectos etiam ducit Wilelmus [1] amicos
Tercentum lorica habiles [a] galeaque minaces, [b]
Nec iaculo segnes. [a] Totidem propellit [b] Vbaldus
Consimili [a] feruore. Vacat non denique uulgus [b]
Instabili motum studio modicisque magistris
40 Profari, quandoque manent [a] hii sorte [b] labores
Doctiloquos; michimet summam [a] tetigisse duelli
Sufficiat. Veniunt etiam, discrimina [a] campo
Qui nuper tulerant, numero [a] ter mille, [2] magistris [b]
Conserti [a] pariter stupido [b] restantibus [c] aruo.
45 Infandum! [a] Foret [b] his satius [c] cecidisse duello,
Quam miseros [a] uidisse dies. Nam dispare fato [b]
Disperiere. Iubet tandem [a] Lamberticus horror
Precipuum [a] truncare; siti perit alter [b] in aruis,
Vngrorum [a] cupit infaustas differre sagittas.
50 Tertius [a] alta poli [b] scandit supremaque ponti

36 [a] aptos   [b] minas inferentes   37 [a] id est studiosos; litotes est.
[b] cogit, impellit 38 [a] quo Willelmus etiam ducebat [b] Hoc nomen et
masculini et neutri generis inuenitur; sed iurta analogiam masculini
generis esse debet, quia nullum nomen in us desinens secundę declinationis neutri generis inuenitur apud Latinos nisi pelagus, quod et
ipsum grecum est [Seru. ad Verg. Aen. I, 149 p. 34]. 40 [a] presto-
lantur, expectant   [b] per sortem   41 [a] scilicet partem   42 [a] pericula.
hactenus Thirrenos duces commemorauit. Nunc de his dicit, qui in
primordio bellorum semper cum Widone [3] fuerant. 43 [a] per numerum
[b] ductoribus   44 [a] coadunati   [b] non qui stupuit, sed qui stuporem
incussit.[4] [c] remanentibus 45 [a] exclamando dictum est [b] esset [c] melius 46 [a] in quibus miserabiliter perierunt [b] dissimili morte 47 [a] Vacat
,tandem' et est uersus de his, qui tibicines uocantur, quibus datur aliquid ad solam metri sustentationem [Seru. ad Verg. Aen. VI, 186
p. 366]. Est autem tibicen [5] proprie furca apposita ad sustentationem
ruentium parietum, unde Iuuenalis [Sat. III, 193] ait, de incommodis
urbis loquens: ,Nos urbem incolimus tenui tibicine fultam.' 48 [a] Ma-
gemfredum significat. [b] Eurardum uult intelligi. 49 [a] scilicet dum
[b] uitare 50 [a] de Sigefredo [b] dicit. [b] Alta poli dicit propter altitudi-
nem montis, [7] ubi monitionem habuit. Supprema autem ponti ideo,
quia lacui etiam se commisit.

[1] ululielmus c [2] cf. Stat. Theb. IIII, 63. [3] ouidone c [4] cussit c [5] tibicinis c
[6] sigefredum c [7] multis c

Tristis, ut almificis sese sustollere* sceptris[b]
Forte* queat. Hominum, pro,[b] mens ignara[1] futuri!
Nunc acies glomerant, bellum numeroque* minantur
Laetantes, timidisque[2] etiam breuis addita uirtus.*
55 Per medios Wido incedens gratatur* amicis
Exultatque[3] animis et spe iam praecipit* hostem:
Qualis* ubi abruptis fugit presopia uinclis
Tandem liber equus campoque potitus aperto,
Aut ille in pastus armentaque tendit equarum
60 Aut assuetus aquę perfundi flumine noto
Emicat arrectisque fremit ceruicibus alte
Luxurians, luduntque iubę per colla, per armos.

Senserat horrisonos tandem* seuire furores
Armipotens* Latii decus, et spes inclita belli
65 Arma ciet,* primisque uirum regnique ministris
Otius* ascitas[b] cogant in prelia turmas,
Imperat ac latas uacuent* habitantibus[b] urbes.
Iussio* torua[b] means Italo iam perfurit aruo,
Conueniant* nocuo rursus decernere ferro,[4]
70 Quis* pia iura[b] placent; notas excita[c][5] per urbes,

51* subtraere.[d] [b] Subtrahitur modo s causa metri [sc. in sceptris],
aliquando nec scribitur, ut illud: ,Tum laterali' dolor certissimu' nun-
tiu'[7] mortis' [Lucilii rel. ed. Gerlach p. 84].   52* euentu aliquo
[b] intericctio 53* multitudine 54* Breuis uirtus definitio est timidi
excrcitus; quod est tiniidus exercitus, breuis uirtus. 55* gratulatur
uel gratias agit 56* preocupat 57* anaculaton est 63* demum, nouissime 64* armorum potens 65* commouet[K] 66* Ocius id est
celeriter; est enim positiuus antiquus, nec enim comparatiuus esse
potest, ubi nulla est comparatio [Seru. ad Verg. Aen. VIII, 555
p. 489]. [b] collectas, euocatas 67* uel dilectum faciant; dilectus apud
antiquos euocatio militum dicebatur. [b] pro abitatoribus 68* id est
clarigatio [b] terribilis [Seru. ad Aen. X, 170 p. 558] 69*,conueniant
decernere' greca figura est concessa solis[9] poetis. 70* pro quibus
[b] id est fedus pii regis [c] commota

---

[1] cf. Verg. Aen. IIII, 508; Stat. Theb. V, 718. [2] v. 54 timidisque — uirtus ex
Stat. Theb. IIII, 12. [3] v. 56—62 ex Verg. Aen. XI, 491—497. [4] cf. Verg. Aen.
XII, 282. [5] excide c exinde Valesius cf. I. 160. [6] subtraere c [7] certissimum
nuntium c [K] ecoumouet c [9] concessolis c

Lęta nouare nefas* ardet,[b] sic prepete motu[c]
Comit* equos [1] artusque terit thorace iuuentus.[b]
Nec mora, Walfredus* ter mille resumit amicos.
His manus in capulo,* primis ac feruor ab armis[b]
75 Hostilem turbare[a] globum;* nec fortior[b] alter[c]
Hostica quem pubes* bello uereatur[b] euntem,
Ausona cui faueat.* Pariter tria fulmina belli
Supponide* coeunt, regi[b] sotiabat amato[c]
Quos* tunc fida satis coniunx, peritura uenenis
80 Sed, postquam hausura* est inimica hortamina Circes.
Hos mille et quingenti equites comitantur euntes,
Obtecti* Calibum pectus[b] de more metallo[c]
Gentis et umbrati nitidis* a uertice cristis.[b]

71 [a] prelium   [b] cupit uel festinat, nam utrumque significare
potest. [c] gestu corporis   72 [a] ornat   [b] Iuuentus est multitudo iuuenum, iuuenta etas, autem apud fatuos dea dicebatur [Seru. ad Verg.
Aen. I, 590 p. 94]. 73 [a] hic precipuus erat amicorum Berengarii.
74 [a] in elte; scilicet erat   [b] id est a primo bello   75 [a] multitudinem
[b] scilicet erat   [c] scilicet illo Walfredo   76 [a] ,Hostica quem[a] pubes'
licenter dictum est, non regulariter, nam secundum regulam hostilem
diceret. [b] timeat   77 [a] id est cui fauere[4] debeat   78 [a] Supponide pa-
tronomicon est a patre et per metaplasmum sistolen corripitur po sil-
laba, uel per licentiam, que est in propriis. Tres autem fuerunt filii
Subponis in prelio: Adalgisus Wifredus et Boso. [b] Berengario [c] dilecto
79 [a] quia soror eorum coniux regis erat. 80 [a] admissura. Nota res
est, cuius hortamine perierit. Nam Circe secundum fabulam filia Solis
fuit, que ospites ad se uenientes[5] quibusdam herbis et carminibus in
diuersas mutabat figuras: bene ergo Circe dicitur mulier illa, cuius
suasionibus permutauit regina statum rationis honeste. interpretatur
autem in Circe manuum iudicium [Fulgent. Mytholog. II c. 10 p. 683].
82 [a] scilicet ipsi equites. Calibes populi sunt, apud quos ferrum in
uenis terrae inuenitur [Seru. ad Aen. VIII, 421 p. 481], unde Sidonius Apollinaris [Carm. V v. 40—42, 46] ait: ,Vt medium solio sese
dedit, aduolat omnis | Terra simul; tum [6] queque suos prouincia [7]
fructus | Exposuit:[8] fert[9] Indus ebur, Caldeus amomum, | Arma
Calips, frumenta Libes, Campanus Hiachum'. [b] notissima figura
[c] secundum consuetudinem gentis suę 83 [a] fulgidis   [b] galeis

[1] cf. Stat. Theb. IIII, 43.   [2] cf. Verg. Aen. IX, 407.   [3] quam c   [4] cauere c
[5] uenientes c   [6] Terras si multum c   [7] prouincia Sidon. Apollin. promentia c
[8] Exposuit Sidon. Apoll. Exponunt c   [9] fer c

Teutonico* ritu[1] sexcentos urguet ouantes
85 Leutho* uiros; etiam simili strepit agmine[b] frater
Bernardus. Stimulant longis calcaribus[2] armos
Alipedum* cuncti et cludunt latera ardua[b] parmis:[c]
Germanus* sic bella gerit. Nec segnis[b] abibat
Albricus, Tyberine,* tuas non sanguine lymphas[b]
90 Quis fraude infecit,* quingentaque robora belli,
Educit patriis horrentia uiribus atqui
Francigenis olim duris exercita* ludis.
Iamque morę* impaciens glomerat Bonifacus[b] amicos,[c]
Alter ab aduerso,* ac paribus circumdatus armis
95 Berardus numero tercentum.* Maxima uulgi[b]
Pars Italo uibrant[3] omnes[4] de more sarisas,*
Orbe* latusque tegunt clipei[b] pro Marte[c] sinistrum.
Aduolat Azo ferox subigens* in bella sodales,[b]
Vicinoque* suas cogens ab limite turmas

---

84 * Germanico 85 * hic Germanus erat. [b] impetu 87 * equorum
[h] excelsa [c] scutis sine umbone 88 * Quare autem Germanę gentes
tam recte et procere stature sint, beatus Hieroninus manifestat, dicens
infantes illarum gentium usque ad tertium uel quartum annum fasciis
circumligari. [b] sed celer 89 * Tiberine dictum pro Tibri; in sacris
namque Tiberinus, in oratione Tiberis, in poemate Tibris apud antiquos dicebatur, sed hoc confundebant poete [Seru. ad Verg. Aen.
VIII, 31 p. 450]. [b] aquas 90 * maculauit 92 * pro exercitata
93 * tarditatis [b] pro Bonifacius, sincope [c] scilicet ab inferioribus
numero tercentum 94 * id est inimico uel contraposito, nam supra
commemoratus est alter Bonifacius, ueruntamen est aliqua in nominibus facta differentia. 95 * scilicet glomerat [h] definitiue dictum est,
quod sunt illi tricenti, id est maxima pars uulgi, scilicet[s] pro multis
aliis sufficiunt. 96 * Sarise dicuntur astae[e] longe Macedonum lingua,
sicut pilum proprie dicitur hasta Romana lingua, ergo sarisas pro
pilis dixit [Seru. ad Verg. Aen. VII, 664 p. 436]. 97 * rotunditate
[b] Clipeus dicitur quasi clupeus a uerbo clopeo id est cęlo uel dicitur greca otimologia ἀπὸ τοῦ κλέπτειν[7] σώματα, id est a furando
corpora; est enim clipeus maius scutum [Seru. ad Verg. Aen. II,
389 p. 154]. [c] id est causa Martis, id est belli 98 * compellens
[b] socios 99 * Azo siquidem et Odelricus uicini sibi erant.

---

[1] cf. Verg. Aen. VII, 241. [2] cf. III, 257. [3] v. 96 uibrant — sarisas ex Stat.
Theb. VII, 269. [4] Macetum Statius. [5] silicet c [6] astrae c [7] cleptin c

100 Olricus, Latium Adriacis* qua* clauditur undis, [1]
    Ac labor est sequis gladios pretendere Hiberis. *[2]
    Farier illectos* studio Mauortis utrimque*
    Pontifices* uereor, strictis* ingentia* dictis
    Pretereo;* Rheni* licitum* nec foedera paucis
105 Effari; hinc alio libitum* transmittere cursus.*
    Vt tandem collecta bonus uidet agmina ductor,
    Assilit in medium, nitidis* cernendus in armis,
    Talia dicta ferens: „Nostri munimina* regni,
    O proceres, prohibere [3] minas Widonis iniquas,
110 Sitne pium,* sapitis, dudum qui funera campo*
    Experti.* Mauult* igitur quod tendere fastus*
    Nunc* etiam, rebus finem quam ponere fessis,
    Arma referte* citi et caram* defendite terram,
    Me duce, quem dudum precibus sustollere [4] fasces
115 Hortati."* Dixitque. Diu cessare duellum

100* Adriacis undis id est undis Adriaci [5] maris; dicitur* autem
Adriacum mare uel ab Adria ciuitate quam alluit, uel quia saxosa
est, nam petra grece adra uocatur [Schol. ad Lucani Phars. II, 615
p. 169 ed. Weber]. *aduerbium est per locum [Seru. ad Aen. IX, 67
p. 510], id est ab illo limite, qua Latium clauditur Adriacis undis.
101 * Hiberi dicuntur Hispani ab Hibero [7] flumine, a quo tota Hispania
Hiberia dicta est [Seru. ad Verg. Aen. XI, 913 p. 54]. Nam Ispani
per Adriaticum mare furtim ad Liguriam, quae pars est Italie, nauigan-
tes maximam inferunt uastitatem ideoque dixit: ‚Qua labor est sacuis
gladios pretendere Hiberis.‘ 102* prouocatos uel adunatos *ex utraque parte, id est ex parte Berengarii* et ex parte Quidonis.* 103* epi-
scopos * scilicet idcirco *magna, absolute dictum 104* pertranseo
* Rhenus unus est ex tribus principalibus fluuiis Germanie, dicitur
autem Rhenus a Rhodano, nam ex una prouincia ambo fluunt [Isid.
Etym. XIII c. 21, 30]. *scilicet est 105* placitum, scilicet est
* seriem narrationis 107* splendidis 108* effexegesis sequentis nominis, id est procerum 110* id est iustum * in campo 111* Sensus est:
uos, o proceres, qui experti estis prius bellum et qui uidistis socios
Widonis prostratos in campo, uos sapitis, si iustum est, quia post
tanta damna cessare deberet. *magis uult *superbiam 112* id
est post tot funera 113* iterum ferte *nobilem 115* scilicet estis

[1] cf. Verg. Aen. XI, 405: Hadriacas ... undas. [2] Abaris cont. Valesius. [3] pro-
hibere c cf. Verg. Aen. III, 265: prohibete minas [4] sustolere c [5] adri adriaci c
[6] dicuntur c [7] adhibero c [8] borunt c [9] quidus c

Turba fremens queritur,ᵃ subitoᵇ concussa tumultu,
Vix labaraᵃ opperiens.ᵇ Ferusᶜ¹ omni in pectore squit
Mortis amor cedisque. Nichil flagrantibusᵃ obstat.
Precipitantᵃ redimuntque moras.ᵇ Sic litora uentoᶜ
120 Incipiente fremunt, fugiturᵃ cum portus; ubiqueᵇ
Vela fluunt, laxi iactantur ubique rudentes,ᵃ
Iamque natant remi, natat omnis in equore summo
Anchora;ᵃ iam dulcis mediiᵇ de gurgite ponti
Respicitur tellus comitesque a puppe relicti.

125 Campus erat dudum studio dampnatus iniquo;ᵃ
Hucᵃ ambe tendunt acies squalentibusᵇ armis.
Et² iam bella uocant. Aliasᵃ nunc³ suggereᵇ⁴ uires,
Qui pensasᵃ tacitaᵇ mundum ratione, creator.
Fatalemᵃ⁵ populis ultro poscentibus horam
130 Admouet atra dies, Stygiisqueᵃ emissa tenebris
Mors fruitur caeloᵃ bellatoremqueᵇ uolandoᶜ

116ᵃ murmurat ideo uidelicet, quia Wido prior mouebat bellum.
ᵇ nimium desiderium monstrat bellare uolentium. 117ᵃ uexilla; grecum est ᵇ expectans, scilicet ibat ᶜ Multa ab hoc loco pene circa
finem huius libri de Statio sumpta sunt. 118ᵃ desiderantibus 119ᵃ pro
precipitantur ᵇ id est tarditatem suam nimia celeritate compensant.
ᶜ quo nauigatio peragi debet 120ᵃ relinquitur ᵇ Vbi aliquando causa
enclisis producitur, ut hoc loco, nam naturaliter breuis est [Seru. ad
Verg. Aen. I, 116 p. 29]. 121ᵃ funes nauis, a stridore sic nominati
[Isid. Etym. XIX c. 4, 1] 123ᵃ hoc nomen apud Grecos aspiratione
caret, licet aspiratio proprie Grecorum sit; illiᵉ enim ankyra dicunt
[Seru. ad Aen. I, 189 p. 36]. ᵇ medium dicitur quicquid inter finem
et initium est. 125ᵃ quasi diceret: ex tempore primi belli destinatus
126ᵃ pro illuc ᵇ splendentibus [Seru. ad Georg. IV, 91 p. 291]
127ᵃ inuocatio est ᵇ subministra 128ᵃ dispensas ᵇ occulta 129ᵃ mor-
talem 130ᵃ infernalibus 131ᵃ luce⁷ ᵇ Bellatorem campum ubi bellum fiebat. Nam aliter dicimus bellatorem equum, per quem bellum
fit, atque aliter bellatorem uirum, qui bellum gerit [Seru. ad Aen. X,
891 p. 592]. ᶜ Personaliter introducitur modo mors per poeticum
phasma.

¹ v. 117 Ferus — 124 ex Stat. Theb. VII, 137—144. ² v. 127 ex Stat. Theb.
VIII, 373. sed Statius. ³ noua Statius. ⁴ surgere c ⁵ v. 129—145 ex Stat. Theb.
VIII, 375—378, 385—391, 395—397, 402—403, 406—407 animos. ⁶ ille c
⁷ lucae c

Campum operit nigroque* uiros inuitat hiatu
Arma ciens*¹ aboletque ᵇ domos conubia natos.
Pellitur et patrię* et, qui mente nouissimus exit,
135 Lucis amor animusque ² ultra thoracas* anhelus ᵇ
Conatur galeęque* tremunt horrore comarum.
Quid mirum caluisse uiros? Flammantur* in hostem
Cornipedes* niueoque rigant sola pinguia nimbo. ᵇ
Iamque ruunt* primusque uirum concurrere puluis
140 Incipit ac spatiis utrimque aequalibus acti*
Aduentant mediumque uident decrescere campum.
Pulcher adhuc belli uultus: stant uertice coni,*
Plena armenta* uiris, nullus sine pręside uector. ᵇ ³
At postquam rabies* et uitę prodiga ᵇ uirtus
145 Emisere ⁴ animos, sternuntque ruuntque uicissim *
Ictibus innumeris. Haud tanta ⁵ cadentibus* hedis ᵇ
Aeriam* Rhodopen solida ⁶ niue uerberat arctos. ⁷
Interea Widonen* adit Walfredus ouantem ᵇ
Cedibus, haud regem, sed enim qui nuper ab aruis

132* Nigro: nocuo uel mortifero. Nam nigrum mortiferum antiqui dicebant; Horatius [Sermon. I, 4, 85]: ,hic niger est, hunc tu,
Romane, caueto' [Seru. ad Verg. Ecl. V, 56 p. 129]. 133* commouens ᵇ delet, a memoria scilicet   134* scilicet amor   135* grecum
nomen est hominis, in accusatiuo plurali a ante s ideo corripitur [Seru.
ad Aen. IX, 505 p. 531].   ᵇ Id est: uim feruoris sui animus etiam
ultra thoracas monstrat nimio pulsu. 136* Secundum antiquum morem
dictum est, quando galeę cristas habebant comarum.   137* accenduntur 138* aequi   ᵇ Nimbus proprię est uis uenti cum pluuia, sed modo
pro sudore ponitur.   139* festinant   140* commoti   142* galeę: a
parte totum, nam conus est summitas galeę [Seru. ad Verg. Aen. III,
468 p. 228].   143* equi   ᵇ scilicet adhuc   144* furor pugnandi   ᵇ con-
sumptrix id est non curans uitam   145* cadunt alternatim   146* ad
hunc casum uenientibus   ᵇ Aurige signum est haud longe a septen-
trione, cuius pedem cum cornu tauri una stella coniungit; hic in
manu sinistra fert edos, in humeris capram, quę aluisse dicitur Iouem;
hoc quoque signum tam ortu quam hoccasu suo efficit tempestates
[Seru. ad Verg. Georg. I, 205 p. 202].   147* in aera ⁸ porrectam
ᵇ septentrio   148* grecus accusatiuus   ᵇ gaudentem

¹ tiens c   ² animisque c   ³ currus Statius.   ⁴ Et misero c Emisero Statius
⁵ v. 146 tanta — 147 ex Stat. Theb. VIII, 407—408.   ⁶ solita c solida Statius.
⁷ ad marginem adscribitur arctus   ⁸ aeram c

150 Sequanicis* illectus[b] erat. Capit[c] eminus[d] ipsum
     Asta uiri [1] ualido nimium contorta lacerto,*
     Extremo * galeę* primoque in margine parmę
     Semita qua lucet: clauso spiraminis haustu*
     Ilicet* oppetiit.[b] Moriens telluris[c] alumnę[d]
155 Infelix caręque domus reminiscitur, atqui
     Damna modo* Latiis quia uenit adeptus in aruis.
     Hinc acies sequitur ceso ductore; furitque
     Alcherium sternens heros Athesinus* et Othum:
     Comminus* [3] hunc stantem metit,[b] hunc a poplite sectum
160 Cuspide transmissa. His socios demitteret umbris
     Innumeros, ni Rhodanicus* succurrere ductor
     Ammonitus, fessis subito adforet ultor* amicis.
     Vt lupus in campis pecudes cum uidit apertis,
     Non ductor* [4] gregis ipse comes, non horrida terret
165 Turba canum, ruit* ac toto deseuit in aruo:
     Haud aliter dirum Wido se tollit in ęquor.*
     Hic celsum* quod cernit aequo turbare sodales[b]
     Erardum indignans, uno [5] duo corpora ferro [6]
     Cornipedemque aequitemque fodit. Ruit* ille ruentem [7]
170 In dominum, [8] lapsasque [9] manu quaerentis habenas

150 * Sequana fluuius Gallie est, hinc Sequanici Galli dicuntur.
[b] conductus   [c] inuadit   [d] a longe   151 * brachio   152 * id est inter
finem galcę et initium parme, id est in ipso iugulo.   153 * id est uia
spiritus   154 * pro ilico causa metri   [b] Oppetere dicimus ore terram
petere, id est mori [Seru. ad Aen. I, 96 p. 26].   [c] Differentiam faciebant antiqui [10] terram et tellurem, dicentes tellurem deam, ole-
mentum uero terram [Seru. ad Aen. I, 171 p. 37]. Martianus tamen
dicit esse tellurem interiorem partem illam, ubi arbores radicitus
hęrent.   [d] in qua nutritus fuerat   156 * tantummodo   158 * id est
Walfredus, ab Athesi fluuio   159 * e uicino   [b] interficit   161 * Rodanus
lluuius est Burgondię, a Rhodo oppido sic nominatus [Isid. Etym.
XIII c. 21, 29]; hinc deriuatiuum Rhodanicus.   162 * defensor   164 * id
est pastor   165 * cum impetu uenit [Seru. ad Aen. XII, 123 p. 63]
166 * id est in campum   167 * sublimem   [b] socios   169 * cadit equus

[1] cf. Stat. Theb. VIII, 496.   [2] v. 152 ex Stat. Theb. IX, 745.   [3] Communis c
v. 159 — 160 transmissa ex Stat. Theb. VII, 713 — 714 domissa   [4] auctor c   [5] v. 168 uno
— 173 ex Stat. Theb. VIII, 539 — 544.   [6] pinu Stat.   [7] ruentum c   [8] domum c Pro-
thoum Stat.   [9] lapsisque — habenis c   lapsasque — habenas Stat.   [10] in c

In uultus[a] galeam clipeumque in corpore [1] calcat,
Saucius[a] extremo donec cum sanguine frenos
Respuit et iuncta domino ceruice recumbit.
Osharii, comites rabido clamore uocantis,
175 Ora ferit framea;[b] pereunt conamina uocis
Intercepta cruore.[a] Milo uerum[b] arma[2] cadenti
Dum rapit, infelix Itala deprenditur asta,
Ac moriens linquit clipeum hostilemque suumque.
Auxilio[a] collecta subit tandem Ausona pubes,[b]
180 Bellum ingens oritur. Multum hinc illineque cruoris[a]
Funditur et totis sternuntur corpora campis.
Nam uarium uirtutis[3] opus.[a] Nunc turba recedit,
Nunc premit[a] ac uicibus[b] tellurem amittit et aufert:
Vt uentis nimbisque minax cum soluit habenas
185 Aer,[4] alterno[a] profligens[b] turbine[c] mundum.
Stat[a] cęli[b] diuersa acies:[c] nunc fortior austri,
Nunc aquilonis hiems, donec pugnante procella[a]
Aut nimiis hic[a] uicit aquis, aut ille[b] sereno.
Hic[a] uidet Anscherius fratrem[b] quia uulnere labi
190 Albrici, ingemit ac rapido conamine telum
Contorquens, clamore[a] graui: „Sator aetheris, inquit,

171[a] in faciem   172[a] pro sauciatus, id est uulneratus   175[a] lancea   176[a] sanguine   [b] set   179[a] ad auxilium; ut Virgilius [Aen. V,
451]: ‚it clamor caelo‘, pro ad caelum.   [b] iuuentus   180[a] pro multus
cruor   182[a] scilicet erat   183[a] id est insequitur   [b] id est per uices
185[a] diuerso   [b] commouens   [c] Turbo turbinis est uis uenti, turbo tur-
bonis[5] proprium [Seru. ad Aen. I, 83 p. 24]; turben[6] ucro turbinis[7]
uertigo[8] fusi; hinc[9] de Hercule legitur: ‚Turbine precipiti rumpuntur
sępe rudentes'   186[a] horret [Seru. ad Aen. II, 333 p. 147]   [b] pro
aere   [c] diuersus conflictus   187[a] Procella dicitur a percellendo, eo
quod cuncta percellat; est autem proprie procella grando, sed modo
pro[10] turbine ponitur [Seru. ad Aen. I, 85 p. 24, Isid. Etym. XIII
c. 11, 22].   188[a] auster   [b] aquilo   189[a] tunc   [b] suum, scilicet Widonem   191[a] deest cum

---

[1] pectora Stat.   [2] cf. Stat. Theb. VII, 646—648: arma Iacontis | iam rapiebat
Abas, cornu depreusus Achiua | dimisit moriens clipeum hostilemque suumque
[3] v. 182 uirtutis — 188 ex Stat. Theb. VIII, 421—427.   [4] Iuppiter affligitque alterno
Statius.   [5] turbodinis c   [6] Turmen c   [7] teruinis c   [8] uertico c   [9] hic c   [10] perc

Sic genus omne tuum propriis discriminet* aruis,
Vt fratres Italo toruus* discernis in agro!"
His dictis, uolat ingenti stridore per auras
195 Cuspis in aduersum,* clipeo sed pulsa rigenti[b]
Alipedi* uadit mortem latura superbo.[b]
Hic* mortem Albricus caperet, nisi proxima[1] uirtus
Tolleret hunc iuuenum sociis et redderet armis.*
Milibus in mediis[2] uadens: „Quid inertia bello
200 Pectora, Vbertus ait, duris pretenditis armis,
O Itali? Potius uobis sacra* pocula cordi,
Sepius et stomachum nitidis* laxare saginis,[3]
Elatasque domos rutilo[4] farcire metallo:*
Non eadem Gallos similis uel cura[5] remordet,*
205 Vicinas quibus est studium deuincere terras,
Depressumque*[6] larem[b] spoliis hinc[7] inde coactis[c]
Sustentare."* Miser uoces dum tollit inertes,
Hasta subit latebras animi[8] scrutata superbi,
Vmfredi librata manu super* horrida fantis:
210 „Infelix Galle, Ausonios ne dicere pigros
Fas tibi,* ni fallor, digitis inpacta[b] monebit
Hasta meis?" Visu ille truci* dum prospicit hostem,
Labitur et carpit moribundus dentibus erbas.

192* diuidat. Discrimen dicitur proprie acus, qua capillos componunt mulieres, hinc tractum est, ut discriminare dicamus diuidere *[Seru. ad Aen. XI, 144 p. 13]*. 193* terribilis *[Seru. ad Aen. X, 170 p. 558]* 195* Albricum uidelicet[b] duro 196* equo[b] deportatura[c] nobili 197* illic *[Seru. ad Aen. I, 168 p. 36]* 198* armis sociorum 201* exsecrabilia[a] *[Seru. ad Aen. III, 58 p. 87]*, nimium potare execrabile est. 202* lautis, delicatis 203* Perifrasis est auri 204* sollicitat 206* non elatum sicut uos habetis[b] lar ignis dicitur, sed ponitur etiam pro domibus, ideo quia in omnibus pene domibus ignis inuenitur *[Isid. Etym. XX, c. 2, 24]*. [c] ui abstractis 207* non[10] farcire, sicuti supra diximus 209* insuper 211* scilicet sit[b] emissa 212* terribili

---

[1] cf. Stat. Theb. VI, 730. [2] cf. Verg. Aen. XII, 125: media in millibus [3] cf. Iuuenal. Sat. IV, 67: stomachum laxare saginis [4] rutili c [5] cf. Verg. Aen. I, 261. [6] Deprosumque c [7] hinc deest in cod. [8] cf. Verg. Aen. X, 601: latebras animae [9] exsacrabilia c [10] nam c

Hae diuersa in parte uices* utcumque cadebant.[b]
215 Seuior at miseris instat regnator Etruscis
Hesperie timidumque uocat Widona per agmen,
Nil [1] uulgare legens,* sed quę dignissima uita
Funera, precipuos annis animisque cruento
Fert* gladio: innumeris [2] ueluti leo forte potitus
220 Cedibus, imbelles uitulos mollesque iuuencas
Transmittit;* magno furor est in sanguine mergi
Nec nisi regnantis [3] ceruice recumbere tauri.
Vmfredum sed enim sonipes* male fidus in armis
Rumpentem frenos* diuersa per agmina raptat
225 Iam liber;* sic fessa manus.[b] Venit asta [4] per armos
Principis et lęuum iuueni transuerberat inguen,
Labentemque affigit ęquo. Fugit ille* perempto
Consertus domino, nec iam arma aut frena tenentem
Portat adhuc equitem.[5] Fratris iam menbra regebat
230 Arduinus equo,* leua [6] marcentia[b] colla
Sustentans dextraque latus.* Singultibus artum*
Exhaurit* thoraca dolor, nec uincla cohercent[b]
Vndantem fletu* galeam, cum multa[b] gementi
Valde [7] grauis curuas perfringit lancea costas.
235 Exit et in fratrem, cognataque pectora telo
Conserit.* Ille[b] oculos etiamnum in luce natantes
Sistit et adspecta germani morte resoluit.
Procubuere pares fatis — miserabile uotum
Mortis — et alterna clauserunt lumina dextra.

214* uicissitudines [b] finiebantur 217* eligens 219* aufert
21* preterit 223* aequus 224* id est toto nisu retrahentem
:5* a rectore scilicet [b] scilicet erat 227* aequus 230* id est in
quo [b] deficientia 231* sustentant 232* aperit, laxat [b] constrin-
nnt 233* Bene dixit fletu, sane ploratus tantum lacrimarum est,
lanctus tantum uocum, fletus ad utrumque pertinet [Seru. ad Aen.
7, 427 p. 380]. [b] pro multum 236* coniungit [b] qui primo uul-
rratus fuit

[1] v. 217—218 ex Stat. Theb. VIII, 379—380. [2] v. 219 innumeris -- 222 ex
Int. Theb. VIII, 594—597. [3] reguantes c [4] cf. Verg. Aen. X, 588, 589: subit oras
via per imas ... tum laeuom perforat inguen [5] equidem c [6] v. 230 lena — 239
t Stat. Theb. II, 632—639, 642—643. [7] pone Statius.

240 Ac[1] uelut Edoni[a] boreę cum spiritus alto
     Insonat Egeo[a] sequiturque ad litora fluctus;
     Qua uenti incubuere, fugam dant nubila caelo:
     Sic regi,[2] quacumque uiam secat, agmina cedunt,[3]
     Conuerseque ruunt acies, cadit obuia pubes.
245 Vt uidit socios regi dare terga sequaci
     Ildeprandus, abit clamans: „Perstate sodales,
     Quid fugitis? Spectate, uirum si pellere ferro
     Forte queam! Similes[a] artus natura creatrix
     Huic[4] dedit ac similis sustentat uiscera sanguis.
250 Num[a] sacra[b] riguit Stige? Num penetrabile plantis
     Hunc modo[a] tergus[b] obit?[c] Mortali[5] urgemur ab hoste.
     Haud legione, pium[a] domino quę seruit ad usum.“
     Sic ait et toto conixus[a] corpore telum[6]
     Effundens, femur ingenti ferit eminus[a] ictu
255 Ductoris Latii. Satis[a] hoc; et tollere gressum
     Pone[a] citus facti cogente timore parabat;[7]
     Protinus intorquens iaculum sed ductor in hostis
     Os, terebat[a] faciem quartis sine lege[b] labellis,[c]

240[a] montis Tracię[a] [Seru. ad Aen. XII, 365 p. 73] 241[a] Egeum
mare dicitur, ut quidam uolunt, ab Egeo patre Neptuni, alii dicunt,
quod uocetur a saxo, quod in eo eminet in similitudine capre. Ega
enim grecę latine capra dicitur [Isid. Etym. XIII c. 16, 5]. 248[a] Re-
thorice suadet sociis. 250[a] Fabulam de Achille[b] uelud omnibus notam
pretereo. [b] Sacra: secundum nos execrabili, secundum gentiles reuera
sacra, utpote dii eorum non audientes illius fallere numen [Verg. Aen.
VI, 324]. 251[a] tantummodo [b] Tergus tergoris corium significat.
tergum uero tergi[10] dorsum, sed modo, quia de homine dicitur, tergus
pro pelle uel cute ponitur [Seru. ad Aen. I, 211 p. 43]. [c] circumdat
252[a] Bene dictum est ad pium usum: est enim legio, que seruit domino, sed non ad pium usum, utpote legio demonum. 253[a] antique
dictum pro conisus [Seru. ad Aen. I, 144 p. 33] 254[a] a longe
255[a] id est sufficeret ei, potuisse uulnus inferre tam forti uiro, si inle-
sus effugere potuisset. 256[a] retro 258[a] perfodit [b] id est sine natura
[c] id est quattuor labris terebrauit faciem, nam super duo, que naturaliter habebat, duo quasi addidit, dum uulnere turpauit uultum.

[1] v. 240—244 acies ex Verg. Aen. XII, 365—369. [2] Turno Vergil. [3] cae-
dunt c [4] Huhic c [5] mortali — hosto ex Verg. Aen. X, 375. [6] cf. Verg. Aen. X, 127.
toto conixus corpore saxum [7] parat c [8] traicę c [9] achille c [10] gi c

Increpitans:[a] „Secreta tibi committere nullus
260   Audebit, Thyrrene,[1] dehinc, quod apertus habunde[a]
Hac illacque flues.[a] Sint hęc monimenta, minorem
Te frustra uoluisse meis illudere telis!"
Ille[a] quidem euasit, socium[b] circumdatus armis;
Sed uictor,[a] animi tota succensus in ira,
265   Innumeram[2] ferro plebem ceu letifer[a] annus
Aut iubar aduersi[a] graue[b] sideris immolat:[c] „Ite,
Vociferans, uestroque duci[a] narrate, Latinos
Diuidat an recte uobis mea lancea campos!"
Tyrrheni proceres iterum hinc atque inde pudore
270   Collecti statuunt gressum firmantque uicissim
Vndique sese armis oriturque miserrima[a] cędes
Amborum et ferrum ferro sonat; undique mixtis
Inter se stridunt mucronibus. Instat utrimque
Densa acies rursusque nouo[a] respersa cruore
275   Arua madent, ruit Hesperias dum[a] Phoebus in undas.
Quis modus[a] ulterior uel quę discretio[b] belli,
Ni finem daret aetherea sator[a] orbis ab aula?

259[a] exprobrans   260[a] habundanter   261[a] Hoc emistichion de Terentio *[Eun. I, 2, 25]* mutuatum[3] est, translatum a prima persona ad secundam.   263[a] Ildebrandus [b] pro sociorum, sincope[4] est medie sillabe, dicit autem Plinius, quod hec concisio facienda est tantummodo in masculinis nominibus, que neutra non habent, ne similis sit genitiuus pluralis nominatiuo singulari neutrorum, sicut hoc loco socium pro sociorum, facit enim socius socia socium; tamen inuenitur usus huiuscemodi[5] concisionis, licet non frequens, etiam in his, que ex se faciunt neutra. Terentius *[Heaut. Prol. 26, 27]*: ,Oratos uos uolo ne plus iniquum possit quam equum oratio'[6] pro iniquorum et equorum. Statius *[Theb. I, 609, 610]*: ,lateri duo corpora paruum dependent' pro paruorum *[Serv. ad Aen. M, 18 p. 117, Priscian. Instit. l. VII c. 24 p. 306]*. 264[a] rex   265[a] pestilens   266[a] pestiferi [b] Graue iubar: sirion stellam dicit, que estiuis mensibus coniuncta soli graues morbos et pestilentias facit. [c] interficit   267[a] Widoni   271[a] digna miseratione   274[a] recenter fuso   275[a] donec   276[a] Modus: finis; sic Iuuenalis *[Sat. VII, 100]*: ,nullo quippe modo millesima pagina surgit' *[Serv. ad Aen. IV, 98 p. 258]*. [b] diuisio[7]   277[a] creator

---

[1] thyrrone *c*   [2] v. 265—266 immolat *ex Stat. Theb. VII, 709—710.*   [3] mutatum *c* (hac atque illac perfluo *Ter.*)   [4] siccope *c*   [5] huiuscemodo *c*   [6] horatio *c*   [7] diuiso *c*

Nocte instante solo* tandem spississque tenebris
Concedunt* mesti et trucibus dirimuntur ᵇ ab armis.

EXPLICIT LIBER II ¹

INCIPIT LIBER ² III

Tanta per Ausonios deferuere prelia campos,
Non modo* finitimis, ᵇ longe sed Fama remotis
Dum canit, Arnulfi Germanica iura prementis,*
Brengario sed enim regum per stemmata* iuncti,
5 Tendit ad imperium solito magis hispida plumis,*
Amplectens una populum saeuumque tyrannum
Gutture profuso. Coquit ille* in pectore curas,
Moxque uocans genitum: „Duros, Sinbalde, maniplos,
Inquid, age, et rapidis ³ Italos pete ⁴ cursibus agros,
10 Rex ubi Brengarius audentes ardua* Gallos
Insequitur bellis; tamen hos per uulnera dicas*
Aut montis subito, mirum,* succrescere partu,
Tot ueniunt.* Tantumne potis ᵇ ⁵ perferre dolorem,
Nostra ut progenies propria* uexetur in aula?
15 Nec tibi bella dari uereor, si iunctus amico

278* Bene dicit noctem instare solo, id est terre, nam non penetrat celum, dum certum sit, eam non ascendere ultra lunarem circulum: nichil enim aliud est, nisi umbra terre *[Seru. ad Aen. IV, 7 p. 248].* 279* finem inponunt ᵇ separantur.

III, 2* tantummodo ᵇ uicinis 3* latenter monstrat Arnulfum incubatorem regni. 4* per lineam generationis 5* Pennata ⁶ enim describitur Fama apud Maronem *[Aen. IV, 180]*, hinc est quod dicit ,hispida plumis magis solito,' magna nempe nuntiabat. 7* Arnulfus 10* Audentes ardua dicit, quia contra fortissimum contendebant. 11* pro dicere potest aliquis 12* exclamatio 13* Sensus est: tot Galli ueniunt contra Berengarium, ut dicas eos aut succrescere per uulnera aut subito ⁷ partu montis et quia hoc incredibile ᵇ erat, exclamando addidit ,mirum', sane quia per montes ingrediebantur, ⁹ ideo finxit hoc. ᵇ id est possibile est. Sensus est: Numquid possibile est nobis perferre tantam dolorem? 14* iure sibi debita

---

¹ Explicit — II *om. c.* ² Incipit Liber *om. c.* ³ pidis *c* ⁴ porte *c* ⁵ tautnm nepotis *c* ⁶ Sennata *c* ⁷ nobito *c* ⁸ ingredibile *c* ⁹ ingrediebatur *c*

Iueris. At muris dicas seruare superbos
Forte animam* neque uelle tuis famularier[b] armis:
Esto,* uices mutabo dehinc et moenia scindam[b]
Ausonię, rutilam* donec ueniatur[b] ad aulam
20 Clauigeri,* et totos Araris[b] uacuabo[c] furores.“
Paret ouans patri, simili succensus amore,
Mox Sinbaldus et electo comitante ministro
Ingrediens Latium quosdam premittit, amico
Pacificum referant sese qui tollere gressum
25 Consimili* feruore. Subit pater[b] obuius olli[c]
Brengarius, celsas nimium qua tollit in arces*
Se regnum* ac subitis[b] Rhenos[c] discriminat[d] oris.
Hic ubi congressu[1] dextras iunxere decoro,*
Rex* inquid prior: „O iuuenum fortissime, nostros
30 Cur uelis penetrare locos,* cunctatio[b] nulla est.
Nuntia uera satis.* Solum rogitare[b] necesse,
Incolumem quia te nostris conspectibus offers,*
Si fruitur pater optatis tuus optime rebus.“
Inquit at ille: „Valet genitor, commune* leuamen,
35 Teque ualere cupit, pacatis foedere campis
Mansuro* Latii. Celeres idcirco subegit[b]
Nos petere Ausonias collecto* milite terras.“
Interea loca tuta petit dux Gallicus,* atqui

17* uitam   [b] obedire   18* Esto grecum aduerbium concedentis
est [Seru. ad Aen. IV, 35 p. 252]. [b] subtrahitur [cf. gl. ad II, 51]
19* claram   [b] scilicet a nobis   20* caelestis   [b] id est populi circa
Ararim habitantis [c] id est uacuos[2] reddam   25[a] ut Gallos scilicet[3]
odio habeat, sicut ibi Berengarius[4] habebat.   [b] reuerentie nomen est
[Seru. ad Aen. VII, 327 p. 424].   [c] pro illi   26* id est circa iuga
montium occurrit illi.   27* Italie [b] altis   [c] Germanos [d] diuidit 28* uti
reges decet   29* Berengarius   30* locos et loca facit Virgilius [Aen.
I, 306, 307]: ,exire locosque explorare‘ iubet [Seru. p. 61].   [b] dubi-
tatio   31* scilicet sunt   [b] interrogare   32* Hęc per parenthesin dicta
sunt.   34* id est meum et tuum   36* duraturo   [b] compulit 37* singularis numerus pro plurali   38* Wido

[1] cf. Verg. Aen. VIII, 467, 469: congressi iungunt dextras .. rex prior haec
[2] uacuus c   [3] sllicet c   [4] sicu tihiber c sicuti hos?

Non geminis* obstare sua uirtute tyrannis[b]
40 Posse uidens. Illi fremitu miserabile* clusos
Irritant,* hinc inde solum peragrando Latinum.
Verum ubi cuncta silere uident hostilibus ausis,
It[1] monitu regis* patrias Sinbaldus ad oras,
Quod solus queat* hostilem superare furorem.

45 Tertia[2] uix lunę se cornua luce replerant,*
Hic lętus* patriam postquam concessit ad aulam,
En Wido agmen agens, iterum renouare furores
Accelerat; contra* ductor depellere pestem[b]
Instruit arma pius tantosque rescindere fastus.*
50 Nec latet Arnulfum rursus succrescere bellum
Hesperia.* Widonem etiamnum[b] milite fretum
Affore, ceruicesque* procaci adtollere fastu,
Audiit; ac solio. quo forte sedebat, eburno
Exilit ingentique domum clamore repleuit:
55 „Fortia iussa cito, scribe,* sulcate papyris,[b]   ·
Actutum* populos cogant, quae adstare iubenti,
Quam uarios linguis,* tam duros pectore et armis.
Namque iuuat Latio* clarum me uisere amicum,

39* duobus; gemini autem sunt proprie fratres simul nati [Seru.
ad Aen. II, 203 p. 137]. [b] regibus 40* pro miserabiliter 41* pro-
uocant 43* Berengarii 44* ipse rex 45* pro repleuerant; tam enim
in prima, quam in secunda coniugatione preteritum plusquamperfectum
inuenitur pati concisionem in quibusdam uerbis.   46* Sinbaldus
48* econtra   [b] Figurata locutio: instruit arma depellere pestem, id
est ad depellendum. 49* superbiam 51* in Hesperia [b] adhuc, una[3]
pars orationis. Iste uersus caret cesura, si etiamnum pro una parte
accipitur; hoc et Virgilius fecit in hoc uersu[4] [Aen. XII, 144]: ,ma-
gnanimi Iouis ingratum ascendere cubile.' 52* Ceruix singulari numero
collum significat, plurali uero superbiam, sicut hoc loco [Seru. ad
Aen. II, 707 p. 171]. 55* silentiarii [b] Secundum Romanum morem
dicit, qui in papiro scribere solent. Ὑπαλλαγή: id est sulcate papi-
ros fortibus iussis. 56* celeriter [b] scilicet mihi 57* Multis barbaris
gentibus imperabat Arnulfus, ideo dicit ,uarios linguis.' 58* in Latio.
Amant poete detrahere prepositiones prouintiis locis regionibus et
econtra addere urbibus [Seru. ad Aen. I, 38 p. 14].

[1] In c [2] cf. Verg. Aen. III, 645: tertia iam lunae se cornua lumine conplent
[3] una c [4] uersum c

Quem tociens Rhodanus* uexat, properante Lemanno[b]
60 Milite. Quo fugient* ergô?[b] Caelumne subibunt?[c]
An latebras terrę quęrent liquidiue profundi?
Oderit Hesperię, faxo,* dux nomen amatę
Improbus* extremis terrae uel[b] postus[c] in oris!"[d]
Talibus infessus metuenda mole* cateruas
65 Pręstruit* irarumque[1] graues emittit habenas:
Eridanus ueluti, niuibus feruore* solutis,
Pręruptum* exit[2] in arua fluens, camposque per omnes
Cum stabulis armenta ruit,* radicitus[b] alnos
Litoreas fluctu undarum labente resorbens.
70 Iamque solum tenet Ausonium dux ille uerendus,*
Cum Widonis abit rancore* soluta superbo
Fama in castra rei. Sociis extemplo* uocatis
Tunc ait: „O proceres, quid opus depromere uerbis,
Quo res imperii mergantur pondere belli?
75 Collectis quando Hister* adest hinc inde fluentis
Excidio* nostri? Moneo, seruate secundis[b]
Rebus eo* uosmet, tantis ac parcite bellis,
Abscedat donec proprios Arnulfus ad agros."
Pingue solum[3] interea regum dum lustrat uterque,

59* id est homines,[4] qui iuxta Rhodanum morantur.   [b] pro Ale-
manno, afcresis [Seru. ad Georg. IV, 278 p. 297] 60* scilicet Galli
[b] casus uel[5] coniunctio est [Seru. ad Aen. VI, 670 p. 395]. [c] Arbi-
tratur nullo modo illos posse effugere. 62* id est faciam; defectiuum
est, sed multa significat. 63* Bene inprobum dicit, qui totiens repulsus non desistebat. [b] etiam [c] pro positus [d] Sensus est: faciam, ut
Wido odio* habeat nomen amatę[7] Hesperie, non solum si[8] iuxta fuerit,
sed etiam si in extremis oris terrę positus fuerit.   64* magnitudine
65* colligit 66* calore 67* nomen pro aduerbio prerupte 68* eruit,
modo actiuum est.   [b] id est a radice uel cum radice   70* metuendus
71* Rancor proprie dicitur raucitas uocis cum superbia.   72* Extemplo:
statim; apud antiquos namque augurum sermo erat [Seru. ad Aen.
I, 92 p. 25].   75* fluuius Germanię [Isid. Etym. XIII c. 21, 21]
76* ad excidium [b] prosperis 77* ideo

[1] cf. Verg. Aen. XII, 499: irarumque omnes effundit habenas   [2] cf. Verg. Aen.
II, 497—499: exit ... in arua furens cumulo camposque per omnia cum stabulis
armenta trahit [3] cf. Verg. Georg. I, 64. Aen. IV, 202. [4] idhu e [5] casut c causa-
lis? [6] hodio e [7] ciultate c [8] si om. c

8*

80 Pergami* adueniunt urbem, quam detinet ultro
    Munitam iaculis nimium sudibusque preustis, [1]
    Natura tribuente locum satis arcibus* aptum,
    Ambrosius pesti miser heu deuotus [2] iniquę.
    Qui regum infelix postquam defertur ad aures,
85 'Obsidione iubent densa* circumdare muros,
    Ne capiat socium quemquam exteriusue remittat,
    Dispersi donec populi tot luce sequenti
    Conueniant, captumque locis emittere firmis
    Vi certent, ausit* rursus ne talia quisquam.
90 Postera [3] cum primum stellas Aurora fugaret,*
    Vrbis ad excidium properat Germana iuuentus,
    Vndique luctifico sonitu compulsa tubarum.
    Hic* fossas implent [4] alii muroque propinquant,
    Pars scalis etiam tendunt* conscendere [5] turres.
95 Vrget enim utrorumque nimis presentia regum,
    Moenia quod retinent carum* pro munere dantum.
    Omne [6] genus contra telorum effundere ciues
    Prędurisque parant hostes detrudere* contis,
    Nec possunt obstare tamen; tot milibus acti[b]
100 Deficiunt. Verum* cadit hic cum fragmine muri,
    Ille ruit fossus* iaculo; sine uiribus alter
    Stat [7] rationis inops.* Reclusis[b] undique portis,
    Vrbs patet, hostili iamiam confusa tumultu.
    Ecce uerenda* prius nullo sub honore tenentur

80* Pergami ad urbem pro ad urbem Pergamum; endiadioin[ĸ] est,
id est una res diuisa in duas. Virgilius [Aen. I, 247] ,urbem Pa-
taui' dixit pro Patauium. Corripitur producta uocalis altera supse-
quente uocali et in hoc et in sequenti uersu [Seru. ad Aen. I, 41
p. 15]. 82* munitionibus   85* frequenti   89* pro audeat   90* Aduentu namque diei obscurantur stelle ideoque fugari dicuntur. 93* tunc
94* contendunt   96* precipuum   98* repellere   99* compulsi
100* attamen   101* uulneratus   102* ignarus consilii   [b] apertis
104* metuenda, reuerenda

[1] cf. Verg. Aen. VII, 524: sudibusue praeustis   [2] doudouotus c   [3] ex Verg. Aen.
V, 42 (primo .. fugarat)   [4] cf. Verg. Aen. IX, 504: et fossas implere parant   [5] cf. ib.
505: pars .. scalis ascendere muros.   [6] ib. 507—508: telorum effundere contra [
omne genus Teucri ac duris detrudere contis   [7] Sta c cf. Stat. Theb. I, 373.
[ĸ] endiadlin c

105 Atria;* nam scissis pereunt uelamina uittis[b]
     Virginis,* impulsusque sacer fugit ipse minister,[b]
     Quorundam stringunt ambas quia uincula palmas,
     Oscula quae solitę* sacris[b] sentiro litatis.[b]
     Ambrosius, auctor sceleris fomesque* malorum,
110 Vt tandem uidet inmites dominarier hostes
     Arcibus, ascensu celeri petit ardua turris,*
     Nil sibi sub tanto fidens superesse periclo,
     Edibus ingenuis* quondam orto[1] Marte[b] refertis.
     Pellitur inde tamen, uictis accinctus et armis
115 Arnulfo* manibus trahitur[b] post terga[2] reuinctis.
     Ille calens ira, testatur cuncta creantem,
     Arboris hunc ramis subito demittier altę.
     Pro genus inuisum loeti,* suspendere uentis
     Debita membra solo! Mortalibus altera rerum
120 Pars* datur ac membris prohibetur gleba caducis.
     Hinc* igitur iuuenum soluuntur frigore[b] mentes,
     Vrbibus excedunt[3] laxisque repagula* portis
     Discindunt* hostesque feros in moenia linquunt.

     Sed quia non illis predo* tutacula[b] terris
125 Obtinuit, subito Etruscas procinctus* ad oras
     Vertit iter regum imperio Romana petentum

105* Atria ab atro dicuntur, id est a fumo [Seru. ad Aen. I, 726
p. 109]; nam in porticibus quondam philosophabantur[4] sapientes, ibi
etiam prandebant antiqui, sed modo atria pro templis diciuus. [b] liga-
minibus 106* Etiam sacrate uirgines corrumpebantur. [b],Ipse minister'
enfasis est, id est exaggeratio.[5]   108* scilicet erant   [b] sacrificatis
109* nutrimentum   111* pro arduam turrim   113* liberis   [b] pro
armis   115* Solum Arnulfum hoc loco commemorat, ne Berengarius
utpote pius tam dire mortis conscius esse uideatur. [b] ducitur 118* in-
teriectio ex persona poete 120* Altera pars rerum, id est acr. Nam
partes rerum quattuor sunt, ex quibus hic due commemorantur.
121* id est ex hoc quod suspensus est Ambrosius. [b] Frigore id est
timore. Frigus enim et timor reciproca sunt, id est pro se inuicem
ponuntur [Seru. ad Aen. I, 92 p. 25].   122* seras   123* diuidunt
124* Wido [b] refugia, munimina 125* militaris expeditio

---

[1] morto c orto corr. Morellius ingeniis quorandam Valesius ingenuis quondam
iam Pertz [2] posterga c [3] excidunt c [4] philosophantur c [5] exaggeneratio c

Atria; ne summa forsan quia mansit in aula,
Haud latuisse queat Gallus se dicere, postquam
Fluctiuagas Rheni [1] Arnulfus remearit* ad undas.

130   Fugerat hinc Romana uafer* sed culmina tandem   -
Ne lepidos* caperent liquid fędata tyrannos. [b]
Hii tamen accitis* hostilia crimina pandunt
Signiferis, uexilla iubentque educere castris, [2]
Viribus ac totis clausas insistere* portas,

135   Vi saltem reserantis adire ut limina cęlum*
Principis* aecclesię liceat, ne friuola [b] tantos
Propellant* figmenta uiros et uota retardent
Pręsenti promissa loco templisque dicatis.
Talibus imperiis talique hortamine regum

140   Induuias* rapiunt cuncti Mauortis anheli,
Commissas* auidi ferro proscindere [b] portas.
Iam quia parta sibi speculantur* nigra [b] Quirites, [c]
Vndique dissutis* reserant penetralibus urbem,
Admittuntque* duces ueneranda ad delubra mites.

145   Hic* ubi [b] perfectis nituere altaria uotis,
Ardet inexpletum ductor proferre furorem
Barbarus.* Infrenes [b] animos sic ira fatigat.

129* pro remeauerit   130* callidus, astutus   131* Lepidos id est
iucundos; tractum est hoc nomen a suauitate leporine carnis et ab uno
utrumque lepidum uocauit.[3] [b] reges   132* cuocatis   134* Insisto illam
rem dicimus, non illi rei, quod qui dicunt, decipiuntur propter insto
illi rei. Virgilius [Aen. VI, 563]: ,Nulli fas casto sceleratum insistere limen' [Seru. p. 387]. 135* Ordo est: saltem ut ui liceat adire
limina principis aecclesię reserantis celum.   136* Petri   [b] Friuola
dicuntur quasi fere [4] obola scilicet ualentia: quod enim friuolum uauum
et uile.   137* repellant   140* loricas ab inducendo [Isid. Etym. XII,
c. 4, 47]   141* clausas. Commissas portas dicit clausas, nam com-
missura dicitur tabularum coniunctio [Seru. ad Aen. IX, 675 p. 539].
[b] diuidere   142* prouident   [b] aducrsa   [c] Romani   143* diuisis et
apertis   144* recipiunt   145* tunc   [b] postquam   147* Arnulfus. Barbarus ductor dicitur, quia barbaris gentibus imperabat, nam aliter non
procedit, quia supra dixit cum Berengario parentela coniunctum [v.4].
[b] indomitos

[1] rheri c   [2] cf. Verg. Aen. XI, 20.   [3] uocamus? Similia habet Papias vocabulista ad voc. lepos, lepidum.   [4] ferre c Papias: friuolum dicitur quasi fere obolum
id est oboli pretium.

Quid faciat, quo se uertat, quę moenia uisat,
Ignorat rationis inops.   Nam summa tenebat,
150   Spes ubi pestiferis restabat postera* Gallis.
At ductor Latii sotium sine more tyrannum
Vt uidet ingruere, placido sic pectore* coepit:
„Desine,* rex uenerande; satis uirtute peractum,
Nec decet ulterius socios deducere Rhenos.
155   Nam si itidem Wido uictis spem ponit in armis, [1]
Adueniat tumidus, dextra hac, sine,* posco, domandus,
Te dominante uiris antiquo foedere iunctis.“
Mitior his dictis, patitur repedare uolentes
Barbaricos proceres diuerso ab limite lectos,
160   Germanę princeps metuendus et arbiter* aulę. [b]

Vix proprios tetigit fines rex ille uerendus:
Legirupis* en Wido tubis rediuiua [b] resumit
Agmina, item uetitos cupiens peruadere campos.
Seuior ipse etiam regni pater* hostibus arma
165   Molitur, tantos auidus[2] finire labores.
Interea sors lecta dei,* circumdata saccis, [b]
Vota facit, uultum lacrimis altaria circum
Suffusa, has imo referebat pectore uoces:
„O rerum genitor, cunctis[3] metuenda potestas,
170   Imperio qui bella regis pacemque perhenni,
Da tantos cessare dolos; da, criminis auctor*
Veloci pereat loeto; da tempora nostro
Longa duci,* quando [b] gemina fert laude coronam,
Virtutis merito et generis quod stemate pollet.“
175   Audiit ista sator, totum qui curuat Olympum: [* 4]
Mortis adesse diem cogit fera bella mouenti,

150* postrema   152* Habitum monstrat futurę orationis.   153* instare   156* permitte   160* iudex   [b] hoc emistichion [5] Sedulii est
[Carm. Pasch. II, 78].   162* legem rumpentibus   [b] renascentia   164* Berengarius   166* id est sacer ordo   [b] ciliciis   171* id est Wido   173* id
est Berengario   [b] siquidem   175* id est cęlum

[1] cf. Verg. Aen. II, 676: spem ponis in armis   [2] auidos corr. auidus c   [3] cun-
tis c   [4] olymphum c   [5] emistichion c

Sic tamen ut proprio componat* lumina lecto.ᵇ
Vltima lux instat, nec iam spes ulla diei,
Cum uocat hic natum tanto pro funere mestum,
180 Haec monita fractis promens memoranda* loquelis:
„Nate, uides quam dura premant dispendia* uitam,
Quae pater ille hominum*¹ uetiti pro crimine pomi
Intulit et rupto maculauit foedere* massam.ᵇ
Nec ultra patriis* poteris tutarierᵇ armis,
185 Namque rapit natura diem* somnumqueᵇ reducit.
Percipe uerba tamen positi sub fine parentis,
Et ratione uales quacumque, asciscere*² forti
Brengario.   Hunc etenim fato meliore sequetur
Hesperia et nostris etiam dominabitur aruis.“³
190 Nec plura effatus, medio sermone resistit,
Et uitam pariter moriens et famina linquit.
Lętantur populi, mortis cecidisse ministrum,
Et curis soluunt animos ac Marte lacertos:
Vt*⁴ cum sole malo tristique rosaria pallent
195 Vsta* noto; si clara dies zephirique refecit
Aura polum, redit omnis honos, emissaque lucent
Germina et informes ornat sua* gloria uirgas.

Pars quoque magna uirum properant, Widone sepulto,
Orantes ueniam*⁵ Latii ductoris ad aulam,
200 Dum Widone satum,* inualido comitante ministro,
Deficiunt duplici nimium discrimine* mestum,
Morte patris simul ac notis abeuntibus* armis.⁶

177* finiat   ᵇ scilicet non in bello moriatur   180* digna memoria
181* damna   182* id est Adam   183* rupto federe inter se et deum
ᵇ id est totum genus humanum   184 id est paternis   ᵇ defendi
185* id est uitam   ᵇ mortem   187* associare;⁷ nam inperatiuus*
modus est.   194* Statii [Theb. VII, 223—226] comparatio est.
195* siccata   197* propria   199* Orantes ueniam id est pacem, nam
et Virgilius [Aen. I, 519] sub eodem sensu protulit [Seru. p. 86].
200* Lanbertum   201* tristitia   202* recedentibus

¹ cf. Sedulii Carmen Pasch. I, 54: hominem uetiti dulcedine pomi   ² asciscere c
³ armis c aruis Valesius.   ⁴ v. 194—197 ex Stat. Theb. VII, 223—226.   ⁵ cf. Verg.
Aen. I, 519.   ⁶ cf. Stat. Theb. III, 708.   ⁷ associare c   ⁸ inperitinus c

At recolens precepta patris,[a] iubet ire sodalem,[b]
Qui pacem petat ac regem summissus adoret:[a]
205 Ne memor esse uelit genitoris bella gerentis,[a]
Sed legat[a] in regnum sociali foedere amicum,
Milicieque etiam, Mauors[a] si quando, ministrum,
Bella ciet.[a] Dux[b] interea uenerabilis acuo
Fert pietatis opem[a] uenientibus ultro maniplis.
210 Nec Gallos abicit, nec crimina ponit[a] Etruscis,
Pretendit solito uerum pia uiscera[a] cunctis.
Nuntius in medio demum ut Lanberticus adstat,
Et que sit fortuna uiro pacisque uoluntas
Edocet, ipse pater miti[a][1] sic pectore reddit:
215 „Aequa referre malis[a] nimium sacra iura[b] recusant.
Namque[2] poli sensum[3] demissum traximus arce,
Cuius egent prona et terram spectantia.[a] Mundi
Principio[a] indulsit communis conditor illis
Tantum animam, nobis animum quoque,[a] mutuus ut nos
220 Affectus petere auxilium et prestare iuberet.
Nec genitus gignentis habet pro crimine noxam,
Veridico ceciuit quondam uelut ore propheta.[a][4]
Quapropter ueniat noster dicendus amicus
Hac ratione, fide[a] uiolet ne iura proteruus,

203[a] scilicet sui; id est quae pater moriens dederat.   [b] id est
unum ex sodalibus   204[a] humilis precetur   205[a] Widonis scilicet
206[a] eligat.   Notanda[5] est distinctio precis, nam petebat se amicum
id est equalem legi foedere, id est societate[6] regni, ministrum uero.[7]
207[a] pro Mars, dieresis   208[a] commouet   [b] Berengarius   209[a] auxilium   210[a] constituit, reputat   211[a] id est affectum pietatis   214[a] abi-
tum future ostendit orationis.   215[a] id est mala pro malis   [b] id est
diuina precepta [Rom. 12, 17; 1 Thess. 5, 15: ne quis malum pro
malo alicui reddat]   217[a] scilicet animalia   218[a] id est cum crearen-
tur   219[a] non solum animam, sed etiam animum   222[a] Propheta dicitur quasi porro fans, id est futura dicens [Isid. Etym. VII c. 8, 1].
224[a] pro fidei.   Notanda hoc loco sententia Seruii [ad Aen. I, 156
p. 35] qua dicit, non esse apocopen, si dicamus fide pro fidei, nam

[1] mitis c   [2] v. 216—220 ex Iuuenal. Sat. XV, 146—150.   [3] sensum a caelesti
Iuuenal.   [4] Ezech. 18, 20: filius non portabit iniquitatem patris.   [5] Notandum c
[6] societatem c   [7] supple militiae

225   In leui[a] cumulans genitoris pectore technam.[b]
      Sin tenet ille dolum iuuenili mente resumptum,[a]
      Colligat[a] arma cito, patrique simillimus ultro
      Exercens studium[a] faxit[b] per bella periclum."[c]
      Percipit[a] haec hilaris postquam iuuenilis alumnus[b][1]
230   Procidit et supplex regi ueneratur amorem,[a]
      Quo tellus pellagus seruant atque astra tenorem,
      Ne pontus liquidis aruum subuertat habenis,
      Aut ignita[a] poli mergantur sidera lymphis.
      Hinc[a] remeans, iuueni[b] defert sua nuntia uoti,[c]
235   Ordine cuncta monens.[a] Tandem rex optimus atque
      Laubertus properant, ubi fertilis unda Ticini
      Alluit egregiam fluuii cognomine dictam
      Vrbem,[a] in qua soliti regem spectare[b] Latini.
      Mutua uerba serunt,[a] postquam promittit uterque
240   Mansurum foedus, roseis[a] dum uecta quadrigis[a]
      Fluctibus Oceani perfunditur orbita Phoebi,[a]
      Aut tellus immota manet,[a] nec pondere cedit,[b]

docet obliquos casus numeri singularis[3] nominatiuo plurali maiores esse non debere.

225[a] leuis, quando uanum significat, corripitur le, cum uero nitidum et planum significat, producitur. [b] fraudem; grecum est 226[a] coactum 227[a] coadunet 228[d] bellandi, utpote iuuenis [b] faciat; defectiuum est [c] probamentum 229[a] audiuit [b] non a quo nutritus est, sed quem nutriebat. 230[a] deum; amor enim, quo cuncta[4] elementa consistunt et tenorem suum seruant, deus est. Notanda distinctio uerborum: ,supplex regi ueneratur deum'. 233[a] Bene dixit ignita, nam omnes stelle a sole accenduntur;[6] distat siquidem inter igneum et ignitum, nam igneum est constans ex igni, ignitum uero extrinsecus ignem accipiens. 234[a] dehinc [b] Laubertus [c] propria uoto, id est que secundum uotum erant. 235[a] ea, que a[7] rege didicerat 238[a] Papiam dicit, quo ex nomine fluuii Ticinum uocatur. [b] uidere; ibi enim generalia concilia geruntur a Latinis conuocante illos rege. 239[a] miscent 240[a] Roseis: pulcris; nam roseum pro pulcro ponitur [Seru. ad Aen. II, 593 p. 162]. 241[a] rota Solis. Vulgarem oppinionem exsequitur. 242[a] Naturalem legem[n] exsequitur; terra enim media omnium elementorum immobilis manet, quia quo cadat, non habet, nam[9] undique secus ima est [Martian. Cap. De nupt. l. VI p. 202]. [b] succumbit

[1] anlumnus c [2] cf. Verg. Aen. VI, 535: roscis Aurora quadrigis [3] sincularis a c [4] cunta c [5] uenetur c [6] aconduntur c [7] a deest in cod. [n] regem c [9] non c

Vndique pulcra tuens* uertentem sidera mundum,
Si tot uita uirum posset durare per annos.
245 O iuuenale decus, si[1] mens non lacua* fuisset![b]
Sepe datas uoluit pacis[2] rescindere* dextras[b]
Fraudibus inuentis. Sed enim ratione sagaci
Deprendis, pater alme,* dolos ac murmura tempnis.[b]

Tertia mox tamen hunc* Latio[b] produxerat estas[c]
250 Vbere* telluris potientem pace sequestra:[b]
Ecce dies instat iuuenilibus emula* factis,
Mortis acerba* ferens. Studio iam uadit in altos*
Venandi lucos, cupiens sibi mittier aprum,
Informem* aut rapidis occurrere motibus ursum.
255 Auia sed postquam nimio clamore fatigant
Precipites socii, ipse uno comitante[3] ministro
Dum sternacis[4] equi* foderet calcaribus armos,
Implicitus cecidit sibimet sub pectore collum,
Abrumpens teneram colliso gutture uitam.
260 Bucina triste canens disiunctos usque* sodales
Conuocat ac domini loetum crudele resignat.*
Hoc sonitu nemus omne tremit fugiuntque uolucres
Elapse pennis possessaque lustra* relinquit
Omne pecus.* Tanto sonitu glomeratur utrimque

---

243 * intuens   245* instabilis   [b] Virgilii [Aen. II, 54] semisti-
chion   246* discipare   [b] Antiquum[5] morem commemorat dicendo
, dextras pacis'; antiqui enim coniunctione manuum pacem faciebant,
unde Virgilius [Aen. VII, 266]: , Pars mihi pacis erat dextram tetigisse tiranni'.   248* apostropha ad ipsum regem   [b] pro contempnis
249* Laubertum   [b] in   [c] id est tertius annus   250* ubertate   [b] media
inter se et Beringarium   251* inuida   252* inmatura [cf. gl. ad I, 61]
[b] Secretos uel reuera altos, quia in montibus [Seru. ad Aen. I, 26
p. 12]   254 * Informem aut magnum, uel quia ursus tempore quo nasci-
tur, forma caret; dicitur enim quedam caro nasci, quam mater lam-
bendo[6] in membra componit [Seru. ad Georg. III, 247 p. 276].
257* incespitatoris [Seru. ad Aen. XI, 671 p. 45]   260* ualde uel
nimium   261* manifestat   263ª stabula   264* Pecus dicitur quicquid
humana effigie caret et propria uita mouetur [Seru. ad Aen. I, 435 p. 77].

---

[1] si — fuisset ex Verg. Aen. II, 54.   [2] pacis pacis c   [3] comitantae c   [4] v. 257
sternacis — armos ex Verg. Aen. VI, 881, XII, 364.   [5] Antiquam c   [6] labendo c

265 Lecta manus comitum, disruptum et gutture mutum
     Flebilibus iuuenem uocitat clamoribus. Ille
     Nititur infelix fractas* proferre loquelas;
     Succidit*[1] in mediis equidem conatibus eger,[b]
     Vlterius nec lingua ualet nec uerba secuntur.
270 Haud[2] segnes*[3] socii crates et molle feretrum[b]
     Arbuteis texunt uirgis ac uimine querno,
     Exstructosque toros obtentu frondis inumbrant.
     Hic iuuenem agresti sublimem stramine ponunt,
     Qualem uirgineo[4] demessum pollice florem
275 Seu mollis uiolę seu languentis hiacinti,
     Cui neque fulgor adhuc necdum sua forma recessit,
     Non iam mater alit tellus uiresque ministrat:
     Talibus expostum* studiis ad templa reportant,
     Vt condant digno iuuenilia membra sepulcro.*
280 Hic ubi ductoris repleuit nuntius aures[5]
     Brengari, Widone satum* cecidisse coactum[b]
     Cornipedis tergo,* trahit has de pectore uoces:[6]
     „Heu mortis metuenda lues, quae dulcibus annis
     Inseritur* tristesque negat componere[b] soles!
285 Dignior hic* genitore[b] foret, compluribus* ille
     Vixerit ac[7] Latium quamuis turbauerit annis.“

267* mortis uicinitate interceptas   268* subsistit   [b] Iste locus
Virgilianus est [Aen. XII, 910—912] sensus e sensu.*   270* Segnis[b]
dicitur hebes, quasi sine igne ingenii [Seru. ad Aen. I, 423 p. 75].
[b] Hic locus Virgilii [Aen. XI, 64—72] est, uerbum e uerbo translatus.   278* Expostum pathos est pro expositum et sciendum, quia talia
uerba, prout inueniuntur, poni possunt neque ad eorum[10] similitudinem
actiam formari debent [Seru. ad Aen. I, 26 p. 12].   279* Tria tantum nomina habent antiqui, in quibus c litteram sequeretur aspiratio:
sepulchrum orchus pulcher, e quibus pulcher tantum hodie recipit
aspirationem [Seru. ad Aen. III, 223 p. 275].   281* generatum
[b] deiectum   282* equi dorso   284* inmiscetur   [b] finire; Virgilius
[Aen. I, 374]: ,ante diem clauso componet Vesper Olimpo' [Seru. ad
Ecl. III, 108 p. 119].   285* Lanbertus   [b] Widone   [c] multis

[1] cf. Verg. Aen. XII, 910—912: in mediis conatibus aegri | succidimus; non
lingua ualet ... nec uox aut uerba secuntur.   [2] Aut corr. haud c v. 270—277 ex
Verg. Aen. XI, 64—71.   [3] seges c alii Vergil.   [4] uirgeneo c [5] auris c [6] cf. Verg.
Aen. I, 371: trahens a pectore uocem   [7] hac c [8] esen c [9] Signis c [10] heorum c

Vndique tota cohors regni concurrit in unum
Vociferans: „ Pie rex, nostri miserere laboris,
Ne geminis posthac* cogamur adesse[b] tirannis,
290 Cum solus placeas rebus superesse Latinis."*
Vt Phoebo roseis aruum laxante quadrigis [1]
Vere nouo* gaudent pecudes foetuque grauantur,
Humor adest herbis ac uastis semina sulcis,
Gratus aer pennis aequorque meabile nautis;
295 Cuncta nitent; succedit enim natura* creatrix,[b]
Et rebus proprias certo dat tempore [2] formas:
Haud secus Italię gestit* sub principe tellus,
Impacatus* ubi ab superis cum prole recessit
Quido ferus fastusque odii moriendo resoluit.

EXPLICIT LIBER III[3]

INCIPIT LIBER[4] IIII

Quarta igitur Latio uixdum* deferbuit ęstas
Hac ratione, iterum solito sublata ueneno*
Belua,* Tirrenis fundens fera sibila ab oris,
Sollicitat Rhodani gentem;* cui moribus auctor
5 Tempnendus* Ludouicus erat, sed stirpe legendus,
Brengario genesi* coniunctus quippe superba.[b]
Hic* dudum Ausonium cupidus[b] regnasse per aruum;
Sed uetuit fortuna. Modo quia nuntia uotis*

289* una pars orationis est   [b] parere, obędire   290* uel ut
supersis   292* Bene dixit ,uere nouo', quia est adultum et preceps; sic
et omnia tempora trifariam diuiduntur.   295* Gentiles creatorem rerum
aliquando deum, aliquando naturam uocabant [Isid. Etym. XI c. 3, 1].
[b] que creauit   297* gaudet. Gestire est proprie motu corporis gaudium monstrare [Seru. ad Georg. I, 387 p. 221].   298* inquietus

IIII, 1* una pars orationis: id est adhuc   2* id est felle malitię[s]
3* Beluam uocat dominatricem Tuscię, quę semper hostibus fauit.
4* quę iuxta Rodanum habitat   5* Ordo est: temnendus moribus
6* natura [b] nobili   7* Lodouicus [b] scilicet erat   8* id est secundum uota

[1] cf. v. 291.   [2] tempporo c   [3] Explicit — III om. c   [4] Incipit Liber om. c
[5] malitię c

Accipit, extemplo sociis ad tecta uocatis
10 Regia: „Quę totiens, inquid,[1] uoluistis amici,
En uoluenda* dies ultro attulit! Este[b] parati,
Prędulcesque petamus agros! Nam rure* uocamur
Vicino Italię.* Vires hic forte superbas
Dum tulero, propriis discedet ductor ab oris."
15 O miser* inque dies[b] miser, inuictumne lacessas?
Num te fama ducis totum uulgata per orbem
Pręterit? O genitor rerum,* compesce furores!
Nescio namque, mali quid mens presagat*[2] eunti.
Iamque ualens modicum inualidos Prouincia* alumnos
20 Legat* in Ausonios inimico nomine campos.
Nec[3] uictor decus et Latii, spes unica* regni,
Tunc Veneti* seruare solum de nomine dictum
Quartanam paciens poterat nec tendere* bellum
Hostibus, inmodicas animo sed decoquit iras:
25 Vt caueis cum forte leo uinclisque tenetur,*
Non artus[4] agitare ualet, non promere uires,[5]
At duro premitur tantum sub lege magistro;
Forte* aliqua partos[b] ualeat si rumpere nodos,
Atque diu desueta cruor madefecerit ora,[6]

11* pro uolubilis; participium pro nomine [Seru. ad Aen. I, 234
p. 43] [b] pro estote; 12* pro ab his, qui in rure sunt. Metoninuia[7]
pro continente quod continetur.* 13* Tusciam significat. 15* Apostropha ex parte scriptoris ad ipsum [b] in processu temporum 17* o
dee 18* prediuinat illi [Pompeius Festus p. 223] 19* Prouincia
nomen est regionis, sed significat aliquando prouidentiam ut ex prouincia factum est, aliquando celeriter, ut Iuuenalis [Sat. V, 97]:
‚instruit [ergo focum prouincia' id est celeriter cf. Schol. ad Lucani
Pharsalia I, 338 p. 56 ed. Weber]. 20* separat, emittit 21* so-
litaria 22* pro aspiratione u ponitur, nam Eneti apud antiquos dicebantur[9] a proprio ductore [Seru. ad Aen. I, 243 p. 48]. 23* id est
pretendere 25* Sensus huius comparationis de Boetio sumitur [De
consol. philos. III c. 2]. 28* nomen est modo, quia casu aliqua[10] con-
iungitur [Seru. ad Aen. I, 377 p. 68]. [b] pro paratos

[1] inquid corr. inquit c [2] cf. Verg. Aen. X, 843: praesaga mali mens [3] Nam c
Nec Valesius. [4] artes c artus Valesius corr. [5] cf. Aen. V, 191: promle vires
[6] hora c si cruor horrida tinxerit ora Boethius. [7] Metominia c [8] cominetur c
[9] dicebatur c [10] casuali c

30 Ipse lacer custos iras prior imbuet,[a][1] inde[b]
    Obuia turba uirum morsus satiabit amaros.

    Interea Ludouicus ouat regnumque fatigat
    Fastibus ac tantos sibimet blanditur honores,
    Hoste uelut necto[a] spoliis potiatur opimis.
35 Infaustus[a] Verone etiam contendit ad arcem.
    More pii regis tamen ut subsedit[a] apertis
    Moenibus, antiquos[a] sociis disterminat[b] agros,
    Nil ueritus; metuenda[a] nimis quia sustulit[b] ipsum
    Fama, Berengarium loeti dispendia passum.
40 Ah Latium, quis te tantis defenderet armis?
    Ergo, pius genitor rerum, seruato magistrum,
    Ne pereant uno Latialia gaudia loeto!
    Conualuit quia regnator tamen, undique lecti
    Conueniunt proceres leti uexillaque castris
45 Proripiunt celeresque Athesis ad menia[a] tendunt,
    Hec obiter[a] comi[b] reserantes[a] famina regi:
    „Te petimus, pietatis honor, nec parua precatu[a]
    Credimus haec:[a] urbem propriis si ceperis armis.
    Menbra uiros sine curtari, qui foedera regni
50 Proturbant totiens, dampnum pietatis inique
    Ne patiamur!" Ad haec: „Animis aduertite, ductor,
    O proceres, inquid,[3] monitus[a] et crimina capto[b]
    Ne conferte uiro, generis quia sanguine pollet.
    Et forsan[4] facinus maturis[5] deseret annis.[a]
55 Testetur[a] pia iura poli[b] et dimissus abito."[c]

    30[a] initiabit   [b] deinde   34[a] Distat inter necatum[d] et nectum, nam
    necatus ferro, nectus uero dicitur alia ui peremptus [Priscian. Instit.
    VIIII c. 34 p. 170]. 35 infelix ipse   36[a] fraude potitus est   37[a] nobi-
    les   [b] diuidit   38[a] non sibi metuenda, sed toto regno   [b] subleuauit
    45[a] Veronam   46[a] in eundo   [b] iocundo   47[a] ad precandum   48[a] que
    dicturi sumus   52[a] Monitus et secunde et quarte declinationis[7] est,
    sed datiuo singulari et plurali a quarta declinatione non utimur, ut
    Seruio uidetur [ad Aen. X, 689 p. 585].   [b] pro capiendo   54[a] id est
    cum ad perfectam etatem peruenerit.   55[a] iuret   [b] id est deum   [c] pro
    abeat[a] [Seru. ad Aen. V, 310 p. 330]

    [1] Primusque lacer dente cruento | domitor rabidas inbuit iras Boethius.   [2] co-
    miserantos c   [3] Inquid corr. Inquit c   [4] fonsan c   [5] maturias c   [6] negatum c
    [7] declinationes c   [8] habeat c

Hoc satis. Hi contra celeres cum murmure gressus
Intendunt, rabidas acuentes pectoris iras;
Nil moti [1] dictis, potius fera murmura rodunt:
Non se posse malum posthac* dimittere inultum.
60 Talibus adueniunt urbem muroque propinquant:
Ilicet* admissi penetrant miserabile[b] templum,
Quo Ludouicus erat, subito rapiuntque ligantque
Et pulchros adimunt oculos. Securus in aula
Forte sedebat enim, idcirco pia munera lucis
65 Perdidit, obsessus tenebris* quoque solis in ortu.
Tu ponens etiam curtum femorale Iohannes,
Alta tenes turris, si forte resumere [2] uitam
Sit potis;* hinc traheris tamen ad discrimina mortis,
Et miser in patria nudus truncaris harena.*
70 Nuntius at postquam sociorum allabitur aures, [3]
Prelatum* iuuenem communi lumine cassum,
Consilii fugiunt inopes passimque recedunt:
Flante uelud zephiro liquescunt aeros aure
Vere nouo, [4] gremium soluunt cum rura coactum*
75 Frigore brumali crebris [5] boreeque pruinis.
Nec remouere uiros cessat de parte superbos
Fortis Adalbertus, iuuenilibus obsitus annis,
Appenninicolas fausto qui nomine turmas
Elicit,* egregio cupidus seruire magistro.
80 Emicuit subito in mediis lux alma tenebris,
Et rediit pax grata piis, procul agmine tristi
Exempto,* patrieque duce ac genitore recepto.
Qui* licet effusos[b] toto egerit orbe triumphos,[c]

59* una pars   61* pro ilico   [b] Metonomia pro continente quod
continetur   65* non solum nocte sed etiam in ortu solis   68* possi-
bilitas   69* arena, si ab ariditate dicitur, non habet aspirationem, si
ab herendo[a] in fabricis, habet, sed melius est, ut ab ariditate[7] dicatur [Seru. ad Aen. I, 172 p. 37].   71* id est in regimine constitutum
74* constrictum   79* producit   82* eiecto   83* dux[b] sparsos   [c] Triumphus dicitur ἀπὸ τοῦ θριαμβεύειν, id est ab exultatione* [Seru. ad
Aen. X, 775 p. 588].

[1] modi c   [2] resumere c   [3] cf. Verg. Aen. IX, 472: matrisque adlabitur aures.
[4] cf. III, 292. Verg. Georg. I, 43.   [5] crebis c   [6] erendo c   [7] hariditate c   [8] exultando-tatione c

Cluserat imperii necdum diademate uultum,*
85 Romana steterat rutilus nec uestibus aula
Induperatorum solito de more parentum.
Cur, nisi quod uicisse dolos uirtute decebat,
Ad summum transire gradum,* nisi saepe uocatum?

Summus erat pastor tunc temporis urbe Iohannes,
90 Officio affatim clarus sophiaque repletus,
Atque diu talem merito seruatus ad usum.*　·
Quatinus huic prohibebat opes uicina Charibdis,*
Purpura quas dederat maiorum sponte beato,
Limina qui reserat[1] castis* rutilantia, Petro,
95 Dona duci* mittit sacris aduecta ministris,
Quo memor extremi tribuat sua* iura diei
Romanis, fouet Ausonias quo numine* terras,
Imperii sumpturus eo pro munere sertum,*
Solus et occiduo*[2] caesar uocitandus in orbe.
100 Talibus euictus[3] precibus iubet agmina regni,
Quiscum bella tulit, quiscum sacra munera pacis,
Affore, quę tanti gressum comitentur honoris.
Iamque iter emensus postquam confinia Romę
Attigit, ire iubet celeres ad templa sodales,
105 Vicinum qui se referant. Sonat ecce Subura*
Vocibus elatis* populi: „Properate[b] fauentes,
Rex[4] uenit Ausoniis dudum expectatus ab oris,
Qui minuet solita nostros pietate labores!“
Feruere tunc uideas urbem et procedere portis,
110 Quot* Roma gremio gentes circumdat auito.

84* id est nondum erat coronatus ad inperium.　88* non debet
91* id est qui talem ungeret　92*Hanc uocat modo Charibdim, quam
supra [v.3] beluam uocauit.[5]　94* iustis　95* Berengario[6]　96* propria
97* qua uirtute　98* Sertum est proprie corona ex floribus.　99* occi-
dentali.[7]　　105* id est Roma, nam Subura famosa platea est Romę.
106* altis　[b] he erant uoces elatę.　110* Anaculaton est, cum dicit
quot et non premisit tot" [Seru. ad Aen. I, 331 p. 147].

[1] cf. Verg. Aen. VII, 613: reserat stridentia limina　[2] hocciduo c　[3] euinctus c
[4] cf. Verg. Aen. II, 282—283: quibus Hector ab oris | expectate uenis?　[5] haec
glossa bis adscribitur　[6] uerunt c　[7] hoccidentali c　[8] tot deest in cod.

Interea princeps collem,[1] qui prominet urbi,
Preteriens, ubi se prato committit amoeno,[a]
Singula queque modis incendunt[a] aethera[b] miris
Agmina.   Namque prius patrio[a] cauit ore[b] senatus,
115   Prefigens sudibus[a] rictus sine carne ferarum
Indicio,[a] deuicta cadent temptamina posthac,
Si qua hostes animo cupient agitare ferino.
Dedaleis[a] Graius sequitur laudare loquelis;[b]
Stoicus[a] hic noster[b] cluibus[c] quia pollet Athenis
120   Et sollers iter in Samia bene callet[a] arena.[b]
Cetera turba pium natiua uoce tyrannum[a]
Prosequitur totaque docet tellure magistrum.
Hic[a] etiam iuuenes nitida respergine creti[b] —
Alter apostolici nam frater, consulis[a] alter
125   Natus erat — pedibus defigunt oscula regis.
Hinc[a] ubi presul erat, gressum[2] comitantur erilem
Vestibuli ante fores.   Graduum[a] qua peruius usus
Aduehit ornatam cupidos intrare per aulam,
Ille quidem sacro fulgens residebat amictu,
130   Altarisque subibat ouans hinc inde minister.[a]

112[a] id est prato Neronis   113[a] implent   [b] pro aera   114[a] id
est Romano   [b] eloquio;[3] pro efficiente id[4] quod efficitur. 115[a] Nam
prefixa habebant sudibus capita draconum caelata in ligno.   116[a] ad
indicium   118[a] Grecis   [b] figura poetarum est.   119[a] philosophus
[b] Berengarius   [c] nobilibus. Cluis[5] dicitur auditrix siue auscultatrix.
Nam cluo grecum uerbum est, id est ausculto.; est autem polisemus
sermo, nam cluis nobilis et pugnax[6] uel auscultans dicitur et defensor.   120[a] cognoscit   [b] Nota rationem y littere, quam Samius Phita-
goras inuenit, ideo dicit ,in Samia arena,' id est bene cognoscit discre-
tionem mortalis uite [Seru. ad Aen. VI, 136 p. 363]. Exponit quid sit,
quod a diuersis gentibus laudatur imperator.[7] Nam a Grecis ideo lau-
datus est, quia sapientia pollet, Greci enim sapientiam[8] querunt.
121[a] regem   123[a] illic uel tunc   [b] id est clara prosapia geniti
124[a] Teophilacti[9]   126[a] scilicet et   127[a] Ordo est: ille quidem refulgens sacro amictu residebat ante fores, qua peruius usus graduum
aduehit cupidos intrare per ornatam aulam.   129[a] presul   130[a] id est
sacer ordo

---

[1] cf. ib. I, 419: collem qui plurimus urbi | imminet.   [2] cf. Verg. Aen. VIII, 463:
gressumque canes comitantur erilem.   [3] eloquo c   [4] eficiente uel c   [5] Quis c
[6] pugnarum c   [7] imperatorum c   [8] sapientia c   [9] teophilactri c

Quid referam populos istinc illincque coactos,
Vndantesque gradus, cum rex ad templa subiret
Euectus pastoris equo?ᵃ Mox quippe sacerdos
Ipse futurus erat, titulo res digna perhenni.ᵃ ¹

135   Aduenit ut tandem, lecto comitante ministro,
Atque pedes sensimᵃ gradibus conatur ab imis,
Vndique turba premit, cui uix obstare satelles
Voce ualet nutuqueᵃ minans. Erat omnibus ardor
Cernere presentem, cupiunt quem secula regem.

140   Ter quoque sacra pius gradibus uestigia fixit,
Maiestate ² manus cogens cessare tumultus
Vndantis populi. Postquam conscenderat omnem
Ascensum,ᵃ aureolo presul surgens cliothedro,ᵇ
Oscula figitᵃ ouans dextramque receptat amicam.

145   Hinc adeunt ³ aulam pariter tibi, Petre, dicatam,
Ianitor aetherei pandis qui limina templi.
Ante fores stant ambo domus, dum uota facessit
Rex; etenim se cuncta loco uouet ultro daturum,
Que prius almifici sacris cessere tyranni.

150   Illicet his uerbisᵃ uoluuntur cardine postes,
Extollitque sacer laudes per templa minister;
Vtpote Siluestrum uideat properare magistrum,
Constantinum etiam tipico baptismate lautum.
Nec minus his decus orbis inest rerumque potestas,

155   Tempora ni peiora forent impulsaque cessim.ᵃ
Iam tumulo piscatorisᵃ sacra purpura regis
Sternitur et Christus lacrimis pulsaturᵃ obortis.ᵇ
Templa petit ductor posthec, ubi fercula dono

133ᵃ Talis est mos Romanus, ut, cum quis debet promoueri ad
dignitatem imperii, presulis equo deucatur in urbem. 134ᵃ perpetua
memoria digna est hec res. 136ᵃ paulatim 138ᵃ motu corporis
143ᵃ id est postquam peruenit ad sumitatem gradus. ᵇ Cliothedrum ⁴
grece dicitur sella plectilis, que uulgo ualdestuolum ⁵ uocatur.
144ᵃ osculatus est regem. 150ᵃ quibus promisit se cuncta recte dis-
positurum. 155ᵃ retro 156ᵃ Petri 157ᵃ rogatur ᵇ subito ortis

¹ cf. Iuuenal. Sat. VI, 230: titulo res digna sopulcri. ² Magestatem c ³ ha-
beunt c adeunt Valesius. ⁴ Cliophedrum c ⁵ ualde stodum c

Pastoris digesta nitent. Setina* propinant
160 Ac, decet ut regem, uariant tucceta* ministri.
    Mox croceis* mundum lampas Phoebea quadrigis
    Luce, deus qua factus homo processit ab antro* 1
    Tumbali, perflat.* Populus² concurrit ab urbe,
    Cernere uestitum trabea imperiique corona
165 Augustum. Replicata calent spectacula totis
    Aedibus, auratis splendent altaria pannis,
    Cum princeps nitidus Tyrio procedit in ostro,
    Tegmina uestitus crurum rutilante metallo.*
    Quale decus terrę soliti gestare magistri.
170 Aduenit et domini pastor prępostus ouili,
    Officio lętus, quamuis resonaret utrinque
    Clamor: „Ades presul, totiens quid gaudia differs
    Innumeris optata modis? Per uincla magistri
    Te petimus, depone moras et suffice uotis!"
175 Talibus arę adeunt gestis absida* sacratę
    Lumina terrarum. Modicum post en diadema
    Caesar habet capiti gemmis auroque leuatum,
    Vnguine nectarei simul est³ respersus oliui;
    Caelicolis qui mos olim succreuit Hebraeis,*
180 Lege sacra solitis reges atque ungere uates,
    Venturus quod Christus erat dux atque sacerdos,
    Omnia quem propter caelo reparentur et aruo.
    Iam sacrę resonant aedes fremituque resultant
    Clamantis populi: „Valeat tuus, aurea, princeps,
185 Roma, diu imperiumque graui sub pondere pressum

159* uina preciosa a loco [Iuuen. Sat. X, 27] 160* regales
epulas [Fulgent. de abstrus. sermon. p.395] 161* pulcris 162* id est
quo deus surrexit 163* Ordo est: mox ut Phębea lampas perflat mundum croceis quadrigis luce, qua deus factus homo processit ab antro
tumbali. 168* nam ocreas habebat aureo colore respersas. 175* absis
circulus dicitur, sed hoc loco absiden circulum dicit altaria. Et est
tertię declinationis, unde est absida gręcus accusatiuus. 179* apud
illos enim primo uncti sunt reges et sacerdotes. 180* Vates et sacer-
dotęs et prophetę dicebantur [Isid. Etym. VII c. 12, 15].

¹ Hic incipit fol. 22. ² populos c ³ et c

Erigat et supera sternat uirtute rebelles."
Perstrepuere nimis; sed facta silentia tandem.
Lectitat augusti concessos munere pagos
Presulis obsequio gradibus stans lector in altis,
190   Caesare quo norint omnes data munera, predo
Vlterius paueat sacras sibi sumere terras.
Dona tulit perpulchra pius hec [1] denique templo:.
Baltea lata ducum, gestamina cara parentum,
Gemmis ac rutilo nimium preciosa metallo,
195   Ac [2] uestes etiam signis auroque rigentes,
Distinctum uariis simul ac diadema figuris.
Quid referam, quantis replerit moenia donis?
Nonne maris paucas uideor contingere guttas,
Syrtibus atque manu sumptas includere arenas,
200   Quando breui tantos cludo sermone triumphos?
Doctiloquum, credo, labor iste grauaret Homerum,
Officio et genuit tali quem [a] Mantua dignum.
Nec tentabo meis ultra fastidia dictis,
O iuuenes, inferre calet quis pectora sanguis,
205   Et plectro meliore mouet precordia Clio.
Mille mihi satis est metris tetigisse labores;
Meuius [3] atque licet uidear, uos este Marones,
Et post imperii diadema resumite laudes!

EXPLICIT LIBER IIII [4]

202 [a] illum, scilicet Virgilium

[1] Η c   [2] At c   [3] cf. Verg. Ecl. III, 90.   [4] Explicit — IIII om. c

CARMEN ADELARDO EPISCOPO

Siderum factor dominusque cęli,
Qui regis mundum pietate uera,
Culmen ęterni solii gubernans
    Iure perenni;

5 Tu maris leges moderans et arui,
Tu poli lumen speciale fulgens,
Tuque dans nobis anhelare* corde
    Mistica dona;

Quaesumus nostris, deus, ut serenum
10 Iubar infundas lacrimasque tergas,
Pacis ut pignus capiamus almę
    Mentibus omnes.

Ecce nam mundus populusque mundi
Flet Hludouuici Karolique morte,
15 Imperatorum populus tuentum
    Enso potenti.

Plangit et cęlum populusque cęli
Pręsidem summum dominumque papam
Rome Iohannem, rabie repulsum
20   Dęmonis atra.

Nec minus plorat solitudo sacra
Cum suo coetu monachisque cunctis,
Dente quod diri lacerentur ipsi
    Nempe leonis.

v. 7ª anelare *c*

25 Fletque Walfredum comitem Verona
Cum suburbanis uiculisque cunctis,
Quod lupis sequis pateant et ipsi
Ense repulso.

Pastor at noster Adelardus almus
30 Plebis afflictę lacrimas repellit,
Sancta precepta tribuendo nobis
Ore salubri.

Fluctibus ponti quatiatur et si
Raptus e portu aquilonis arte
35 Fraude, quę natos hominis ueterni
Sternere quęrit;

Ille sed diris stimulis resistit
Galea scuto fideique spei
Caritatisquę, dominus que noster
40 Contulit orbi.

Isque lorica gladioque uerbi
Spiritus sancti crucis ac triumpho
Inuocans patrem dominumque ternum,*
Territat hostes.

45 Hostias sacras tibimet frequentans,
Pauperum tegmen, cibus atque potus
Extat edoctus domino magistro
Pascere fratres.

Diuitum sensus iuuenumque doctor
50 Is senum fortis baculus, gubernans
Iura languentum puerumque uirga
Roborat omnes.

Absit ut tanto placeant patrono
Aureus fulgor lapidumque uigor,
55 Purpurę pallor uariusque color
Ludificantes.

v. 43ᵃ timet c tenet *Mansi* ternum *Biancolini.*

Fulgeant illi lapides superni,[1]
Strauerat de quis deus Ierusalem,
Quo pia cęli renitet platea
60 Condita iustis.

Grata sint illi tegumenta sacra,
Vita et uictus placidum lieum,
Eius ut corpus salubri colatur
  Ordine semper.

65 Vnde te plebes rogitent deuotę,
Iste ne nobis pater subtrahatur,
Huius ad uitę tribuendo lucra
  Tempore multo.[*]

Eius et pręsta, solii tutator,
70 Eius et lumen oculis refulgens,
Perfice gressus famuli sacrati
  Atque ministri.

Vita et uirtus uia spes salusque,
Christe, iustorum probitasque paxque,
75 Hoc deo carmen canimus amore
  Pręsulis huius.

Sint patri laudes sine fine sacrę,
Sit honor semper tibi, nate patris,
Spiritus compar sociatus ęque .
80 Glorificetur. Amen

---

[1] cf. Tob. 13, 21. v. 68[*] multe c

INUECTIUA IN ROMAM

PRO FORMOSO PAPA.

. . . . *(de uerbis libri)*
prophecie huius auferet deus partem eius de libro uitę et
de ciuitate sancta et de his que scripta sunt in libro isto.*[1]
Igitur quia didicimus in sancta Romana ęcclesia, que est
mater omnium ęcclesiarum *non habens maculam aut rugam,*[2]
aut talia huiusmodi, nuper aliquid noui et ante haec[b] tempora inuisi et inauditi[c] accidisse, quod flendo magis quam
disputando consentimus et nimio terrore tabescimus. Con-
triti namque et contristati ac uehementi stupore detenti silere
potius optaremus quam loqui. *Sed conceptum sermonem*
tenere quis possit?[d] [3] Tortuosus ille, proh dolor, et seuis-
simus[e] anguis, qui primos protoplastos callida[f] decepcione
fraudis ab amenitatis paradisi gaudiis expulit, iam sybilans[g]
colla trisulcis linguis erigit et Romanam ęcclesiam sui liuore[h]
ueneni turbare non desinit. Sed diuina domini et saluatoris
nostri Iesu Christi dextera Lerneum colubrum in Archadie
paludibus latitantem, cui absciso uno tria subcrescebant
capita deifice conteret; et qui beatum Petrum per undas
siccis ambulare fecit[4] plantis, ęcclesiam suam inmensis undique pelagi[i] fluctibus agitatam[k] portum salutis attingere
faciet; Iordaneque transmisso, a bruta Gericho ad eterna
celestis Ierusalem gaudia feliciter ingredi permittet. Mirum[l]
tamen et ualde mirandum est, cum omnes ęcclesię tam

---

[a] deleas *c*   [b] haec *suppl. Blanchinius*   [c] inuisa et inauditia *c*
[d] posit *c*   [e] seuisscimus *c*   [f] calida *c*   [g] sybila *c*   [h] l . . or . *c*
[i] paelagi *c*   [k] aritatam *c*   [l] Misterum *corr.* mirum *c*

[1] *Apocal. 22, 19.*   [2] *Ephes. 5, 27.*   [3] *Iob. 4, 2.*   [4] *cf. Matth. 14, 29.*

cismarinę quam transmarinę in proprio statu permaneant,
sola Romana ęcclesia procellosis a fluctibus nauitas suos
mortis proximos redundat.[a]

Ad propositum itaque redeamus et scandala, quibus
Roma autrice pusilli et magni scandalizantur, lugendo potius
quam sermones exprimendo dinumeremus. Leges siquidem
mundanę et canonicę, scita quoque barbarica sanciunt et
omnimodis determinant, ut uiolatores[b] sepulchrorum inter
infames habeantur, ita ut clerici canonicis regulis[c] subician-
tur, laici uero uoce perdita[d] inter reprobos habeantur et
penitencię triennio[e] deputentur. Heu! heu! heu! *Quomodo* [1] *sedet sola ciuitas plena populo; facta est quasi uidua
domina gencium: prouinciarum princeps facta est sub tri-
buto.* O Roma, conditores tuos Romulum et Remum, quos[f]
unus uterus gessit,[g] tua menia, ut simul regnarent, non
receperunt, sed fratricidio tabefacta[h] neci unum tradidisti,
alterum quirinali gladio capitales tibi leges impertiendo[i]
uoluens . . . .[k] imo tocius orbis hominibus[l] dominos
Petrum et Paulum, apostolorum[m] principes, unum cruci-
fixisti, alterum gladio inter omicidas capite truncasti. Nam,
ut quidam sapiens dixit:[2]

> *Nam nisi te Petri meritum Paulique foueret,*
> *Tempore iam longo, Roma, misella fores.*

Hęccine est retribucio, quam audiuimus a te? nec uisu
nec dictu affabilis ulli umquam dicta fuisti.[n]

Nuper itaque a fratribus audiuimus et in synodo collo-
catum[o] percepimus patronum tuum Formosum papam in tuo
ab ipsis cunabulis educatum gremio ab episcopis cleroque
et populo ad percipiendum apostolicę sublimitatis culmen[p]

---

[a] redundate *corr.* redundat c   [b] uiatores c   [c] regalis c   [d] *sequun-
tur uerba deleta:* quod lupi meruit (*corr.* Moerim) uidere priores *ex
Vergilii Ecl. IX, 54.*   [e] tricenio c   [f] quod c   [g] iesit c   [h] fraticidio
tabefactos c   [i] imperiendo c   [k] *sequitur linea uacua*   [l] omnibus c
[m] apostoli uri c   [n] dictus fuisset c   [o] collatum c   [p] clemter c

[1] *Thren. I, I.*   [2] *Versus de Romana civitate v. 15, 16 (Jaffé Biblioth. rer. Germa-
nicar. V, 458, Ioannis Scoti opera ed. Floss (Migne Patrologia t. 122) p. 1194, Muratori
Antiquit. Ital. II, 147).*

electum et ab huiusmodi* officialibus pontificibus in sacrata
sede inthronizatum in subterraneo specu post huius uitę
terminum quietem habere non licuisse exanimatum.[b] Nam
eius cadauer iamque per nouem menses sepultum per pedes
de sepulchro extraxisti et quasi Saul per Samuelem eum ab
inferis reuocans consuluisti et in synodum sedere fecisti.
Credimus, si ut spiritus[c] Samuelis loqueretur, forsitan diceret tibi:[1] *Cras tu et filii tui mecum eritis.*[d] Sed quamuis
ille non fuerit locutus, tu tamen et filii tui descendetis ad
inferos, ille autem ab angelis susceptus iam pridem migrauit
ad superos. O facinus inauditum! o scelus inuisum! o sacri-
legium intemptatum! quem ab infancia lacte nutristi, cibo
solido pauisti, litteris inbuisti et 'per ecclesiasticos gradus
ad culmen pontificale dignis eius moribus promerentibus
aduectum elegisti[e] atque ad paganissimam predicandam gentem misisti, remeantem quoque gaudio suscepisti et susceptum
malo tuo, quod non debuisti, exulem procul a patria proiecisti. Sed ad tempus receptus et in pristinum gradum,[f]
a quo destitutus (nescimus zelo an noxa fuerit) restitutus,
Christi, quam debuerat, milicia est functus. Stephano quoque papa, Adriani[g] filio, quem idem Formosus consecraue-
rat, *uiam[h] uniuersę terrę ingresso*, adunati sunt episcopi,
proceresque tui, clerici quoque et populus cunctaque uulgi
manus, et uenerunt in sedem Portuensem infra urbem sitam,
cui Formosus preerat, papam eum summumque pontificem
adclamantes.[h] Quo renuente et contradicente et ad[i] altare
se conplicante per uim eum cum palla, qua altare opertum
erat, exinde abstraxerunt et abstractum cum laudibus et
choris in sede beati Petri apostolorum principis intronizauerunt. Qui in apostolica sede positus multa tibi bona contulit, ecclesias reedificauit, exstruxit,[k] edificauit, compsit et
ornauit, consecraciones fecit, diaconos et presbiteros atque

---

[a] uiusmodi *c* [b] examinatum *c* [c] spiritu *c* [d] heritis *c* [e] reco-
lnisti *corr.* elegisti *c* [f] gradus *c* [g] adraani *c* [h] atclamantes *c*
[i] ex *corr.* et ad *c* [k] estruxit *c*

[1] *1 Reg. 28, 19.* [2] *3 Reg. 2, 2.*

pontifices, ex quibus postmodum summa sancta sedes apostolica infulata fuit, consecrauit,[a] clerum et populum tuum
miro moderamine[b] gubernauit et imperatorem Landbertum[c]
imperiali diademate redimiuit. Consensisti, o Roma, electioni[d]
Formosi? aut ai aut nega. Sed negare non potes, quia
huius[e] rei testis uniuersus est mundus. Misisti ad sedem
Portuensem, quę secunda infra muros tuos ab apostolica
est sedes, petens Formosum, ut ab ea migraret et tibi antisti-
taret. Quem obstantem et nequaquam inuitatui tuo adquie-
scentem ui ab altaris crepidine, ut iam dictum est, receptum
et euulsum cum uexillo canticisque et imnis preconiisque
et laudibus in sublimissima apostolicę sedis arce intronizasti
fauisti adorasti iurasti, cuique benedixit benedixisti et cui
maledixit maledixisti.

Et, o Roma, ultra quid addes? Transcurso itaque
huius uite termino *appositus[f] est ad patres suos* [1] caroque
terrę puluisque pulueri sociatus,[g] spiritus, ut credimus,
ductus et[h] prouectus est ad astra. Sed tu, o Roma, futurum et tremendum[i] iudicii diem preuenire conata, orribili
congregata synodo iam post nouem menses marcidum et
poene in puluere redactum de sepulchro extraxisti et, quem
uiuum quondam tremebas, mortuum iudicio iudicabas. Si
Romanus pontifex uiuus a nemine iudicatur, mortuus a quoquam iudicabitur? Si interrogabatur,[k] quid respondebat?
Si responderet, omnis illa orrenda congregatio timore per-
territa ab inuicem separata a loco discederet et unus[l] post
unum exiret; diceretque ei dominus: Formose, quis te con-
dempnauit? Et ille: Nemo, domine. Et dominus ad illum:
Nec ego te condempnabo. Si adesset ille mirabilis manu
fortis rex et psalmographus[m] Dauid citharizaret et diceret:[2]
*Numquid mortuis facies[n] mirabilia; aut medici suscitabunt
et confitebuntur tibi? Numquid narrabit aliquis in sepul-*

---

[a] consecreuit c   [b] moderaminae c   [c] landebertum c   [d] elecioni c
[e] uniuersi *corr.* huius c   [f] apositus c   [g] sociata c   [h] dictus est c
[i] tremendi c   [k] interogabatur c   [l] unum c   [m] salmographus c
[n] faties c

[1] *1 Mac. 2, 69.*   [2] *Psal. 87, 11—13.*

chro misericordiam tuam in perdicionem?[a] *Numquid cognoscentur in tenebris mirabilia tua et iusticia tua in terra obliuionis?* sicque[b] forsitan citharizando spiritus Formosi[c] accederet. Tamen posthabita,[d] ut uidemus, omnium scripturarum et antiquorum[e] patrum reuerencia detumulasti humum deponere[f] .... manum abscidisti in Tiberique proiecisti. Exclamemus[g] igitur cum Ioel propheta[1] et[h] dicamus: *Audite senes*[i] *et auribus percipite,*[k] *omnes habitatores terre, si factum est in diebus*[l] *uestris istud aut in diebus patrum uestrorum. Super hoc filiis uestris narrate et filii uestri filiis suis et filii eorum generacioni alteri.* Et item:[2] *Accingite uos et plangite uos et plangite sacerdotes; ululate, ministri altaris; ingredimini, cubate in saccis, ministri*[m] *dei mei, quoniam interiit de domo uestri sacrificium et oblatio.*

Dicat forsitan: Formosus uixit[n] excomunicatus expoliatus,[o] usurpator et inuasor fuit; consecraciones,[p] quas fecit, irritae[q] sunt et nihil habuit, nil dedit. Et nos ad hęc. *Viuo ergo,* dicit dominus,[3] *non erit prouerbium hoc ultra in Israhel.* Numquid rex et[r] obtimates eius cum procinctu[s] bellico perduxerunt Formosum Romam et absque[t] consensu episcoporum, senatus quoque et populi Romani infulatum in[u] tribunali constituerunt? Absit.[v] Principes falanges et satraphe tui. uulgus et scole tue, a maximo[w] usque ad minimum eum elegerunt, acclamauerunt, laudauerunt et adorauerunt et episcopi cum sacro Lateranensi ordine eum intronizauerunt. Mundus totus eius celebre nomen recoluit; sacerdotalis[x] ordo festiuis et cotidianis missarum sollemniis in catalogo secretalis[y] eulogii laudibusque publicis[z] per uniuersum[aa] terrarum orbem eius nomen expressit.[bb] Quo-

---

[a] perdiccionem c [b] sicquę c [c] formosus c [d] postabita c [e] antiquarum c [f] *sequitur lacuna in cod.* [g] et clamemus c [h] et *deest in c* [i] senex c [k] prohibite c [l] dibus c [m] miministri c [n] dicit c [o] espoliatus c [p] consacraciones c [q] irrita c [r] et *deest in c* [s] precincto c [t] abque c [u] in *deest in c* [v] absis c [w] ad maximum c [x] Sacerdotale c [y] secraetalis c [z] plubici c [aa] uniuersarum c [bb] expresit c

[1] c. 1, 2, 3. [2] Ioel 1, 13. [3] Ezech. 18, 3.

modo ergo extinguere uultis nomen Formosi et quod per
tripertita orbis resoluit?[a] et a solis ortu usque ad terre
limitem omnibus intonuit? Stat nomen Petri apostolorum
principis? stet etiam uicarii Formosi. Permanet nomen
apostolicorum,[b] qui uicem beati Petri tenuerunt? permaneat
et Formosi. Viget[c] nomen Nicolai Adriani Marini Iohannis
Stephani ceterorumque? uigeat et Formosi.

Dicit eciam: Non licuit ei post depositionem[d] mini-
strare; et si ministrauit, non licebat[e] de ciuitate in ciuitatem[f] migrare. Discurramus ergo per singula et ea, que iusta
possibilia[g] utilia onesta et sanctorum patrum utilitate com-
probata esse uidentur, summopere discuciamus. De lesis
namque et dampnatis scriptum est in psalmis:[1] *Numquid
qui cadit, non adiciet*[h] *ut resurgat?* De his uero, qui sedem
mutant et de ciuitate in ciuitatem[i] migrant, dominus in
euangelio dicit:[2] *Si uos persecuti fuerint in una ciuitate,
fugite in aliam.*[k] Discrecio namque est inter causam necessitatis et utilitatis et inter ambitum auaricię et presumpcio-
nis proprięque uoluntatis et inuasionis. Similis distancia
est inter eum, qui liuore et inuidię nęuo et eum, qui noxa
aliqua conuictus et heretica labe maculatus,[l] canonicis legibus dampnatur. *Vtilitatis*[m] *namque causa beatus Petrus
apostolorum princeps migrauit ab Antiochia et translatus
est Romam.* Eusebius itaque Pamphili in sexto historię
ecclesiasticę[n] libro[3] Alexandrum unius Capadocie ciuitatis
episcopum refert,[o] quia, cum uenisset causa oracionis Hie-
rosolimam,[p] tentus sit ab eius ciuibus et in locum Narcissi[q]
episcopi sit constitutus ac[r] de cetero omni uita sua ipsi
ecclesię presidisse. Si igitur apud ueteres sine ulla differentia de ciuitate ad aliam migrabatur episcopus, dum utilitas
euocaret, oportet eciam ipsam regulam huic[s] operi copulari,

---

[a] resoluit c   recoluit *conicc. Blanchinius.*   [b] apostolorum c   [c] Ui
et c   [d] depositum c   [e] liceat c   [f] ciuitate c   [g] posibilia c   [h] addiet c
[i] ciuitate c   [k] alia c   [l] naculatus c   [m] Vtilitas c   [n] ecclesię c
[o] refret c   [p] herosolimam c   [q] necersi c   [r] hac c   [s] buhic c

---

[1] *Psal.* 40, 9.   [2] *Matth.* 10, 23.   [3] *Eusebii hist. ecclesiast. l. VI c. 11.*

ut ostendatur, quia mentiti sunt, qui Proclum inthronizare prohibuerunt. Sufficiat ergo ad presens istos memorasse,[a] nam plures exempli causa ad memoriam reducemus.

Interim tamen redeamus ad conloquium urbis Rome, ut per eam ciues eius adloquamur. Et quia de Formoso[b] papa[c] ratio constat, sanctorum patrum exempla in medium ducamus; uniuersum enim huius ratiotinationis onus[d] in Formosi causa pendet. Et quia mortui a uiuis non sunt iudicandi ....[e] per secula luce clarius omnibus ostendamus. Atque in prima fronte cuiusdam Tycinensis episcopi, Ennodii nomine, uiri sanctissimi[f] sentenciam exprimamus: [1] *Aliorum,* inquid, *hominum causas deus per hominem designari uoluit, sedis Romane presulem suo sine questione reseruauit iudicio et arbitrio; uoluit enim beati[g] Petri successores tante dignitatis habere priuilegium, ut Romanus pontifex a nemine iudicetur. Dicas forsitan: Talis erit in futura dispensacione omnis distribucio. Non. Vni solum dictum[h] est:* [2] *Tu es Petrus et super hanc petram edificabo ęcclesiam meam et porte inferi non preualebunt aduersus eam et tibi dabo claues regni celorum et quodcumque ligaueris*[i] *usque solutum in celis. De hac enim ęcclesia mihi per prophetam* [3] *uidetur esse dictum: Si hęc humiliatur, ad cuius fugietis auxilium aut ubi*[k] *relinquetis gloriam uestram?* Et hoc de uiuis, de mortuis uero Anastasius[l] papa ita monet: [4] *Admonente nos beatissimo*[m] *apostolo, ne quid sit in hoc offendiculum in ęcclesia dei quod facere non possumus de his, qui iam transierunt, iudicare conemur. Ait enim de his, qui de rebus ad solum deum pertinentibus iudicare presumunt:* [5] *si enim uiuimus, domino uiuimus, siue morimur, domino morimur. In hoc enim Christus resurrexit, ut et mortuorum et uiuorum dominetur.*[n] *Tu autem, quis es, qui iudi-*

---

[a] memoriasse c [b] formosi c [c] p̄p̄ c [d] honus c [e] *spatium duobus verbis congruum uacat* [f] sanctisimi c [g] beatri c [h] datum c [i] ligauerit c [k] hubi c [l] anestasius c [m] beatisimo c [n] dominemur c

[1] Ennodii Libell. apologetic. pro synodo (Ennodii opp. ed. Sirmond p. 314) [2] Matth. 16, 18. 19. [3] Iesai. 10, 3. [4] Mansi Collect. concil. VIII, 188, Pseudoisidor. ed. Hinschius p. 655. [5] Rom. 14, 11–13.

cas fratrem tuum? Non ergo amplius inuicem iudicemus, sed hoc iudicate magis, ne ponatis offendiculum fratribus uel scandalum.[a] *Monet igitur apostolus, ne de his nobis presumendo iudicium inferamus, de quibus nemo potest uerius uel melius iudicare quam deus. In hoc sibi quispiam temerarios usurpat ausus et propter hoc pax atque unitas ęcclesię dissipatur.* Apparet[b] ergo, quod nemo, qui iam migrauit de seculo, iudicio detentus sit humano. Quod si nemo subiectorum exutus carne est iudicandus, quid de summo pontifice, qui nec uiuus reprehendendus[c] erat et in presidio iam mortis somno quiescens a sepulchro euulsus anathematizari[d] putatus est? Etenim Marcellinus papa licet diis sacrificasset,[e] tamen a nemine fuit iudicatus, quia summum pontificem[f] nefas est a quoquam iudicari.[1] *Non enim potest* (ut[g] supra scriptum est) *humano condempnari examine, quem deus suo seruauit iudicio.*[2] Que res adeo uiluit,[h] ut non solum non iudicentur, sed eciam acerba et publica[i] sedicione comprehendantur.[3]

Veniamus nunc ad ordinationem Formosi pape, a quo fandi est inicium ortum, quoniam nonnulli, sicut in decretis Hilarii pape legitur,[4] episcopatum non diuinum sed hereditatis putant[k] esse compendium. Hinc est propterea, quod temperantia[l] moderaminis perditur, karitas neglegitur, *tunica illa desuper totum contexta*[5] scinditur[m] maleque sortita perniciter disrumpitur ac pastor, qui putabatur, in lupum uertitur. Hoc non fecit papa Formosus. Non enim hereditario iure sanctam Romanam ęcclesiam[n] tenuit neque eam, ut fertur, ambitus causa inuasit: inpossibile[o] enim uidetur eum tante sublimitatis ęcclesiam[p] inuadere potuisse. Qua enim turba, qua uiolencia tocius capud orbis ab inermi[q]

[a] scaldalum *c*   [b] Aparet *c*   [c] reprehendus *c*   [d] anathematicizari *c*
[e] sacrificaset *c*   [f] sumus pontifex *c*   [g] ut *add. Blanchinius*   [h] uoluit *c*
[i] plubica *c*   [k] putatur *c*   [l] temporantia *c*   [m] sinditur *c*   [n] ęclesiam *c*
[o] inposibile *c*   [p] ęclesiam *c*   [q] inhermi *c*

[1] *Concil. Sinuessan. a. 303* (*Mansi Coll. I, 1257*).   [2] *Pseudoisidor. ed. Hinschius p. 98. 126, 163, 193.*   [3] Quod nuper de Leone et Christoforo sacris apostolicis actum totus mundus contremuit *add. Vulgarius c. XIIII.*   [4] *a. 465 c. 5* (*Mansi VII, 961, Pseudoisid. p. 630*).   [5] *Iohann. 19, 23.*

uilique ac simplici homullulo iam inuadi potuisset: ni enim imperiali[a] aut regali uel patriciali aut tirannica potestate fuisset suffultus, tante potestatis apicem inuadere non[b] ualuisset. Vbi ergo, o Roma, tanta tua nobilitas? et antiqua tam inuicta potestas? Iam igitur, ut fertur, si sedem apostolicam preripuit, omne consilium principum tuorum uirtusque procerum[c] et sapiencia obtimatum perniciter obdormiuit. Quid igitur? Numquid eos ligauit? aut uiolentiam episcopis inferens, ut eum sacrarent, exegit?[d] Etenim notum est, quia ab ipsis episcopis sacratus est, a quibus predecessores eius sacrati et ad quos ius pertinebat sacrandi. Quomodo ergo potest dici:[e] Nichil habuit, nichil dedit? Ecce, cum dicatur non habuisse, liquet, qualiter declaratur accepisse; quod acceptum potuit et largiri.[f] Non enim praeter[g] illorum manuum inposicionem et sacracionem ausus fuit apostolicam sedem ascendere tanteque potestatis culmen arripere,[h] immo nec erat possibile.

Numquid Marinus papa dedit quod non habuit?[i] habuit certe et dedit. Quis enim potest dare quod non habet? Cerensis namque episcopus fuit, non unus ex septem, sicut Formosus, sed ex forensibus[k] unus. Vtilitatis tamen causa et necessitatis, non superbia,[l] sed aduocatione et eleccione populi Romani, sicut Formosus, est in sancta et apostolica sede inthronizatus. Quid ergo, o Roma, asseris de Marino? Numquid de illo uis dicere: Nichil habuit, nichil dedit? Enimuero multum habuit, multum dedit. Et[m] iuxta ueritatis uocem:[1] *Omni*[n] *habenti dabitur et abundabit;*[o] *qui autem non habet, ipsum quod uidetur habere, auferetur ab eo.* Obicis fortasse et dicis: Marinus non fuit episcopus. Nonne Iohannes papa eum ordinauit? qui Italiam Germaniam et Galliam peragrauit et ea, que praua et inuia atque aspera erant, correxit erexit et direxit et utrumque Karolum Galli-

---

[a] imperatori c   [b] non *deest in* c   [c] procertum c   [d] exigit c
[e] diu c   [f] elargiri c   [g] propter c   praeter *corr.* *Blanchinius*   [h] culpmen eripere c   [i] abuit c   [k] forentibus c   [l] superbe c   [m] ex c
[n] Omne c   [o] abundauit c

[1] *Matth.* 25, 29.

cumᵃ et Germanicum augustalibus coronis compsitᵇ et redimiuit. Si Iohannis ordinationem et consecrationem, quaᶜ
per annos ni fallimur ..ᵈ in sacratissima beati Petri sede
pilleatus resplenduit et in sacris ordinibus apostolico fauore
choruscauit, irritam facis,ᵉ similes erunt principes tui Dathan
et Abiron eorumque complicibus, qui *irritauerunt Moysen
et Aaron in castris in sanctum domini ideoque aperta est
terra et deglutiuit*ᶠ *Dathan et Abiron*,¹ siquidem descende-
runt ad inferna uiuentes. Quoniam sicut illiᶠ murmuraue-
runt aduersus dominum et aduersus principes, quos ei con-
stituerat, ita et tu murmuras contra dominum et saluato-
rem nostrum Iesum Christum, qui cum patre et spiritu
sancto unus et uerus deus est et contra apostolos eius,
quibus ab eo ligandi atque soluendi in celo et in terra concessa est potestas. *Per te,* inquid dominus perᵇ prophetam,ⁱ
*nomen meum blasphematur in gentibus.*² Vnde datur intellegi,
quia satius et aptius fuisset apud summum arbitrem Formo-
sianam,ⁱ ut dicitur, presumpcionemᵏ sub silentio dissimulando
corrigi,ˡ quam disrupto karitatis uinculo uniuerso mundo
scandalum inferre. O Roma, aporiaris et apostataris atque
in dementiam etᵐ frenesim raperis:ⁿ conuertere ad deum et
saluaberis. Sic enim ipse per prophetam dicit:³ *Conuerti-
mini ad me et salui eritis.* Sta et contende mecum. Inter-
rogabo te et responde mihi et tu percontareᵒ me et redi-
cam tibi.

Dicisᵖ itaque, sepedictum papam Formosum non habuisse
quod dareᑫ potuisset. Habuit certe, habuit:ʳ a Marino
scilicet,ˢ primum episcopo,ᵗ dehinc summo et uniuersali
papa, a quo fuit absolutus et benigne receptus et in pristinum honorem, a quo neuo inuidie fuerat depositus,ᵘ digne

---

ᵃ gallium *c*   ᵇ comsit *c*   ᶜ ordinatio et consecratio quam *c*   ᵈ *numerus annorum (decem) excidisse uidetur.*   ᵈ facit *c*   ᶠ degluuit *c*
ᶢ ille *c*   ʰ pro *c*   ⁱ formosiana *c*   ᵏ presumpcio *c*   ˡ sylentio dissimi-
lando corigi *c*   ᵐ et *deest in c*   ⁿ poteris *c*   ᵒ percunctare *c*   ᵖ dic̄ *c*
ᑫ dari *c*   ʳ abuit certe abuit *c*   ˢ silicet *c*   ᵗ episcopum *c*   ᵘ destinatus *c*   depositus *corr.* **Blanchinius**

¹ *Psal. 105, 16, 17.*   ² *Isai. 52, 5.*   ³ *Isai. 45, 22.*

et canonice est reuocatus, non scismaticus* neque haereticus,
sed uir sanctus et iustus atque catholicus, segregatus a
peccatoribus et excelsior celis factus. Quomodo ergo dedit
quod non accepit?* Nicolaus consecrauit Formosum ad
episcopum sciens eum doctorem egregium et ideo misit eum
in Bulgariam ad predicandum. Qui strenue uiam ueritatis
normamque fidei et christiane religionis doctrinam gentem
olim crudelissimam[b] et paganissimam[c] edocens ad menia tua
cum crucis est[d] triumpho reuersus. Postmodum liuoris
coeno[e] ab urbe tua repulsus, deinde, ut dictum est, a Marino papa receptus et restitutus, sic tandem populi accla-
matu[f] propter bonorum incrementa morum ad summum
pontificatus culmen fauorabiliter est prouectus. Quod si Formosus nichil habuit nichil dedit (quod absurdissimum atque
prophanissimum et mente re ipsa captis[g] est dicere), ergo
Iohannes, qui Marinum consecrauit, nichil habuit, nichil
dedit. Marinus quoque papa, cuius consecracio hactenus
intacta permanet, nichil habuit et nichil Stephano diacono
Adriani filio a se consecrato dedit, qui postea papa factus
est et a iamdicto Formoso in ordine uicis sue apostolicus
consecratus est. Si Formosus papa nichil habuit nichil dedit,
sicut proceres tui fronte ferrea et adamantina[h] menteque
sathanica dicunt: ergo irrita est consecratio Marini, quem
Iohannes papa episcopum consecrauit, irrita est consecratio[i]
Stephani Adriani filii, quem Marinus ad diaconatum prouexit
et postea Formosus tocius eleccione populi in sancta sede
apostolica consecrauit. Vis fortasse[k] dicere, o Roma, *appo-
nens iniquitatem super iniquitatem,* [1] quod Marinus episcopus non fuerit? Ergo et consecracio Iohannis[l] pape, quam
Marino Cerensi episcopo digne aut indigne, ut dicis, impo-
suit, irrita est. Si indigne, Iohannes non sit apostolicus
(quod nefas est ad dicendum)[m] nec Marinus episcopus; si
uero digne (prout omni mundo recte[n] uisum est), domnus

---

*: sismaticus *c*   [a] haccepit *c*   [b] crudelisimam *c*   [c] paganisimam *c*
[d] est et *c*   [e] oceno *c*   [f] aclatu *c*   [g] reis capitis *c*   [h] adamantia *c*   [i] con-
cratio *c*   [k] fortase *c*   [l] iohannis iohannis *c*   [m] adicendum *c*   [n] reccio *c*

[1] Psal. 68. 28.

Iohannes sit apostolicus et Marinus episcopus, ac deinceps causa utilitatis et necessitatis uniuersi* aduocacione populi in sancta Romana et apostolica ęcclesia maneat inthronizatus. Iam si profiteris Marinum episcopum non fuisse, criminaris Iohannem papam (quod deus auertat), qui eum consecrauit, uiolatorem canonum et omnium sacrarum legum preuaricatorem fuisse. Aut dic Marinum, qui a Iohanne sacratus est, fuisse episcopum, ut comprobes Iohannem ueraciter, sicut fuit, extitisse papam; aut si negaueris, totam christianitatem maculando profiteberis Iohannem irruptorem Niceni* et omnium conciliorum destructorem* fuisse. Insuper et Stephani consecracio et Sergii, quem Stephanus consecrauit ad diaconatum, irrita erit. Et ut liberius dicamus, si ordinem Romane consecracionis discurrendo* texamus, tocius sacerdotalis . . . .* seriem, ut asseris, ab ipso Iohannis tempore, qui ante tricennium defunctus est, irritam et euacuatam, quod absit, perspiciemus. Quoniam si Iohannes, qui Marinum episcopum consecrauit, reprobus fuerit, Marinus reprobus erit; et si non fuerit episcopus Marinus, quare in Cerensi* sede ordinationes consecrationes baptisteria et populi confirmationes exegit? Igitur si Marinus episcopus non fuit, Stephanus Adriani filius, qui postea apostolicus extitit, diaconus non fuit; quia postquam episcopus non fuit et sacrum episcopalis iuris ministerium* usurpando tractauit, ultioni Oza, qui arcam domini indigne tangere presumpsit,[1] procul dubio subiacuit. Similiter et Stephanus nec diaconus fuit nec apostolicus existere potuit, quia indigne, si ita est, ut asseris, sacri diaconatus ministerium* attigit. Si dampnas Marinum, dampna Iohannem, dampna eciam Stephanum Formosum Sergium et omnes quotquot ab ipso Iohanne Marini predecessore in sancta sede apostolica summo pontificali iure sessionem habuerunt. Totus ergo mundus et omnes

* uniuerse c ᵇ irriptorem nicē c ᶜ destrutorem c ᵈ discurendo c
* ordinis *aut* dignitatis *excidisse ridetur* ᶠ ceresi c ᵍ misterium e
ᵇ misterium c

[1] *2 Reg. 6, 6.*

eius christiane fidei habitatores contra te clament: quia
omnes decepisti et ipsa decepta es. Constantinopolis namque, Sicilia, tota Italia, Gallia, Germania, in quarum spaciis
metropolitani, qui subfraganeos episcopales cetus sue con-
secrationi uindicant, degere uidentur, aduersus te causantur
et querelantur, quia nullus metropolitanus consecracionem
facere potest, nisi a sede apostolica pallium sumat.[a] A quo
ergo Bisancium, quae Constantinopolis uocatur, Rauenna,
Forum Iulii, Mediolanum, Hebrudunum, Arelatum, Lugdu-
num, ciuitas Remorum, Colonia,[b] Magontia cetereque urbes
metropolitane nisi ab apostolica potestate pallium sumant?[c]
Si ita est, ut prodis, totus poene mundus per annos XXX
in ruina positus est, non solum ad dampnationem corporum,
uerum eciam, quod deterius est, ad detrimentum animarum.
Qui dinumerare[d] potest stellas celi et arenam,[e] que est in
litore maris, hic dinumerare poterit animas et corpora
eorum, qui absque babtismo et sacri crismatis unccione per
tot annorum curricula[f] ad tartara sunt dimersi. Missarum[g]
etiam solemnia nisi ab antiquissimis uiris minime sunt celebrata. Quis enim sacros fontes benediceret et sanctum
chrisma conficeret aut quis penitentes solueret aut ligaret,
cum omnis ordo ecclesiasticus ita ad ima ceciderit, ut, sicut
tu ausu nefario et ore temerario delatras,[h] nichil habuerit,
nichil dederit?

Igitur iam tempus est, ut ad conceptum, sicut sumus
polliciti, redeamus eloquium et quia Formosum papam inuasorem non fuisse declarauimus, ita eque an inique[i] depositum restitui posse et de ecclesia ad ecclesiam migrari
ualuisse,[k] sancti spiritus infusione dilucidemus. Plurimos
enim episcoporum aliis ex ciuitatibus ad alias causa necessitatis atque utilitatis necnon inuitacionis et aduocationis
sanctorum utilitate patrum didicimus esse migratos. Quorum
primus, ut retulimus, beatissimus[l] apostolorum princeps
regnique celestis clauiger fuit et Alexander, prout historie

---

[a] palleum summat c   [b] remororum colonnia c   [c] palleum sum-
mant c   [d] dinimerare c   [e] arena c   [f] currucula c   [g] Misarum c
[h] delatans c   [i] ineque c   [k] uoluise c   [l] beatisimus c

liber ęcclesiastice [1] refert, unius Capadocie ciuitatis episcopus utilitatis ac [a] necessitatis intuitu [b] .... nobiliter extitit.
Subsequamur ergo cęteros. Perigenes in Patris [c] est ordinatus episcopus, sed quoniam ciuitatis [d] eius ciues noluerunt
eum suscipere, Romane ciuitatis episcopus iussit [e] eum in
Corinthum [f] metropolim defuncto eius episcopo inthronizari
eique, donec aduixit, ęcclesię prefuit. Dosithęum Seleucie [g]
episcopum Alexander Anthiocenus episcopus in Tharsum Cili-
cie demigrauit. Reuerentius ab Archis Foenicie in Tyrum
migratus est, Iohannes de Gardilia mutatus est in Procho-
nixo; Palladius ab Helenopoli [h] mutatus est in Asponam,
Alexander ab alia Helenopoli [i] in Adrianopoli [k] mutatus est.
Gregorius Nazanzenus prius unius [l] ciuitatis Cappadocie [m]
fuit episcopus, quę Sasima dicebatur, deinde a beato Basilio
et aliorum episcoporum consensu Nazianzo. [n] Melecius prius
Sebastie ęcclesię prefuit et postea Antiochie presul est constitutus. Theosebius ab Apamia Asię transfertur in Eudoxio-
polim, [o] quę prius Salambria uocabatur. Policarpus de urbe
Antapristena Mysię [p] in Nicopolim Tracie mutatus est. Hie-
rophilus de Trapezopoli Frigie in Antiochiam mutatus est
Pisidię, [q] Syluanus a Philippopoli Tracie [r] mutatus est Troa-
dam. *Eusebius [2] quoque de quadam parua ciuitate apostolica auctoritate mutatus [s] est Alexandriam; similiter Felix
de ciuitate, qua ordinatus erat, eleccione ciuium propter
doctrinam et bonam, quam habebat, uitam communi episcoporum et reliquorum sacerdotum ac populorum [t] consilio
translatus est Ephesum. Non enim transit de ciuitate ad
ciuitatem, qui non suo libitu aut ambitu hoc facit, sed utilitate quadam aut necessitate aliorumque ortatu [u] et consilio [v]*

---

[a] hac c   [b] *nonnulla excidisse videntur*   [c] petrus c   [d] ciuita-
tes c   [e] iusit c   [f] corrinphum c   [g] seleutice c   [h] elienopoli c   [i] helio-
nopoli c   [k] andriapoli c   [l] hunius c   [m] capodocie c   [n] naziazo c
[o] eadoxiopolim c   [p] antapristena mysię *desunt in cod.*   [q] pasidię c
[r] philipopuli trachie c   [s] mutus c   [t] apli c   [u] aliorum ortatur e   [v] ex
concilio c

---

[1] *Cassiodori Hist. tripart. l. XII c. 8; Auxilius De ordinationib. c. 1—3.*   [2] Eusebius -- mentem *ex Epist. Anteri (Decret. Pseudoisid. ed. Hinschius 152).*

pociorum transfertur; nec transfertur de minori ciuitate ad maiorem, qui hoc non ambitu aut propria uoluntate facit, sed aut ui a propria sede pulsus aut necessitate coactus aut utilitate loci aut populi, non superbe sed humiliter ab aliis translatus et intronizatus est. Quia homo uidet in facie, deus autem in corde.*[1] Non ergo mutat sedem qui non mutat mentem.*

Sufficiat[b] nunc demum[bb] de mutacione et transmigracione sedium satis dixisse: nunc de reconciliatione pontificum, qui iuste aut iniuste dampnati sunt, prout auctoritas docet euidenter, dicam modo. Iohannes Chrisostomus[c][2] a duabus[d] synodis ortodoxorum[e] fuit iudicatus, sed iterum ęcclesię sue fuit restitutus. Necnon et Marcellus episcopus Ancire Galatie depositus fuit, sed proprium postmodum recepit episcopatum. Asclipius item iudicatus a synodo ęcclęsiam suam postea recepit. Lucianus episcopus Adrianopolites[f] a papa Iulio dampnatus postmodum recepit ecclesiam sui episcopatus. Item Cyrillus[g] Hierosolimitanus episcopus depositus fuit: postea reconciliatus est ęcclesię sue. Simili modo et Polichronium[h] eiusdem ęcclesię sue Hierosolimitane pontificem Sixtus[i] papa dampnauit et iterum idem reconciliauit. Innocencius item papa Fotium[k] episcopum dampnauit, sed ipse postea eum in sue ęcclesię proprium restituit statum. Item Miseno episcopo a Felice papa dampnato Gelasius papa successor illius communicauit et eum ęcclesię sue restituit. Leoncius autem, dum esset presbiter, depositus fuit, sed postea in Antiochia patriarcha extitit. Gregorius quartus papa Romanus Theodosium, quem Eugenius eius antecessor presbiterii honore priuauerat, sanctę ęcclesię Signine consecrauit episcopum. Ibas namque episcopus iudicatus fuit, sed sancta synodus canonice suam illi restituit ęcclesiam. Nicolaus papa Zachariam episcopum[l] pro eo, quod Constantinopolim

---

[a] cohactus c [b] Suffiat c [bb] demu c [c] xcrisostonus c [d] ad duobus c [e] hortodoxorum c [f] adrianopolitis c [g] quirinillus c [h] palichronium c [i] sextus c [k] fotinum c [l] episcopus c

[1] 1 Reg. 16, 7. [2] Cf. Auxilii Infensor et Defensor c. 21 (Mabillon Analecta vet. 17); In defensionem sacrae ordinat. papae Formosi I c. 6 (p. 66 ed. Dümmler).

directus Phocium inuasorem subito e laico clericum factum[a]
et per ęcclęsiasticos ordines inprouise ad patriarchatum Con-
stantinopoleos prouectum[b] approbauit, et Ignatium patriar-
cham, uirum sanctum et iustum reprobauit, in sua sinodo
merito dampnauit, sed Adrianus papa eum in pristinum
ęcclesię suę statum reuocauit. Rothadum[c] sancte Sessonien-
sis[d] ęcclesię episcopum synodo, cui Carolus rex interfuit,
condempnatum Nicolaus papa reconciliauit et proprie ęcclesię restituit. Iohannes papa Anspertum Mediolanensem
archiepiscopum pro eo, quod legatos summe sanctę sedis
apostolice recipere noluit, uocatus ad synodum uenire con-
tempsit, in synodo dampnauit, sed postea eidem[e] ęcclesię
restituit. Quid plura? Si cunctas pontificum restituciones
ac transmigrationes in medium ducere temptabimus,[f] dies
ante (ut remur), quam sermo cessabit.

Cui ergo comparabimus te? uel cui assimilabimus[g] te,
o Roma? *Magna* [1] *enim est uelut* [h] *mare contricio tua.*
Quis medebitur tibi? Prophete [hh] *tui uiderunt falsa et stulta,*
nec aperiebant iniquitatem tuam, ut te conuerterent et sana-
rent. Planxerunt super te omnes transeuntes per uiam,
sibilauerunt et mouerunt capud suum dicentes: Heccine est
urbs perfecti decoris et gaudium uniuerse terre? Scrutare
ergo uias tuas et conuertere ad dominum et saluaberis.
Quid igitur ad hec dices? Nam uulgo dicitur, stultum esse
alios cohercere, cum sibimetipsi non ualeat frenum imponere.
Quo itaque pacto alios uis redarguere, cum tibi nulla sit
potestas temetipsam[i] corrigere? Per ambitus enim et sedi-
ciones belligerando ad summum apicis culmen[k] principes tui
contendunt subire; et adhuc in[l] iniquitate sua permanentes
unusquisque quod animo concepit opere complere conatur.
Pro hac enim re[m] diluuium superuenit uniuerso mundo dele-
taque[n] est omnis caro de superficie terre, exceptis octo[o]

---

[a] clericorum factus c   [b] prouectus c   [c] rochadum c   [d] sessonis c
[u] eiusdem c   [f] retemptauimus c   [g] asimilabimus c   [h] est uelut *deest
in cod.*   [hh] prophe c   [i] temetipsum c   [k] belligerando *falso repetitur*
[l] in *deest in cod.*   [m] res c   [n] delectaque c   [o] otto c

[1] *Thren.* 2, 13—16.

animabus in arca saluatis. Sic enim sancta in precedentibus dicit scriptura:[a] [1] *Videntes filii dei filias hominum quod essent pulchre, acceperunt sibi uxores ex omnibus quas elegerant.*[b] Et ad comprimendam tuę sedulitatis temeritatem per temetipsam ueritas dicit:[a] *Quinque enim uiros habuisti, o Roma, et hunc quem habes non est tuus uir.* Nam Formosus, quem crudelissima[c] presumpcione de sepulchro extraxisti, in[d] summa sancta et apostolica sede uiuus residens consecrauit Iohannem ad presbiterum; qui postea iuxta Romanam consuetudinem et consecracionem ad apostolicatus fastigium conscendens, Kailonem Rauennatem archiepiscopum consecrauit ac postmodum in sancta sinodo eadem in urbe congregata, cui Landbertus[e] imperator interfuit, apostolico fauore uiriliter resedit. Kailo uero archiepiscopus Petrum Bononiensem episcopum consecrauit; Petrus autem Bononiensis episcopus, Kailonis[f] archiepiscopi subfraganeus, Iohannem (abusiue[g] tuę sedi preest) per sacrorum ordinem asconsus ad diaconem consecrauit. Defuncto uero Petro idem Iohannes Bononiensem[h] ęcclesiam[i] uiuente Kailone[k] archiepiscopo, contra omnem canonum auctoritatem inuadere presumpsit; consecratus quoque missarum solemnia pontificali iure indigne exercuit et inlicitas consecrationes exegit; qua relicta sanctam Romanam et apostolicam ęcclesiam nefariis ausibus usurpauit. Et nunc[l] pro libitu suo uult soluere et ligare et uelut lucifer ille, qui sedem suam in aquilone ponere uoluit et in altum se extollens similem deo gloriatus est fore, catholicam et uniuersalem ęcclesiam uult excommunicare et iustiores et sanctiores se querit anathematizare.[m] Quis enim ei ex hoc crediturus erit? *Ne glorietur ęquę discinctus ut*[n] *accinctus.*[3] *Non est enim deus sicut homo.*[4] Si enim angelis extollentibus non pepercit, quanto magis hominibus est cauendum,

---

[a] spriptura *c*   [b] eligerant *c*   [c] crudelisima *c*   [d] in *deest in cod.* et *c*   [e] landebertus *c*   [f] kalionis *c*   [g] abhus uię *c* abusiue *Blanchinius.*   [h] bonihensem *c*   [i] tunc Rauennatem *aut tale quid excidisse uidetur in codice.*   [k] kalone *c*   [l] tun *c*   [m] anathaematizare *c*   [n] aut *c*

[1] *Genes. 6, 2.*   [2] *Iohann. 4, 18.*   [3] *3 Reg. 20, 11.*   [4] *Numer. 23, 19.*

ne extollantur.[a] Scriptum est enim: [1] *Non plus sapere quam oportet sapere,* ne forte dum plus uult[b] esse quam sit, sit minus quam sit. Ceterum quamuis indigne *legatione* et sacerdocio *Christi fungimur,* sicut docet apostolus,[2] pacem deposcimus,[c] unanimitatem petimus et te, o Roma, quę es capud omnium nostrum, sanari flagitamus . .[d] et ne tam leuiter in postmodum scandalizeris,[e] modis omnibus exoramus; ipso auxiliante, cui est laus honor et uirtus et gloria cum deo patre in unitate spiritus sancti per interminabilia secula seculorum amen.

[a] extollatur c   [b] uul c   [c] deposimus c   [d] *lacuna uni verbo congrua in cod.*   [e] scandalizari c

[1] *Rom. 12, 3.*   [2] *2 Cor. 5, 20.*

IOHANNIS VIII PAPAE EPISTOLARUM FRAGMENTA

Omnes qui fidelitatem Romane iurant aecclesiae, id est domino Petro uel suo uicario, omni procul dubio iurare uidentur uniuersaliter clero, qui qualibet administratione diuinum exibet cultum in ipsis locis sacratis, quae ad regendum spetialiter domino pertinent papae. Non enim prediis iurant uel edibus sed congruo cultu ea possidentibus, quia aecclesia nichil aliud est nisi populus fidelis, sed precipue clerus censetur hoc nomine. Propterea Wilbertum tuum marchionem nostrumque fidelem, a quo Iohannes Romane aecclesiae lector grauem pertulit contumeliosam iniuriam, sic a dignitate depone honoris uti periurum et sacrilegum, si nostra perfrui benedictione cupis et inter catholicas computari filias secundum quod te credimus esse. Absurdum quippe est, eum per quodlibet officium dominari christiano populo, qui patenter implicitus periurio uel alio mortali crimine secundum sanctos [1] canones repellendus est tempore suae penitentiae ab omni communi gaudio.

IDEM ITEM AD EANDEM.

Quia nostrum de Wilberto implesti preceptum et supplicas pro eo: penitentie (tempore) ut perfrui possit in altera patria minori magistratus officio, excusans eum ignoranter commisisse in Iohannem periurium et testans eundem fieri utillimum ad regendum et defendendum populum, nos hac utili postulatione tua temperanter commoti uestre potestati

---

[1] sanctorum *cod.*

concedimus exinde secundum quod a te desideratum com-
perimus esse.

IDEM INTER ALIA CIRCA PHILETUM EPISCOPUM YSAURIE, QUI MALE UIUEBAT ET BENE DOCEBAT.

Hoc autem quod Iohannes ait in apocalipsi: [1] *qui audit
dicat ueni* sic est intellegendum: ille quidem neglegentes
ad bene operandum inuitet uel de transgressibus corrigat,
qui per semet ipsum dominica precepta uigilanter obseruat.
Alioquin contineat ac uereatur suum proferre sermonem
iuxta illud quod dicit deus peccatori: [2] *Quare tu enarras
iustitias meas et assumis testamentum meum per os tuum?*
Nam cuius uita ueraciter reprehenditur, eius predicatio
facile contempnitur, quia magis generat scandalum populo,
quam fructum acquisitionis deferat domino.

ITEM EXINDE IOHANNES URBIS ROME PRESUL PAULINO REGIS [3] CIUITATIS COEPISCOPO.

Vestre consultationis litteris, quibus significastis te
suspicari, Ambrosium tuum conciuem ambitu discidii se con-
fiteri concubuisse cum sua nunc mortua socru, breui quidem
sermone sed prouida ratione rescribimus sic: Propria quippe
confessio nec testatione nec aliena indiget accusatione, sed
quoniam plerumque etiam ipsa spontanea confessio simulate
fieri potest et omni spiritui credendum non est, persona,
quam suspectam asseritis, uestra moderatione faciat idoneam
suam confessionem siue solo iure iurando, si persona talis
est, siue diuino examine, ut moris populi est, aut etiam
corpore et sanguine Christi probetur, sicut noster decessor
Adrianus fecit in Lothario rege pro Waldrada sua pellice.
Interim uero cum sponsa, quam dimittendam iudicamus, si
crimen (in) ueritate consistit, non culpam augeat cubando
cum ea, sed castitatem conseruet retinendo se ab ea.

---

[1] *Apoc. 22, 17.*   [2] *Psalm. 49, 16.*   [3] Paulo Reginae?

PETRI DUCIS VENETIARUM EPISTOLA

Excellentissimis et omni decentia decoratis Heinrico
sublimissimo regi et Hildiberto [a] uenerabili archiepiscopo et
omnibus episcopis in illis partibus commanentibus Petrus
Christi munerę inperialis consul et senator [b] atque dux Ve-
neticorum una cum Marino uenerabili patriarcha nostro et
episcopis nostris uobis laudem et magnificentiam et salutem
cum deuotissima amicitia exobtamus.

Quamuis corporaliter longo terrarum multo [c] aquarum
diuidamur spatio, [d] iungat nos Christi caritas, quae una-
nimes habitare facit in domo, qui linguas infantium fecit
disertas et aperuit os mutorum [e] et ex ore infantium et
lactantium perfecisti laudem. [1] Quoniam post sacro regene-
rationis chrismate, cuius lauacro per gratiam redemptoris
cuncta deleri originalia [f] peccata credimus, suscipiendum est
bellum contra uitia omnia spiritalis nequitiae in caelestibus
et fortiter sub fidei certaminę dimicandum, ne iterum ad
damnabilia reducamur peccata: audiuimus, ut quidam Iudeus,
qui fuerat in Hierosolima, aduenisset in regionibus uestris in
figura antichristi et blasphemabat nomen domini nostri Iesu
Christi et dicebat magnum scelus de sancto sepulchro, ita
ut, si potuisset, euacuaret regnum christianorum et exaltaret
sinagogam Iudeorum. Vnde miramur de sapientia uestra et
episcoporum uestrorum, si hoc credere dignaremini. Fuit
namque contentio inter christianos et Iudeos de lege quam
credebant, [g] sed Iudei inuidia ducti congregauerunt aurum

---

[a] hidiberto c   [b] senatus c   [c] terarum multitudo c   [d] diuidamus
spatia c   [e] mutum c   [f] orriginalia c   [g] cdebant c

[1] Prat. 132, 1; Sap. 10. 21; Matth. 21, 16.

et dederunt principibus Sarracenorum, ut exaltarent nomen eorum. Christiani uero haec audientes fecerunt placitum cum Iudeis, ut clauderetur sinagoga Iudeorum, similiter clauderetur* sanctum sepulchrum domini et ponerent principes Sarracenorum custodes suos, qui custodirent eos et cui ostenderet deus uirtutem et signa, illi de utroque populo crederent. Facta denique oratione christianorum aperuit deus templum et sanctum sepulchrum et accensa ipsa luminaria et inluminatum est templum et apparuit gloria domini. ita ut ostenderet se dominus incarnatus et quasi crucifixus stantem in dextera columna intra suum sanctum sepulchrum, sinagoga uero Iudeorum uacua et inanis remansit. Hebrei uero confusi propter mirabilia domini nostri Iesu Christi quae uiderant, crediderunt et baptizati sunt. Inde uero Ierosolimitanus patriarcha suas literas et legatum suum Constantinopolim ad Romanum direxit imperatorem[b] et omnia innotuit, quae deus ostendere dignatus est, commonendo, ut sicut Ierosolima omnes Iudei christiani facti sunt, ita et in suum imperium omnes Iudeorum ad Christi fidem conuerteret. Quod uero ipse imperator[c] omnes Iudeorum baptizari iussit et ipsi Hebrei mirabilia dei audientes spontanea uoluntate crediderunt et baptizati sunt. Qua de re obsecramus magnitudinem uestram, ut haec mirabilia domini nostri Iesu Christi omnibus Hebreis nuntietis et baptizari eos precipiatis. Si quis uero Hebreus baptizari noluerit, precipite, ut signum crucis in nullo[d] metallo nec in ullo drappo aut aliqua* spetie in uestro regno suis pollutis manibus contingat et ipse Hebreus, si noluerit esse christianus, confusus et repudiatus de uestro regno abscedat. Nunc autem corroborati in fide domini nostri Iesu Christi laudemus et exaltemus nomen eius in secula seculorum.

* clauderet c   [b] imperium c   [c] supple audiens   [d] nulo c
* aliquo c

VERSUS EPOREDIENSES

Dulcior ut portus nautis, ut meta quadrigis,
   ut stabulum fessis, ut frigida limpha sitis,
sic mihi [1] similis quem prebet pagina uersus,
   ultima dum extremas [2] pangit arundo notas.
5 qui nescit scribere, non putat esse laborem,
   ideoque obsecro: orate pro scriptorem,
   ut deum atque dominum habeat protectorem.

Egregioque patri fer codicem milleque preces
   summo Azo domino magnificoque uiro.
quem decorat pietas, quem Christi gratia adornat
   moribus in cunctis actibus atque piis.
5 gaudet inire uiam, qua tendit ad aetheris aulam
   tramite iustitię transuolat ille pius.
quotquot in aethereo clarescunt sidera caelo,
   tot flores in campis iam redolentque nouis.
nec minus obto uobis deuoto corde salutes,
10   o decus ecclesiae, nobilis atque pater.
clarus et ingenio clarescet munere Christi,
   utilis eloquio, fertilis atque manu.
mitibus es mitis, sine dolo felle columba,
   dum nocet ille lupus, es ouis inter oues.   ·
15 sanctissime, uale cum gratia magni decoris,
   sis memor, oro, mei, ut deus ecce tui.
tu ualeas semper per multa curricula eui
   et merear uobis seruulus parua loco.
continet in paruis nostrorum dicta priscorum.

---

[1] *fortasse* fit *supplendum est.*   [2] *extrema e*

Aspice, deus, de supernis sedibus
quos Agifredus condidit uersiculum
de domino Azone uiro sacratissimo:
in tuo regno fac eum dignissimo.
placeat tibi atque tuo filio,
qui tecum regnat et cum sancto spiritu
per infinita secula et seculorum seculi. [1]

---

[1] *Adiungo alios versus Eporedienses codicis 84 saeculi X, quos item Bethmannus invenit (Pertz Archiv IX, 623)*:

Peruigil in studiis abaci numerique figuras
dum meditor notulas uario sub calle profusas,
has quoque multiplici ducens propagine fac(tas),
ac reditus alios simili sub stirpe notatos,
5 incidit in mentem penitus scrutarier artem
et palam fieri quicquid prouenerat illi:
quod tamen ad uotum licuit constringere primum
atque sui sciolum memet promiserat unum,
tantum perceptis ut erat paginis mentis.
10 hoc dum lucescit, mox post pallescere coepit
atque petit fumum quicquid prius emicat almum
et memet stadiis uictum cessare coegit.
tunc monuit Flaccus, ueniat quo primus agogus;
quem petit exegi, Francum refert Aribertum.
15 hic dabit in lucem, pateris quam sedulo, nubem
et ducet sudum spirans aquilonis ab axe.
hoc igitur tempta, sic me cunctamine priua, (praua c)
ternos sectores iaciens ternosque secandos,
quos tibi presentes presentat pagina presens.

INCIPIUNT NOMINA EPISCOPORUM
SANCTĘ MEDIOLANENSIS ECCLESIĘ

53 ANATELON sedit annos[1] XIII, obiit VIII Kalendas Octubris.

61 Garus[2] episcopus sedit annos[3] XXII, obiit VI Kalendas Octubris, sepultus est ad Concilia sanctorum.

97 Castricianus episcopus sedit annos XLI, obiit Kal. Decembris, sepultus est ad sanctum Iohannem ad Conca.

138 Kalymerus episcopus sedit annos LIII, obiit pridie Kalendas Aug.

193 Monas episcopus sedit annos LVIIII, obiit VIII Kal. Aprilis, sepultus est ad sanctum Vitalem.

303 Mirocles episcopus sedit annos XXII, obiit pridie Kal. Decembris, sepultus est ad sanctum Victorem.

282 Maternus episcopus sedit annos XII, obiit XV Kal. Aug., sepultus est ad sanctum Naborem.

331 Protasius episcopus sedit annos XXV, obiit VIII Kal. Dec., sepultus est ad sanctum Victorem.

315 Eustorgius episcopus sedit annos XVII, obiit XIIII Kal. Octubris.

355 Dionisius episcopus sedit annos XIIII, obiit VIII Kal. Iunii.

374 AMBROSIUS episcopus sedit annos XXVI menses IIII dies V, obiit V Nonas Aprilis.

398 Simplicianus episcopus sedit annos X, obiit XVIII Kal. Septembris.

399 Venerius episcopus sedit annos VIIII, obiit IIII Nonas Magii, sepultus est ad sanctum Nazarium.

408 Marolus episcopus sedit annos XV, obiit VIIII Kal. Magii, sepultus est ad sanctum Petrum.

---

[1] annos c   [2] Gagius ed.   [3] annū. c

423 Martinianus episcopus sedit annos XXX, obiit IIII Kal.
Ianuar., sepultus est ad sanctum Stephanum.

432 Clicerius episcopus sedit annos XVIII, obiit XVII Kal.
Oct., sepultus est ad sanctum Nazarium.

438 Lazarus episcopus sedit annos XI, obiit pridie Idus
Martii, sepultus est ad sanctum Nazarium.

449 Eusebius episcopus sedit annos XVII, obiit VI Id.
Aug., sepultus est ad sanctum Laurentium.

465 Gerontius episcopus sedit annos VI, obiit III Nonas [1]
Mai., sepultus est ad sanctum Simplicianum. [2]

470 Benignus episcopus sedit annos VIII, obiit X Kal. Dec.,
sepultus est ad sanctum Simplicianum.

477 Senator episcopus sedit annos III menses VIIII dies
XV, obiit IIII Kal. Iun., sepultus est ad sanctam
Eufimiam.

480 Theodorus episcopus sedit annos VIIII, obiit V Kal.
Aprilis, sepultus est ad sanctum Ypolitum.

490 Laurentius episcopus sedit annos XXII, obiit VIII Kal.
Aug., sepultus est ad sanctum Ypolitum.

512 Eustorgius episcopus sedit annos VII, obiit VIII Id.
Iun., sepultus est in supradicta ecclesia.

518 Magnus episcopus sedit annos XXX, obiit Kal. Nou.,
sepultus est ad sanctum Eustorgium.

530 Datius episcopus sedit annos XXIIII, obiit XVIIII Kal.
Febr., sepultus est ad sanctum Victorem.

552 Vitalis episcopus sedit annos IIII, sepultus est ad
sanctum Vitalem.

566 Auxanus episcopus sedit annos III, obiit III Non. Sept.,
sepultus est ad sanctum Stefanum ad Rotam.

568 Honoratus episcopus sedit annos II, sepultus est in
ecclesia sancti Georgii ad Nocetam.

570 Frontus episcopus sedit annis XI.

573 Laurentius episcopus iunior sedit annos XVIIII menses
VII, obiit XII Kal. Sept., sepultus est in Ienua ad
Syrum, uixit annis LXXXV.

[1] nonus c   [2] simplianum c

593   Constantius episcopus sedit annos XVIII, obiit die III mensis Sept., sepultus est in Ienua in domo sancti Ambrosii, uixit annis C.

601   Deusdedit episcopus sedit annos XXVIII mensem I dies XIIII, obiit III Kal. Nou., sepultus est in Ienua ad sanctum Syrum, uixit annis XC.

630   Asterius [1] episcopus sedit annos X menses V dies VII, obiit die IIII mensis Iulii, sepultus est in Ienua ad sanctum Syrum, uixit annis LXX.

641   Fortis episcopus sedit annis III.

645   Iohannes episcopus sedit annos X, obiit IIII Non. Iau., sepultus est ad sanctum Michahelem in domo.

655   Antonius episcopus sedit annos II, obiit pridie Kal. Nou., sepultus est ad sanctum Simplicianum.

657   Mauricillus episcopus sedit menses IIII.

668   Ampelius episcopus sedit annos V, sepultus est ad sanctum Simplicianum.

672   Mansuetus episcopus sedit annos VIIII, obiit XI Kal. Mart., sepultus ad sanctum Ambrosium.

681   Benedictus episcopus sedit annos XLVII, obiit V Id. Mart., sepultus ad sanctum Ambrosium.

721   Theodorus episcopus sedit annos XIIII, sepultus est in monasterio Aurone.

736   Natalis episcopus sedit mensibus XIIII, obiit pridie Id. Mag., sepultus est ad sanctum Georgium.

741   Arifretus episcopus sedit mensibus VIIII, sepultus est ad sanctum Nazarium.

738   Stabilis episcopus sedit annis duobus mensibus IIII, obiit Id. Dec., sepultus est ad sanctum Ambrosium.

741   Zetus [2] episcopus sedit annis III mens. XI, obiit pridie Non. Aprilis, sepultus est ad sanctum Ambrosium.

755   Thomas episcopus sedit annis XXVIII diebus V, obiit V Kal. Oct., sepultus est ad sanctum Laurentium.

784   Petrus episcopus sedit annis XVII mensibus duobus, obiit Id. Mag., sepultus est ad sanctum Ambrosium.

[1] Austerius *ed.*   [2] Lactus *ed.*

11*

803   Odelbertus episcopus sedit annis VIIII mensibus VII, obiit V Kal. Mart., sepultus est ad sanctum Ambrosium.

813   Anselmus episcopus sedit annis V, obiit V Id. Mag., sepultus est ad sanctum Ambrosium.

818   Bonus episcopus sedit annis IIII, obiit X Kal. Febr,. sepultus est ad sanctum Ambrosium.

822   Angelbertus episcopus sedit anno uno mensibus II diebus XXII, obiit VII Id. Oct., sepultus est in ecclesia yemali.   .

824   Angelbertus episcopus sedit annos XXXV menses V dies XVII, obiit Id. Dec., sepultus est ad sanctum Nazarium.

860   Tado episcopus sedit annis VII mensibus VI diebus XXII, obiit VII Kal. Iun., sepultus est ad sanctum Ambrosium.

868   Anspertus episcopus sedit annis XIII mensibus V diebus XIII, obiit VII Id. Dec., sepultus est ad sanctum Ambrosium. [1]

882   Anselmus episcopus sedit ann. XIIII mens. VI diebus XXII, obiit V Kal. Octub., sepultus est ad sanctum Ambrosium iuxta altare sanctę Marcellinę.

896   Landulfus sedit annis III diebus minus XXXVII, obiit Non. Nouemb., sepultus est ad sanctum Ambrosium. [2]

899   Andreas sedit annis VI mens. III, obiit pridie Kal. Mart., sepultus est ad sanctum Ambrosium.

906   Aicho sedit ann. XII mens. VI, obiit VII Id. Sept., sepultus est ad sanctam Mariam in ecclesia yemali.

918   Warimbertus sedit ann. II mens. VIII, obiit VII Kal. Sept., sepultus est ad sanctum Stephanum ad Fonti.

921   Lampertus sedit annis VIIII mens. VIII diebus XV, obiit XVII Kal Iulii, sepultus est in ecclesia yemali. [3]

931   Hilduinus sedit ann. V d. XXV, obiit VIIII Kal. Aug. sepultus est in ecclesia yemali.

---

[1] *Cfr. Epitaphium eius ap. Puricelli Mon. Ambros. 244.*   [2] *Cf. Epitaphium eius ap. Giulini Memorie di Milano II, 74.*   [3] *Cfr. Necrol. Modic. (Frisi Memorie di Monza III, 147):* XII kal. iul. Ob. domnus Lampertus archiepiscopus.

936   Ardericus sedit ann. XII mens. II, obiit III Id. Oct.,
      sepultus est in ecclesia apostolorum intra capellam
      sancti Lini papae.

948   Mannasses et (A)delmannus quinque annis inter se
      diuiserunt. [1]

953   Walpertus sedit annis XVIII, obiit VIII Id. Nou.,
      sepultus est in ecclesia yemali.

970   Arnulfus sedit ann. III mens. IIII, obiit XVI Kal. Mag.,
      sepultus est in ecclesia yemali.

974   Gotefredus sedit ann. V mens. I d. XXIII, obiit XIII
      Kal. Oct., sepultus est in ecclesia yemali. [2]

979   Landulfus sedit ann. XVIII, obiit X Kal. Apr., sepul-
      tus est ad sanctum Celsum.

998   Arnulfus sedit ann. XVIIII mens. VIII d. VI, obiit V
      Kal. Mart., sepultus est ad sanctum Victorem. [3]

[1] *Cfr. Epitaphium Adalmanni (Muratori Ant. Ital. III, 559):*
Ob. autem anno inc. dom. 956 mense dec. indict. XV.   [2] *Cf. Necrol.*
Merseburg. (Neue Mittheil. des thüring. sächs. Vereins XI, 241):
XIII Kal. Oct. Gotefridus ob. archiepiscopus.   [3] *Cf. Necrol. Weissen-*
burg. (Archiv des histor. Vereins v. Unterfranken XIII, 3, 6): V Kal.
Mart. Arnoldus archiepiscopus obiit (*1018*).

ÜBERSICHT

DER URKUNDEN BERENGARS UND SEINER GEGENKÖNIGE.

Berengar I König seit 888 Anfang Januar — Kaiser 915 um Anfang December — † 924 April 7.

Wido König seit 889 Mitte Februar — Kaiser 891 Februar 21 — † 894 im December.

Lambert König seit 891 — Kaiser seit 892 Ende April — † 898 im October.

Arnolf König von Ostfranken seit 887 Ende November, von Italien seit 894 Anfang Februar — Kaiser 896 Ende Februar — † 899 December 8.

Ludwig III König von Burgund seit 890, von Italien seit 900 October 12 — Kaiser seit 901 Mitte Februar — geblendet 905 im Juli — † 928.

Rudolf II König von Burgund seit 911 oder 912 Ende October — Ar- Italien seit 922 Januar — durch Hugo aus Italien verd. Juli 926 — † 937 Juli 11.

Nicht mit aufgenommen in das nachstehende Verzeichnis sind einige Urkunden Berengars, von denen bisher nur eine dürftige Andeutung auf uns gelangt ist. Robolini (Notizie della sua patria II, 47) erwähnt ein Diplom für das Kloster del Senatore zu Pavia vom 30. Mai 894. Im Mailänder Staatsarchive, wohin sonst die Urkunden dieses Klosters gekommen sind, ist diese nicht aufzutreiben. Muratori (Scr. rer. Italic. II b, 373) spricht ohne jede nähere Bezeichnung von einem diploma nondum editum vom 2. September 894. Ughelli (Italia sacra V, 146) gedenkt einer Urk. vom 19. November 897, durch welche Berengar dem Bischof Aimon von Belluno alle von seinen Vorgängern verliehenen Privilegien bestätigt. Nähere Auskunft würde vielleicht Piloni

Historia cividale di Belluno, ein mir nicht zugängliches Werk, geben. In dem Capitelsarchive von Belluno findet sich nach gütiger Erkundigung des Hr. Commendatore Tommaso Gar, Directors des Venetianischen Staatsarchives, dies Diplom nicht vor.

. Gänzlich undatiert und deshalb nur auf gut Glück eingereiht sind unter den folgenden Urk. Nr. 32 und 87, während bei einer Reihe andrer die Daten zweifelhaft und widerspruchsvoll sind. Ihrer ganzen Fassung nach gefälscht, aber, da Daten und Unterschrift keinen Anstoss geben, vielleicht auf echter Grundlage, ist die Urk. für Lonato Nr. 57. Entschieden unecht ist das angebliche Original von Nr. 61 in Venedig (s. Pertz Archiv IV, 112, Wattenbach Schriftwesen im MA. S. 183), auch die Daten der Urk. sind zerrüttet, während ihr Wortlaut unanstössig ist und namentlich die Erwähnung des Bischofs Heilulf von Mantua (vgl. B 1297, 1302: Petrus uenerabilis episcopus .. necnon Egilulfus reuerendus presul dilecti consiliarii nostri; J 2561) mir doch auf eine echte Grundlage hinzuweisen scheint. Besonders auffallend ist die mir nur aus Auszügen bekannte Nr. 68: gleich die Titulatur .Beringerus eiusdem unius omnipotentis Romanorum atque Longobardorum misericordia dei rex' findet sich so in keiner echten Urk., so wenig wie ,Signum Beringerii regis Longobardorum'. Ebenso unmöglich ist der Abbo cancellarius, wofür man geneigt wäre Ambrosius zu verbessern. Zweifelhaft bleibt das Datum, welches bei Labbé lautet: Data XV kalendas martii anno VIII et primo regni nostri, während Du Bouchet offenbar richtiger anno XXVIII et I setzt. Die einfachste Verbesserung wäre die 28. Jahr regni und das 1. imperii d. i. 916, aber dem steht der königliche Titel im Wege. Trotz alledem glaube ' ` _'ass hier nur Verderbnisse einer echten Urk. vorliegen, da der dr· archaus den thatsächlichen Verhältnissen entspricht. Zu _..·l3, das bei Ughelli keine notarielle Unterschrift hat, gibt Biancolini als solche: Ioannes cancellarius adv. Ardingi episcopi et archicancellarii, aber wahrscheinlich nur durch ein Versehen, weil diese beiden Namen hier verfrüht erscheinen würden. Zerrüttet ist die Datierungszeile in Nr. 73, die ich schon früher zu verbessern versucht habe, und in Nr. 82: Data mense octobris anno dom. inc. 916 et anno imperii domni imperatoris Berengarii V indictione octaua, doch wäre alles in Ordnung, wenn man annehmen dürfte, dass das Regierungsjahr ausgefallen, die 5 zur Indiction gehört und die 8 irrig aus dem October entstanden ist. Für die Echtheit spricht die eigenthümliche notarielle Unterschrift, die Namen der Fürbitter, der Grafen Grimold und Odelrich, die sehr gut in diese Zeit passen, und auch der Brand von Parma wird durch 2 andre Urkunden Berengars (B 1366, 1367), wie durch Annalen von Nonantola (,similiter et Parma igne cremata est' bei Tiraboschi Storia di Nonant. II, 6) bezeugt. Nr. 68 ist nach einer gefälligen Mittheilung des Hr. Canonico Giovanni Barberis, Archivar des Capitels von Vercelli daselbst, nur noch in einer

Copie auf Pergament vom 16. Aug. 1292 erhalten, deren Schreiber getreu abschrieb preter literas uel sillabas et preter quedam uerba quo legi non poterant. Die Unterschrift lautet dort: Data VII kal. . . . anno domini DCCCCXIII domni uero Berengarii piissimi regis XXV indictione prima. Actum . . . in Christi nomine feliciter amen, der Eingang: Notum sit fidelibus sanctae dei ecclesiae nostris praesentibus et futuris, qualiter peticione Aldeberti gloriosissimi marchionis et dilectissimi generi nostri et Grimaldi illustris comitis fidelium nostrorum per nostra presenti paginam donamus et concedimus ecclesiae sanctae dei genitricis Mariae et sancti Eusebii Vercellensis ad usum et substentationem canonicorum ibidem deo famulantium locum qui olim Curtis regia dicebatur u. s. w. — Ueber chronologische Unebenheiten in einigen Urk. B.s vgl. Lupi Cod. diplom. Bergom. II, 27 flg., 107. Verderbt sind Daten und Unterschrift namentlich noch in Nr. 56 und in Nr. 28 scheint sich Bischof Liutard als Erzkanzler aus einer Urk. Ludwigs des Blinden eingeschlichen zu haben, wenn nicht etwa hier ein jäher Wechsel stattgefunden hat.

Ueber die Urkunden Arnolfs, die hier nur der Vollständigkeit wegen mit aufgenommen worden sind, habe ich anderwärts hinlänglich gehandelt. Bemerkenswerth ist, dass er vor seinen Römerzügen schon 889 der Kaiserin Engelberga ihre italienischen Besitzungen bestätigte. Da Wido damals thatsächlich regierte, so sollte dies wohl nur eine Sicherung für die Zukunft sein und es zeugt die Urkunde, deren Original ich in Parma sah, daher für Arnolfs Pläne auf Italien. Nr. 10 ist in der überlieferten Form ohne Zweifel gefälscht, aber es spricht doch einige Wahrscheinlichkeit dafür, dass eine echte Vorlage einst vorhanden war. Besondere Kanzler für Italien gab es unter Arnolf nicht.

Unter den Urk. Widos ist eine handgreiflich unechte vom 13. November 892 in Balba ohne notarielle Unterschrift fortgeblieben, worin derselbe dem Kloster S. Vicenzo die Kirche S. Marcelli und so viel Gold schenkt, als das Gewicht Lamberts, seines Sohnes, beträgt (Muratori Scr. rer. Ital. I b, 430; Baronii Annal. eccles. a. 892 n. 3, verteidigt von Leibniz Ann. imp. II, 132). Nr. 15 dürfte vielleicht richtiger nach Nr. 8 in das J. 891 zu setzen sein. Verdächtig ist wegen der widersprechenden Daten Nr. 3 unter Lamberts Urk., welche nur nach einer neueren Abschrift herausgegeben worden ist, doch scheint sie mir in der Hauptsache echt.

Von den unter dem Namen Ludwigs III überlieferten Urk. habe ich die von Böhmer unter Nr. 1458 aufgeführte vom 18. Januar 901 als verfälscht fortgelassen. Für die Echtheit könnte zwar der Ausstellungsort Poloniae d. i. Bologna sprechen, der sich mit der folgenden (1459) sehr gut vereinigen liesse, sowie der Fürbitter Pfalzgraf Sigifred, der in der gleichen Eigenschaft noch in 7 andern Urk. Ludwigs vorkommt (unten Nr. 1, 3, 7, 9, 10, 14, 15), aber höchst anstössig

ist im Eingange und in der Datierung der Königstitel, da Ludwig seit
seiner Krönung nur den kaiserlichen führt, ferner der Name Heilberts
(oder Deilberts) als Bischofs von Como und Erzkanzlers (der in eine
viel frühere Zeit fallen würde), während in allen italienischen Urkunden Ludwigs an Stelle des Bischofs (von Como) und Erzkanzlers Liutward unterfertigt wird. Endlich schwanken auch die Daten zwischen
879 und 901, 12. und 4. Indiction. Die Urk., deren Echtheit schon
Leibniz (Annal. imp. II, 194) anzweifelte, ist ausser von Ughelli und
Savioli auch von Tatti (Annali di Como I, 958) herausgegeben. Das
Datum von Nr. 6 wollte Lupi verbessern, weil Ludwig, wenn er am
11. Merz in Pavia urkundete, unmöglich noch 9 Tage zuvor in Rom
sich aufgehalten haben kann. Während der Notar und Kanzler Arnolf ebensowohl burgundische als italienische Urk. schreibt, findet sich
Liutward nur in den letzteren, für Burgund dagegen bekleiden die
Erzbischöfe von Vienne Barnoin, Ragamfred, Alexander nach einander die Erzkanzlerwürde.

Die Urk. Rudolfs sind nach Böhmer vollständiger (doch fehlt
Nr. 4, 11) von Forel verzeichnet worden (Mémoires et Documents de
la Suisse Romande XIX, 37—40), der ganz richtig bemerkt, dass die
Indictionen in denselben häufig fehlerhaft seien. (Bei Berengar hingegen finden sich selten Verstösse gegen ihren regelrechten Wechsel
am 1. September.) In Nr. 5 lautet der Name des bei Muratori fehlen-
den Fürbitters ‚per Beatum reuerentissimum sancte Tertonensis ecclesie episcopum et archicancellarium nostrum' in dem codex episcopi
Sicardi Nr. 18 zu Cremona, nach gefälliger Mittheilung des Hr. Ippolito
Cereda daselbst. Wahrscheinlich wirkte, obgleich wir dies nicht mehr
sicher feststellen können, Beatus von Tortona nur für Italien als Rudolfs Erzkanzler, weil der König früher schon seine burgundischen
Kanzler gehabt haben muss. Unter Hugo freilich, der überhaupt seine
königliche Würde erst in Italien erlangte, fand keine solche Unter-
scheidung statt.

Nr.	Böh-mer.	Ort	Tag	Jahr	Indic-tion	Regie-rungsjahr	Kanzler und Krak...
1	—	Mantua palatio regio	Merz 21	888	6	1	Petrus cancellarius ad vicem Adol lardi episcopi et archicancellari
2	—	in Olonna curte regia (Sala curte regia)	Mai 7 (11)	953	6 (3)	1	„
3	1289	Papiae	Mai 8	888	6	1	„
4	—	Veronae	Febr. 28	889	7	3 (verb. 2)	Teudbertus notarius ad vicem Ade lardi episcopi archicancellarii
5	1291	Cremonae	Aug. 18	889	7	2	Liutardus notarius, ad vicem Ade lardi episcopi et archicancellari
6	1292	Veronae	Sept. 10	889	8	1	Restaldus notarius ad vicem Ade lardi episcopi et archicancellari
7	1293	Verona	Nov. 3	890	7	1	Restaldus notarius iussione regi ad vicem Adelardi episcopi et archicancellarii
8	1294	Veronae	Mai 12	890	8	3	Petrus cancellarius ad vicem Ade lardi episcopi archicancellarii
9	1295	ad ecclesiam sanctae Anastasiae	Oct. 20	890	9	3	Re.. aldus notarius iussione regi ad vicem Adelardi episcopi e archicancellarii
10	1296	Verona	Nov. 9	893	11	6	Restaldus (Restulfus) notarius ius sione regia ad vicem Adelard episcopi et archicancellarii
11	1297	—	Nov. 21	894	-	--	
12	1298	in Mediolano ad sanctum Ambro-sium	Decbr. 2	894	13	7	Restaldus not. iussione regia a vicem Adelardi episcopi et archi cancellarii
13	1299	Veronae	Mai 4	895	13	9	—
14	1301	„	April 30	897	11	8	Vitalis cancellarius iussu regis
15	1302	—	Juli 29	896	14	9	Martinus notarius ad vicem Pet episcopi et archicancellarii
16	1303	corte Aquis	Nov. 30	896	15	9	Vitalis cancellarius iussu regis
17	1304	episcopio Cene-densi	Januar 6	896 (897)	15	9	„ „
19	—	Naones corte regia	Mai 5	897	15	10	Vitalis cancellarius ad vicem Pet episcopi archicancellarii
19	1305	Mediolano in mo-nasterio S. Am-brosii	Febr. 15	898	1	11	Restaldus notarius ad vicem Pet episcopi et archicancellarii
20	1306	Papia palatio	Nov. 6	898	2	11	Petrus cancellarius iussu regis
21	1307	Regia ciuitate	Decbr. 1	898	2	11	Vitalis cancellarius ad vicem Pet episcopi et archicancellarii

Für	Ausgaben.
t Adalbert von Sesto in Friaul	Forschungen für deutsche Gesch. IX, 426 von Sickel, vgl. X, 278.
rtrag mit Venedig unter dem Do-ʒen Petrus	Forschungen für deutsche Gesch. X, 279—284 von Dümmler.
iserin Angelberga	Muratori Antiquit. Ital. VI, 345 = Heumann De re diplomat. imperatricum 64.
ister S. Mariä in Organo zu Verona	Biancolini Notizie delle chiese di Verona IV, 675.
ister S. Salvator und Julia zu Brescia	Margarini Bullarium Casinense II, 36, vgl. Odorici Storie Bresciane IV, 67.
Treue Atto in Verona	Muratori Antiq. It. I, 937; Biancolini Dei vescovi di Verona 119.
ester Johann	Muratori Ant. It. III, 67; Tiraboschi Memorie Modenesi, Codice diplomat. I, 65.
if Unroch, Sohn des Markgrafen Suppo	Muratori Ant. It. I, 279; Tiraboschi Mem. Moden. I, 63; Affò Storia di Parma I, 310.
iert, Vassall des Grafen Adelgis	Muratori Ant. Ital. V, 633.
ister S. Zeno zu Verona	Muratori Ant. Ital. II, 217; Biancolini Notizie di Verona V, 73.
chof Egilulf von Mantua	Muratori Ant. Ital. III, 5.
ister S. Ambrogio zu Mailand	Muratori Ant. Ital. V, 203; Puricelli Monumenta Ambrosiana 125.
istlichkeit und Einwohner von Verona	Vghelli Italia sacra V, 723; Biancolini Notizie II, 710.
sall Ingelfred in Verona	Muratori Ant. It. V, 755.
no, Vassall des Grafen Siginfred	Tiraboschi Storia di Nonantola II, 72.
ister Bonipert	Muratori Ant. It. V, 635.
ister S. Peter und Theonistus in er Grafschaft Treviso	Muratori Ant. It. II, 97; Biancolini Notizie V, 76.
zler Bischof Petrus von Padua	Orsato Historia di Padova 183; Dondi dall' Orologio Dissertaz. sopra l'istoria di Padova II, 10, vgl. Vghelli It. sacr. V, 429.
reue Ermenulf (nostrae militiae imes vgl. B 1298)	Lupi Codex diplomat. Bergomas I, 1073.
oniker von Reggio	Vghelli Italia sacra II, 254; Tiraboschi Mem. Mod. I, 73.
ierin Angiltrud, Widos Witwe	Muratori Ant. Ital. VI, 337 = Heumann De re imperatr. 448, vgl. Affò Storia di Parma I, 200.

Nr.	Böhmer	Ort	Tag	Jahr	Indiction	Regie-rungsjahr	Kanzler und Erzkanzler.
22	1308	Bononia ciuitate	Decbr. 7	898	2	11	Vitalis cancellarius ad vicem Petri episcopi et archicancellarii
23	1309	Papiae	Merz 8	899	2	13	Martianus notarius ad vicem Petri episcopi et archicancellarii
24	1310	Papiae palatio regio	„ 28	898	2	12	Petrus cancellarius ad vicem Petri episcopi et archicancellarii
25	1311	Papiae	April 25	899	2	12	Martinus etc. ad vicem Petri episcopi et archicancellarii
26	1312	curtis nostrae Vilzachara	Aug. 19	899	2	12	Martianus notarius ad vicem Petri episcopi et archicancellarii
27	1313	Papiae palatio	Merz 11	899	2	13	Beatus notarius ad vicem Petri episcopi et archicancellarii
28	1314	Papiae ciuitate palatio regis	Mai 24	900	2	12	Beatus cancellarius ad vicem Liutardi episcopi archicancellarii
29	1316	ciuitate Papia	Juli 8	901	3	13	Restus notarius ad vicem Ardingi archicancellarii
30	1315	—	August 1	900	3	18	Ambrosius cancellarius ad vicem Ardingi episcopi archicancellarii
31	1317	Veronae	„ 23	901	4	14	Teudebertus notar. ad vicem Vitalis episcopi et archicancellarii
32	—	—	—	—	—	—	—
33	1318	palatio Ticinensi quod est caput regni nostri	Juli 17	902	5	15	Petrus notarius iussione regia
34	1319	ciuitate Papiae	August 7	902	5	15	Ambrosius ad vicem Ardingi archicancellarii
35	1320 (= 1290?)	corte nostra Fulcia apud ecclesiam sancti Petri	Sept. 11	903	7	16	Ambrosius cancellarius ad vicem Erurchi (sic)
36	1321	in Papia ciuitate palatio Ticinensis	Oct. 19.	903	7	16	Ambrosius cancellarius ad vicem Ardingi episcopi et archicancellarii
37	1322	Papiae	Januar 4	904	7	17	Fortunius notar. ad vicem Ardingi episcopi et archicancellarii
38	1323	Moedicia	Febr. 21	903	7	17	Ambrosius cancell. ad vicem Ardingi episcopi et archicancell.
39	1324	Veronae	April 4	904	7	17	„ „
40	1325	Moeditia	Mai 24	903	7	17	„ „
41	—	palacio Ticinensi	Juni 1	904	7	23	„ „
42	1326	villa Itaciani	„ 14	904	7	17	„ „
43	1327 (1328)	urbe Ticinensi	„ 25	904	7	17	„ „
44	1329	in corte sancti Martini in Solaria (solario)	Juli 15	904	—	17	„ „
45	1330	Veronae in domo b. Zenonis	Januar 9	905	8	18	„ „

F ü r	A u s g a b e n.
schof Gamenulf von Modena	Tiraboschi Mem. Moden. I, 75; Savioli Annali Bolognesi I", 34.
rche des h. Nicomed zu Fontana Broculi	Muratori Ant. It. I, 983 = Origin. Guelficae II praef. 18; Affò Storia di Parma I, 316, vgl. Vghelli It. sacr. II, 101.
btissin Rixinda v. St. Maria Theodota zu Pavia	Muratori Ant. Ital. V, 601.
schof Grasulph von Florenz	Vghelli Italia sacra III, 28; Lünig Codex diplom. Italiae III, 1459.
t Leopard von Nonantola	Muratori Ant. Ital. II, 155 — 162.
btissin Rixinda von St. Maria Theodota zu Pavia	Muratori Ant. It. V, 603.
schof Adalbert von Luni	Vghelli It. sacra I, 835; Monumenta historiae patr. Chart. II. 14.
schof Sebastian von Vercelli	Monumenta histor. patr. Chart. I, 97, vgl. Andr. Irici Rer. patriae libri III p. 2.
iester Odelbert	Vghelli Italia sacra V, 725.
oster S. Zeno zu Verona	Muratori Ant. It. I, 741; Biancolini Serie dei vescovi 73; Vghelli It. sacra V, 1031 = Riccardi Storia dei vesc. Vicentini 17.
schof Garibald von Novara	Muratori Ant. Ital. VI, 323.
schof Peter von Reggio	Muratori Ant. It. I, 779; Vghelli It. sacra II, 258; Tiraboschi Mem. Moden. I, 83.
schof Gothifred von Modena	Vghelli It. sacra II, 101; Tiraboschi Mem. Moden. I, 84.
t Theodolitius von Bobbio	Vghelli It. sacra IV, 968; Monum. hist. patr. Chart. I, 104.
t Theodolitius von Bobbio	Vghelli Italia sacr. IV, 968; Monum. hist. patr. Chart. I, 107, vgl. Mabillon Museum Ital. I, 219, Muratori Scr. rer. Ital. II*, 416, III.
sthum Reggio	Muratori Ant. It. VI, 199, Tiraboschi Mem. Moden. I, 86; Vghelli It. sacra II, 259.
schof Adalbert von Bergamo	Lupi Cod. diplom. Bergomas II, 19 — 22.
oster S. Zeno zu Verona	Muratori Ant. It. I, 791; Biancolini Notizie die Verona IV. 611.
schof Adalbert von Bergamo	Lupi Cod. dipl. Berg. II, 23; Vghelli It. sacra IV, 424.
t Salomon von St. Gallen	Wartmann Urkundenbuch der Abtei St. Gallen II, 337, vgl. von Arx Gesch. des Kantons St. Gallen I, 105.
schof Gotfrid von Modena	Tiraboschi Mem. Moden. I, 89; Vghelli It. sacra II, 102.
„ „	Tiraboschi Mem. Moden. I, 89; Vghelli It. sacra II, 258, vgl. II, 102.
schof Audax von Asti	Monum. hist. patr. Chart. I, 108; Vghelli It. sacr. IV, 342.
schof Adelbert von Treviso	Vghelli It. sacra V, 499 = Cappelletti Le chiese d'Italia X, 603, vgl. Lupi Cod. dipl. Berg. II, 49.

Nr.	Böh-mer	Ort	Tag	Jahr	Indic-tion	Regie-rungsjahr	Kanzler und Erzkanzler.
46	1331	in Castro rupto	Jan. 23	905	9	18	Ambrosius cancellarius ad vicei Ardingi episcopi et archicance larii
47	1332	valle Pruuiniano iuxta plebem san-cti Floriani	Mai 26	905	9	18	„ „
48	1333	in curte Olona	Juni 17	905	9	18	„ „
49	1334	Tulles	Juli 31	905	9	17	„ „
50	1335	„	August 1	905	9	18	„ „
51	1336	„	„ 1	905	9	18	„ „
52	1337	Piscarie	„ 3	905	9	19	„ „
53	1338	Verone	„ 24	906	—	19	„ „
54	1339	Papiae palatio regio	Novbr. 6	907	11	20	Petrus cancellarius iussu regis
55	—	Brixiae	April 24	908	11	21	Iohannes cancell. ad vicem Ardingi episcopi et archicancellarii
56	1340	summo Lacu	August 5	996	9	21	Ambrosius cumanus ad vicem Ano-vigi (i. e. Ardingi) archicancellar.
57	—	Veronae	Mai 13	909	12	22	Ioannes cancell. ad vicem Ardingi episcopi et archicancellarii
58	—	Papiae palatii	Juni 23	909	12	22	„ „
59	1341	in curte Rodingo	Juli 27	910	13	23	Ambrosius cancell. ad vicem Ar-dingi episcopi et archicancell.
60	1342	Cremona	Nov. 23	910	14	23	Ambrosius diaconus et cancellarius
61	—	Papia	Juni 27	911	2	15	Iohannes cancell. ad vicem Ardingi episcopi et archicancellarii
62	1343	plebe	Aug. 15	911	14	24	Ioannes notarius iussu regis
63	1344	Senna curte regia	—	911	14	24	„ „
64	1345	Papiae	Octbr. 28	911	15	24	„ „
65	1346	palatio Ticinensi	Juni 9	912	15	25	„ „
66	1347	Papiae	Juli 23	912	15	25	Iohannes cancell. ad vicem Ardingi episcopi et archicancellarii
67	1348						
68	—	„	Sept. 28 „ 23-26	912 913	1 1	25 25	Iohannes notarius iussu regio —
69	—	Veronae	Mai 25	913	1	26	Ambrosius cancell. ad vicem Ardingi episcopi et archicancellarii
70	1349	Papiae	Aug. 10	913	1	26	Iohannes cancell. ad vicem Ardirgi episcopi et archicancellarii
71	—	„	Sept. 19	913	2	26	„ „
72	1350	Ticinensi palatio	Octbr. 8	913	—	26	„ „
73	—	in Coriano	Febr. 1	919	8	28	Iohannes episc. et cancell. ad vicem Ardingi episcopi et archicancell

Für	Ausgaben.
Diaconus Audibert von Verona	Tiraboschi Storia di Nonantola II, 88; De Dionysiis De Aldone et Notingo 94.
Getreue Teudibert	Muratori Ant. It. I, 1017.
Aebtissin Adelberga von S. Sisto	Muratori Ant. Ital. III, 7.
Getreue Fontegius oder Amezo	Muratori Ant. It. I, 787.
Kloster St. Maria ad Organum zu Verona	Muratori Ant. It. VI, 63; Biancolini Notizie di Verona V, 49.
Priester Odelbert	Muratori Ant. It. I, 789.
Kloster S. Zeno zu Verona	Muratori Ant. It. III, 763.
Diaconus Audebert von Verona	Tiraboschi Storia di Nonantola II, 90; De Dionysiis De Aldone et Notingo 96.
Canoniker von Reggio	Tiraboschi Mem. Moden. I, 74.
Aebtissin Adlegida von Capodistria	Forschungen für deutsche Gesch. X, 286 von Dümmler.
Bischof Ripald von Ceneda	Verci Marca Trivigiana I, 2; Vghelli It. sacr. V, 178 = Cappelletti Le chiese d'Italia X, 236.
Gemeinde von Lonato	Odorici Storie Bresciane IV, 75.
Kirche S. Giovanni Domnarum zu Pavia	Robolini Notizie della patria II, 164.
Graf Anselm von Verona	Muratori Ant. Ital. II, 245.
Gerichtssitzung für Bischof Lando von Cremona	Muratori Ant. It. I, 125 vgl. II, 5.
Bischof Taurinus von Triest	Hormayr Archiv für Süddeutschland II, 218.
Bischof Walpert von Como	Tatti Annali sacri di Como II, 789; Vghelli It. sacr. V, 274.
Bischof Peter von Reggio	Tiraboschi Mem. Moden. I, 92; Vghelli It. sacr. II, 257.
Kloster Nonantola	Muratori Ant. It. II, 249; Tiraboschi Storia di Nonantola II, 96.
Bischof Peter von Reggio	Muratori Ant. It. VI, 193; Tiraboschi Mem. Moden. I, 94; Vghelli It. sacr. II, 260.
Aebtissin Risinda von St. Maria Theodota zu Pavia	Muratori Ant. Ital. II, 467.
Freilassung des Hörigen Aregisus	Muratori Ant. Ital. I, 489.
Domstift von Vercelli	Mandelli Comune di Vercelli III, 53.
Kanzler Johann	Biancolini Notizie di Verona II, 711.
Aebtissin Risinda von St. Maria Theodota zu Pavia	Muratori Ant. Ital. I, 587, vgl. Scr. rer. Italic. II*, 416, in.
Getreue Meingausus	De Dionysiis De Aldone et Notingo 98.
Bischof Peter von Reggio	Tiraboschi Mem. Moden. I, 95.
Bischof Beatus von Tortona	Forschungen für deutsche Gesch. X, 287 von Dümmler.

Nr.	Böh-mer.	Ort	Tag	Jahr	Indic-tion	Regie-rungsjahr	Kanzler und Erzkanzler.
74	—	apud Papiam ciuitatem	Febr. 15	913	—	28 u. 1	Abbo cancellarius
75	1300	Veronae	Merz 4	915	3	28	Ioannes cancell. ad vicem Ardin episcopi et archicancellarii
76	1351	„	„ 31	915	3	28	„ „
77	1352	Sinna	Juli 26	915	3	28	Ioannes cancell. ad vicem Ardin episcopi et archicancellarii
78	1353	curte Curiano	Sept. 1	915	4	28	„ „
—	—	Rome	Dec. 8	915	4	28	„ „
79	1354	curte Sinna	Mai 25	916	4	28. 1	Ioannes episcopus et cancellariu ad vicem Ardingi episcopi archicancellarii
80	1355	in ciuitate Rauenna	Juni 22	916	4	28. 1	Petrus episcopus et cancellariu ad vicem Ardingi episcopi et archicancellarii
81	1356	Papiae	Sept. 1	916	5	28. 1	Petrus notarius ad vicem Ardingi episcopi et archicancellarii
82	—	— curte regia	October	916	8 (vb.5)	5	Petrus clericus et notar. ad vicem Iohannis cancellarii
83	—	in curte Sinna	Aug. 27	916	5	28. 2	Iohannes episcopus et cancellarius ad vicem Ardingi episcopi et archicancellarii
84	1357	in Piscaria	Oct. 21	917	5	28. 2	„ „
85	1358	Papiae	Nov. 17	917	5	29. 4	Hermenfredus domini imperatoris capellanus ipsius imperiali iussione
86	1359	Veronae	Dec. 17	915	6	28. 3	„ „
87	—	—	—	—	—	—	
88	—	ciuitate Papie	April 20	917	6	36. 3	Iohannes episcopus et cancellarius ad vicem Ardengi episcopi et archicancellarii
89	—	Moedicie	Dec. 26	918	7	28. 4	Hermenfredus domini imperatoris capellanus ipsius imperiali iussione
90	1360	in curte Olonna	Juni 30	920	8	28. 5	Iohannes episcopus et cancellarius ad vicem Ardingi episcopi et archicancellarii
91	1361	„	Juli 1	920	8	28. 5	„ „
92	—	Papiae	Sept. 4	920	9	28. 5	„ „
93	1362	„	„ 6	920	8	28. 5	„ „
94	—	„	„ 7	920	9	33. 6	„ „
95	1363	„	„ 8	920	9	33. 6	„ „

Für	Ausgaben.
Robert von St. Martin zu Tours	Phil. Labbé Eloges histor. des roys de France 492; Mémoires de la société archéol. de Touraine XVII, 393.
tissin Berchta von St. Julia zu rescia	Margarini Bullar. Casin. II, 37 vgl. Lupi Cod. dipl. Berg. I, 1053, Odorici Storie Bresciane IV, 77.
...torskirche zu Verona	Biancolini Notizie di Verona II, 701 == Mittarelli Ann. Camaldul. II, 3.
...oniker von St. Justina und St. ...ntonin zu Piacenza	Campi Historia di Piacenza I, 481.
...hof Adelbert von Bergamo	Lupi Cod. dipl. Berg. II, 93; Vghelli It. sacra IV, 430.
...kgraf Wido Abt von Montamiata	Forschungen zur deutschen Geschichte X, 289 von Dümmler, vgl. Lupi cod. dipl. Bergom. II, 104.
tissin Berchta von St. Julia zu rescia	Margarini Bullarium Casin. II, 40.
...hof Peter von Arezzo	Muratori Ant. Ital. I, 937.
...hof Johann von Cremona	Vghelli It. sacra IV, 587 == Cappelletti Chiese d' It. XII, 151; Zacharia Cremonens. episc. ser. 74 == Sanclementius Series episc. Cremon. 220.
...hof Haicard von Parma	Affò Storia di Parma I, 323.
...tissin Bertha von S. Sisto	Muratori Ant. It. I, 369.
...ster Casauria in Abruzzo	Carmen panegyricum Berengarii ed. Valesius 231; Dachery Spicileg. V, 399 (II, 940); Muratori Scr. rer. Italic. II^a, 413, II^b, 823.
...hof Garibert (bald) von Novara	Moriondi Monumenta Aquensia I, 4, vgl. Vghelli It. sacra IV, 696.
...zler Bischof Johann von Cremona	Muratori Ant. It. I, 515.
...hof Sibico von Padua	Verci Storia degli Ecelini III, 1; Verci Marca Trivig. I nr. 9 == Cappelletti Chiese d' It. X, 499; Dondi dall' Orologio l' Istoria di Padova II, 17.
" "	Muratori Ant. It. III, 197; Dondi dall' Orologio l' Istoria di Pad. II, 18.
...zler Bischof Johann von Cremona	Forschungen zur deutschen Gesch. X, 291 von Dümmler.
: Johann von Farfa	Duchesne Historiae Francor. scr. III, 670; Muratori Scr. rer. Italic. II^b, 460.
...oniker zu Monza	Frisi Memorie di Monza II, 17; Vghelli It. sacra IV, 61.
...lan und Subdiaconus Hermenfrid	De Dionysiis De Aldone et Notingo 101.
...reue Beretelo	Muratori Ant. Ital. I, 583.
...ster S. Maria Theodota zu Pavia	Muratori Ant. Ital. I, 967.
...mahlin Anna	Muratori Ant. Ital. II, 123 — Heumann De re dipl. imperatric. 457, vgl. Muratori Scr. rer. Ital. II^a, 416 n.

Nr.	Böhmer	Ort	Tag	Jahr	Indiction	Regierungsjahr	Kanzler und Erzkanzler.
97	1364	Papiae	Sept. 26	920	9	28. 5	Iohannes episcopus et cancellarii ad vicem Ardingi episcopi archicancellarii
98	—	„	„	920	9	33. 5	„ „
99	1365	Veronae	Dec. 20	921	9	34. 5	„ „
100	1366	Mantuae	Febr. 20	921	9	28. 6	„ „
101	1367	„	„	921	9	29. 6	„ „
102	1368	Papiae	Octbr. 3	921	10	28	„ „
103	1369	Veronae	Merz 25	921	10	28	„ „
104	1370	„	Juli 28	921	10	27	Ioannes episcopus et archicancellarius imperiali iussion e
105	1371	in ciuitate Veronae	—	923	12	28. 8	Hermenfridus cancellarius imperiali iussione

Verzeichnis der Urkunden

Nr.	Böhmer	Ort	Tag	Jahr	Indiction	Regierungsjahr	Kanzler und Erzkanzler.
1	1055	Foralheim curte regia	Juni 12	889	7	2	Asbertus cancellarius ad vicem Deotmari archicappellani
2	1105	Bergomensi castello	Febr. 1	894	12	7	Wichingus cancellarius ad vicem Deotmari archicapellani
3	1106	Placentiae	Merz 11	894	12	7. 1	Engilporo notarius ad vicem Deotmari archicapellani
4	1107	Yporegiae	April 17	894	12	7	Wiching cancellar. ad vicem Theotmari archicapellani
5	1112	Regenesburg	Januar 1	895	13	8	Engilpero notarius ad vicem Diogmari summi capellani
6	1119	Papiae	Decbr. 1	895	13	8	Wiching cancellar. ad vicem Theotmari archicapellani
7	1120	Romae	April 25 (vrb. Februar 24)	896	14	imp. 1	— —
8	—	„	Febr. 27	896	14	9. 3	Wichingus archicancellar. ad vicem Theotmari archicapellani
9	1121	„	Merz 1	896	14	i. 1	Wiching cancellar. ad vicem Teotmari archicapellani
10	—	Sinna curte regia	Mai 1 (April 27)	896	13	8. 1	Lantfridus ad vicem archicapellani Dettmari

Verzeichnis der Urkunden

Nr.	Böhmer	Ort	Tag	Jahr	Indiction	Regierungsjahr	Kanzler und Erzkanzler.
1	1268	Placentiae	April 24	889	8	2	Ad vicem Helbunci cancellarii Hearardus capellanus iussu regis
2	1269	in Taurinensi comitatu	Mai 26	890	8 (7)	1	Helbuncus cancellarius iubente Widone rege

Für	Ausgaben.
chof Aichard von Parma	Muratori Ant. It. V, 315; Affò Storia di Parma I, 322.
spiz S. Peter und Eremo S. Zeno	Forschungen zur deutschen Gesch. VII, 618 von Wüstenfeld.
che St. Antonin und St. Justina n Piacenza	Campi Storia di Piacenza I, 482.
oniker von Parma	Affò Storia di Parma I, 324. Affò Storia di Parma I, 325.
riarch Friedrich von Aglei	Paulini Aquileiens. opera ed. Madrisius 261, vgl. Valentinelli Regesten (Abhandl. der bayr. Akad. IX, 393).
sbyter Peter von Aglei	Paulini Aquileiens. opera 261; Verci Marca Trivigiana I, 3, vgl. Valentinelli Regesten (a. a. O.)
reue Hino oder Azo	Muratori Ant. It. V, 637.
chof Almo von Belluno	Vghelli It. sacra V, 146 = Cappelletti Chiese d' It. X, 111.

iser Arnolfs (889—896).

serin Witwe Engelberga	Campi Storia di Piacenza I, 471, vgl. Mabillon Museum Italic. I, 210.
che S. Vicenzo zu Bergamo	Lupi Codex dipl. Bergomas I, 1017.
ster S. Ambrogio zu Mailand	Fumagalli Cod. dipl. Sant Ambrosiano 534; Puricelli Mon. Ambrosiana 123; Morbio Storia dei municipi Ital. III, 143.
chof Wibod von Parma	Affò Storia di Parma I, 313; Muratori Antiq. Ital. II, 163.
chof Adelbert von Bergamo	Lupi Cod. dipl. Berg. I, 1043; Vghelli Italia sacr. IV, 420.
tissin Rihsinda von St. Maria heodota zu Pavia	Muratori Ant. Ital. III, 51.
serin Angilberga, Aebtissin von Sisto in Piacenza	Campi Storia di Piacenza I, 476.
Adalprecht von Montamiata	Dümmler Gesch. des Ostfränk. Reiches II, 678; Vghelli It. sacra III, 615.
ster S. Sisto zu Piacenza	Campi Historia di Piacenza I, 476 vgl. oben S. 31 Anm. 3.
Hatto von Reichenau	Fickler Quellen und Forschungen zur Gesch. Schwabens Urk. 9 vgl. Gallus Oheims Chronik von Reichenau ed. Barack 68.

iser Widos (889—894).

che des h. Nicomed in Fontana Broculi	Muratori Ant. It. III, 65; Affò Storia di Parma I, 309.
chof Zenobius von Fiesole	Vghelli It. sacr. III, 214 = Orig. Guelf. I, 234; Soldani Storia di Passignano 67; Cappelletti Chiese d' Italia XVII, 19.

12*

Nr.	Böhmer	Ort	Tag	Jahr	Indiction	Regierungsjahr	Kanzler und Erzkanzler
3-6	1270 1271	Romae	Febr. 21	891	9	3. 1	Goderadus notarius ad vicem Helbunci archicancellarii
7	1272	Papiae ·	Mai 14	890	—	3. 1	Morantius praesbiter et cancellarius ad vicem Helbungi archi cancellarii
8	1273	,,	Juni 20	891	9	3. 1	Moronius presbiter et notarius ad vicem Helbanti archicancellarii
9	1274	Lignaco uilla	Nov. 22	892	10	4. 1	Godradus notarius ad vicem Hel bunci archicancellarii
10	—	Ferraria	,, 24	892	10	3. 1	,, ,,
11	1275	Rauenna	Mai 1	892	10	4. 2 Lamb. 1	Diuo notarius ad vicem Helbune archicancellarii
12	1276	Papia	Juni 29	892	9	,,	Helbancas archicancellarius iubent domno Widone imperatore
13	—	,,	Juli 11	892	10	,,	Diuo notarius ad vicem Helbung archicancellarii
14	1277	Parme	,, 18	892	10	,,	Rimpertus ad vicem Helbunch iubente domno Widone imp·ra tore
15	1278	Papia	,, 28	892	9	4. 1	Helbuncus archicancellar. iubent domno Widone imperatore
16	1279	Roxelle	Sept. 14	892	11	4. 2	Goderadus notarius ad vicem Hel bungi archicancellarii
17	1280	Papie	April 11	895	13	r. 5	Equius notarius ad vicem Elbung archicancellarii
18	1281	in Petroniano corte Lutaldi	April	—	12	imp. 4	ego Heimericus notarius ad vicen et iussu Helbungi archicancellar

Verzeichnis der Urkundei

1	--	Spoleti ciuitate publica	—	—	—	--	Maracinus notarius ad vicem ... . cancellarii
2	1282	Parma ciuitate	Februar	895	13	4	ego in dei nomine Heimericus no tarius ad vicem Ectungi archi cancellarii
3	—	Papiae	Nov. 24	893	14	5	Hainglinus cancellarius iubent domno imperatore
4	1283	Regiae ciuitatis	Decbr. 6	895	13	5	Heimericus notarius ad vicem Hel bunci archicancellarii ·
5	1284	Papiae	Mai 4	896	14	5	Am... notarius ad vicem Helbung snmmi cancellarii
6	—	in curte Marinca	Juli 25	896	14	5	Ainglenus cancellar. iubente domn(inperatore
7	1285	Rauennae	Mai 21	898	1	7	Andreas notarius ad vicem Armo lonis archicancellarii
8	1286	Papiae urbe Ticinensi	Juli 29	899	1	6	Englinus cancellarius ex iussion(domni Lanberti imperatoris

F ü r	A u s g a b e n.
serin Angeltrud, Widos Gemahlin	Muratori Ant. It. II, 871; Vghelli It. sacra II, 151 = Heumann De re diplomat. imperatric. 441, 443; Forschungen z. deutschen Gesch. X, 275, 277 von Dümmler.
chof Bodo von Acqui	Moriondi Monumenta Aquensia I, 2.
ȝe Peter von Venedig	Romanin Storia di Venezia I, 365 vgl. Pertz Archiv III, 579.
chof Leodoin von Modena	Tiraboschi Memorie Modenesi I, 66; Vghelli It. sacr. II, 97 vgl. Muratori Ant. It. I, 85.
reue Thietelm	De Dionysiis De Aldone et Notingo 92—94.
rkgraf Conrad, sein Oheim	Muratori Ant. It. I, 287, Lupi Cod. dipl. Berg. I, 1005; Fumagalli Codice diplom. 514.
·ster der h. Cristina bei Olonna	Baluze Capitul. reg. Francor. II, 1005 = Mansi Coll. conc. XVIII, 1005.
ilassung des Vercellesers Martin	Tiraboschi Storia di Nonantola II, 85.
reue Fulchrad	Muratori Antiq. It. I, 985, vgl. Odorici Storie Bresciane III, 248 n. 1.
·tissin Risinda von St. Maria Theo-ota zu Pavia	Muratori Ant. Ital. III, 43; Scr. rer. Ital. IIᵃ, 416, ix.
·ster Montamiata	Muratori Ant. It. II, 869.
t Agilulf von Bobbio	Monnm. hist. patr. Chart. I, 81; Vghelli It. sacra IV, 965, vgl. Mabillon Museum Ital. I, 219.
iserin Angeltrud, Widos Gemahlin	Lupi Cod. dipl. Bergom. I, 1041.

iser Lamberts (895—898).

chof Hevrard von Piacenza	Campi Hist. di Piacenza I, 473.
„ „	Campi Hist. di Piacenza I, 474.
·rard, Vassall des Grafen Hevrard	Mon. hist. patr. Chart. I, 79.
egraf Ingelbert von Parma	Muratori Ant. It. I, 437; Tiraboschi Mem. Moden. I, 69.
·erin Witwe Angeltrud	Muratori Ant. It. III, 739 = Heumann De re dipl. imp. 455.
Agilulf von Bobbio	Monum. hist. patr. Chart. I, 87; Vghelli It. sacr. IV, 1343 vgl. Mabillon Museum It. I, 219.
·hof Grasulph von Florenz	Vghelli It. sacr. III, 27; Lünig Cod. dipl. Italiae III, 1459.
·oniker zu Parma	Muratori Ant. It. III, 59; Affò Storia di Parma I, 315.

Nr.	Böhmer	Ort	Tag	Jahr	Indiction	Regierungsjahr	Kanzler und Erzkanzler
9	1287	Marinco	Sept. 3	898	2	7	Andreas notarius ad vicem An lonis archicancellarii
10	1288	Marinco in nemore	„ 30	898	2	7	„　　　　„

Verzeichnis der Urkunde

Nr.	Böhmer	Ort	Tag	Jahr	Indiction	Regierungsjahr	Kanzler und Erzkanzler
1	1455	Papiae	Octbr. 12	900	—	1	Arnulfus notarius ad vicem Liu hardi archicancellarii
2	1456	Olonne	„ 14	900	4	1	„　　　　„
3	1457	Placentiae	„ 31	900	4	1	„　　　　„
4	1459	Bolonia ciuitate	Jan. 19	900	4	1	Arnulfus notarius ad vicem I. tuardi episcopi et archicance
5	1460	Romae	Februar	900	4	imp. 1	Thomas notarius domni impe toris
6	1461	„	Merz 2 (Fbr. 24?)	901	4	„	Arnulfus notarius ad vicem I. tuardi episcopi et archicance
7	1462	Papiae palatio	Merz 11	901	4	„	Arnulfus cancellarius ad vicem tuardi episcopi et archicance
8	1463	Papia	„ 25	901	4	„	Arnulfus notarius ad vicem I. tuardi episcopi et archicance
9	—	—	—	—	—	—	
10	1464	Vercellensi ciuitate	Mai 23	901	4	1	Arnulfus notarius ad vicem I duardi episcopi et archicance
11	—	Papiae	Juni 1	901	4	1	„　　　　„
12	1465	Ticini	„ 18	901	4	1	Arnolfus notarius atque cance rius iussu domni Hludouici
13	1466	Papiae	Sept. 25	901	—	1	Arnulfus notarius ad vicem I. toardi archicancellarii
14	—	„	Decbr. 7	901	4	1	Arnulfus notarius ad vicem I tuardi episcopi et archicance
15	1467	Papia	Febr. 11	901	5	1	„　　　　„
16	1468	„	„ 15	902	5	2	„　　　　„
17	—	Verzellensis ciuit.	April 21	902	5	2	„　　　　„
18	1469	Papia	Mai 12	902	5	2	„　　　　„
19	1476	Papiae	Juni 4	902	8	5	„　　　　„

Verzeichnis der Urkund

Nr.	Böhmer	Ort	Tag	Jahr	Indiction	Regierungsjahr	Kanzler und Erzkanzler
1	1490	Ticini ciuitate	Febr. 4	922	10	11. 1	Hieronimus notarius iussu et pi ceptione domni regis
2	1491	Papiae	Decbr. 3.	922	11	11. 1	Manno canzellarius ss. Gisilbei archicancellarius ss.

F ü r	A u s g a b e n.
:hof Johann von Arezzo	Muratori Ant. Ital. V, 281.
:hof Gamenulf von Modena	Muratori Ant. Ital. VI. 311; Tiraboschi Mem. Moden. I. 71; Vghelli It. sacra II, 100.

iser Ludwigs III (900 — 905).

hof Peter von Arezzo	Muratori Ant. It. I, 87 = Orig. Guelf. I, 235.
ster Johann	Muratori Ant. It. I, 581; Tiraboschi Mem. Moden. I, 71.
hof Peter von Reggio	Tiraboschi Mem. Moden. I, 80; Orig. Guelf. I, 483; Vghelli It. sacr. II, 255.
ter S. Sisto zu Piacenza	Muratori Ant. It. II, 205; Savioli Ann. Bolognesi I^b, 37.
chtssitzung für Bischof Peter n Lucca	Vghelli It. sacr. I. 799; Mansi Coll. conc. XVIII, 239; (Barsocchini) Memorie di Lucca V^c, 639.
hof Peter von Arezzo	Muratori Ant. It. II, 49 vgl. Lupi Cod. dipl. Berg. II, 4.
issin Risinda von St. Theodota Pavia	Muratori Ant. It. I, 365.
hof Adelbert von Bergamo	Lupi Cod. diplom. Bergom. II, 7.
„ „	Lupi Cod. diplom. Bergom. II, 11.
„ „	Lupi Cod. diplom. Bergom. II, 13 — 18; Vghelli It. sacr. IV, 422.
rich, Vassall des Markgrafen lalbert von Tuscien	Forschungen zur deutschen Gesch. IX, 428 von Sickel.
hof Ehilulf von Asti	Mon. hist. patr. Chart. I, 100, II, 21; Vghelli It. sacr. IV, 341; Terraneo la principessa Adelaide 1, 123 vgl. Leibnitii Ann. imp. II, 195.
eue Heread	Muratori Ant. It. II, 47.
hof Liutvard von Como	Tatti Ann. sacri di Como II, 788; Vghelli It. sacr. V. 271 = Cappelletti le chiese d' It. XI, 327.
Leopard von Nonantola	Tiraboschi Storia di Nonantola II, 84.
ard, Vassall Bertalds	Muratori Ant. It. II, 207; Tiraboschi Mem. Mod. I, 82.
ser, Vassall des Vicegrafen Buddo	Monum. hist. patr. Chart. I, 103.
hof Lando von Cremona	Vghelli It. sacr. IV, 586; Zacharia Series episc. Cremon. 69.
issin Risinda von St. Maria Theota zu Pavia	Muratori Ant. It. I, 783 vgl. Lupi Cod. dipl. Berg. II, 47.

lig Rudolfs II (922 — 925).

hof Aichard von Parma	Muratori Ant. It. VI, 325 = Orig. Guelf. II, 111; Affò Storia di Parma I, 327.
hof Adelbert von Bergamo	Lupi Cod. dipl. Berg. II, 125; Vghelli It. sacr. IV, 130 = Orig. Guelf. II, 112.

Nr.	Böh-mer	O r t	Tag	Jahr	Indic-tion	Regie-rungsjahr	Kanzler und Erzkanzler
3	1492	Papiae	Decbr. 8	922	10	12. 1	Manno cancellar. ad vicem C berti archicancellarii
4	—	,,	Aug. 18	924	12	13. 3	Munno cancellar. ad vicem B episcopi et archicancellarii
5	1494	in pratis de Gran-nis	Sept. 27	924	13	15. 3	Manno cancellar. ad vicem episcopi et archicancellarii
6	1495	Papiae	Octbr. 8	924	—	14. 4	Monus cancell. ad vicem archicancellarii
7	1496	Veronae	Nov. 12	924	13	— 3	Marino cancell. ad vicem episcopi et archicancellarii
8	1497	,,	,,	924	12	— 8	Manno cancell. ad vicem episcopi et archicancellarii
9	1498	,,	,,	924	14	— 3	,, ,,
10	—	Papiae	Decbr. 5	—	15	2. 4	., ,,
11	—.	—.	. .	924	12	3	Manno cancell. ad vicem episcopi et archicancellarii
12	1493	Papie	Febr. 28	924	13	4	— —

Für	Ausgaben
Canoniker von Parma	Muratori Ant. It. III, 53 = Orig. Guelf. II, 113; Affò Storia di Parma I, 328.
Kirche S. Giovanni Domnarum zu Pavia	Robolini Notizie della sua patria II, 195.
Bischof Johann von Cremona	Muratori Ant. It. VI, 49 = Sanclementius Series episc. Cremon. 223 = Orig. Guelf. II, 115 = Cappelletti Chiese d' Italia XII, 153.
Bischof Heicard (Aichard) von Parma	Vghelli It. sacra II, 153 = Orig. Guelf. II, 117; Affò Storia di Parma I, 332.
Kloster S. Zeno zu Verona	Vghelli It. sacra V, 740 = Orig. Guelf. II, 121.
Äbtissin Berta von S. Sisto zu Piacenza	Muratori Ant. It. II, 41 = Orig. Guelf. II, 118.
Bischof Sibicho von Padua	Muratori Ant. It. III, 55 = Orig. Guelf. II, 120; Dondi dall' Orologio l'ist. di Padova II, 20.
Marchese Obert	Mon. hist. patr. Chart. I, 123.
Bischof Wido von Piacenza	Campi Hist. di Piacenza I, 483.
Dogen Ursus von Venedig	Mémoires de la Suisse Romande XIX, 547 vgl. Pertz Archiv III, 579.

Nachtrag.

Die Commentare des Servius zum Virgil sind nach der Ausgabe von Lion, Göttingen 1826, Isidors Etymologien nach der von Otto Lindemanns Corpus grammaticorum Latinorum III, Leipzig 1 citiert. Die Buchstaben B und J verweisen auf Boehmers Rege Karolorum und Jaffés Regesta Pontificum Romanorum.

S. 8 Anm 3 streiche: endlich zu — Juvenals.

S. 13 Z. 10 von oben füge hinter I, 20 noch III, 174 hinzu.

S. 18 Z. 17 - - lies 269 für 268.

S. 19 Z. 6 - - füge nach 177 hinzu II, 268.

S. 38 Anm. 1 Vgl. auch Ann. Corbeiens. 905 (Jaffé Biblioth. I, wonach der Comet am 19. Mai sichtbar wurde.

S. 55 Z. 1 von unten füge nach 1356 ein: per Ardingum reverenti mum episcopum summumque cancellarium et auricular nostrum.

S. 59 Z. 3 von oben s. auch gl. zu III, 115.

S. 88 Gl. 134ᵃ ergänze *[Scholia ad Lucani Pharsalia V, 389 p. 372 ed. Weber]*.

S. 106 Gl. 154ᵉ vgl. Papias vocabulista: ,Tellus profunda pars terrae, in qua arborum et herbarum radices tenentur.'

S. 139 Z. 2 von unten lies: ex *c* et ad *corr.*

Halle, Buchdruckerei des Waisenhauses.